47都道府県・汁物百科

野﨑 洋光
成瀬 宇平 著

丸善出版

はじめに

　2013年12月4日に「和食：日本人の伝統的な食文化」がユネスコ無形文化遺産に登録された。「南北に細長く、四季が明確な日本には、多様で豊かな自然がある。そこに生まれた日本特有の食文化と、これに寄り添うように育まれてきた和食は、『自然を尊ぶ』という日本人の気質に基づいた『食』に関する習わしであり、『日本人の伝統的な食文化』といえる」として登録されたのであるが、世界中の人々に、日本の食事すなわち和食は健康にも良い食事として、医学的にも注目されるようになった。

　和食の基本は、室町時代に将軍を接待するために確立した本膳料理であり日本の伝統的食事形式となっている。この献立には、一汁三菜、一汁五菜、二汁五菜、二汁七菜、三汁五菜、三汁七菜、三汁十一菜などがあったと伝えられている。本膳には七菜（七種の料理）、二の膳には五菜（五種の料理）、三の膳には三菜（三種の料理）を配膳した。

　平安時代の武家や平民の食事は、銘々膳（めいめいぜん）（一人ずつのお膳）を持ち、庶民の食事の形態として「一汁三菜」（いちじゅうさんさい）があったと考えられている。この一汁三菜は、和食の基本形として存在している。「一汁三菜」とは、「ご飯と汁物、おかず、漬物」の組み合わせと考えられている。本膳料理には、一の膳、二の膳、三の膳と順番に銘々の膳に料理をのせた。膳が小さいため膳にのせる料理の大きさや数には限界があったので、膳の数を増やしたと考えられている。そこで二汁五菜とか二汁七菜という形式もあったようである。

　本膳料理では、有り余る料理が提供されたが、「茶の湯」から生まれた懐石料理では、「全部食べ切る」「できたてをその都度、運ぶ」「季節感や祝いのメッセージを伝える」などが含まれ、伝統的な和

食のルーツとして受け継がれている。このようなメッセージや意味を表現するのが、和食の神髄であるといっても過言ではない。

汁物について、『総合 調理用語辞典』（発行　社団法人全国調理師養成施設協会、2010）では、次のように記載している。

「汁は、調理用の汁、だし、煮汁、つゆなどである。また、コース料理の飯物につく汁」。さらに「汁物は、日本料理の献立で、刺身、焼き物、煮物とともに基本となるもの。いろいろな材料を用いて抽出しただしを最大限に生かした料理で、食欲増進の作用があり、ほかの材料を引き立てる。汁物を構成する要素は、椀種、椀づま、吸い口であり、これらは、大きさ、色彩、季節感、味のバランスがとれていなければならない。汁物は、仕立て方（汁の清濁、濃度、温度、だしの種類など）や椀種の種類に分類される」。

『調理科学事典』（河野友美・沢野勉・杉田浩一編、医歯薬出版、1975）では、汁物の種類を下記のように記載している。

① すんだ汁：吸い物もの、すまし汁、潮汁、わん仕立て
② でんぷんなどで濃度をつけた汁：薄くず汁
③ 濁った汁：味噌汁、粕汁、すり流し汁、とろろ汁
④ その他：さつま汁、けんちん汁、のっぺい汁

本書では、汁気の多い金沢の「じゅぶ煮」、調理の上では、だしを必要とする「鍋物」、具たくさんの汁ものの「けんちん汁」や「粕汁」も解説に加えた。

和食の基本形である「一汁三菜」ばかりでなく、その他の本膳料理には「汁物」は欠かせない。汁物に使う季節の食材、地元の食材は、和食で欠かせない季節や地域性を意味している。本書では、47都道府県の汁物から、これまで以上の世界文化遺産としての和食の意味づけに貢献できることを願っている。

2015年4月

野﨑　洋　光
成　瀬　宇　平

目　　次

第Ⅰ部　汁物の基礎知識

1. 汁物事始め ……………………………………………… 2
   料理の由来は神々の料理　2／汁物の種類　5

2. 汁物と和食 ……………………………………………… 9
   本膳料理　9／精進料理　10／茶道と懐石料理　15／本膳料理と精進料理の汁物　16

3. 汁物の栄養 ……………………………………………… 18
   日本料理の歴史と汁物　19

4. 汁物事始め ── 延喜式（平安時代）に初めて登場 …… 22
   先史時代の食文化　22／古代国家と料理の体系　22／神社や寺院の供え物と料理　24／古代国家の料理体系と調味料の利用（味覚体系）　25

5. 汁物と和食 ── 精進料理・本膳料理・汁物 ………… 26
   中世（11世紀後半〜16世紀末）の食生活　26／大饗料理の成立　26／仏教伝来と精進料理　27／精進料理の特徴　28／本膳料理と日本料理の体系　29／日本料理の進展と汁物　31

6. 汁物と健康 ── 栄養学的トピックス ………………… 34
   けんちん汁の健康効果　35

第Ⅱ部　都道府県別 汁物とその食文化の特色

北海道　38 /【東北地方】青森県　47 / 岩手県　54 / 宮城県　59 / 秋田県　65 / 山形県　72 / 福島県　78 /【関東地方】茨城県　85 / 栃木県　92 / 群馬県　97 / 埼玉県　102 / 千葉県　108 / 東京都　114 / 神奈川県　120 /【北陸地方】新潟県　125 / 富山県　130 / 石川県　136 / 福井県　141 /【甲信地方】山梨県　146 / 長野県　151 /【東海地方】岐阜県　157 / 静岡県　163 / 愛知県　168 /【近畿地方】三重県　174 / 滋賀県　179 / 京都府　184 / 大阪府　189 / 兵庫県　194 / 奈良県　199 / 和歌山県　204 /【中国地方】島根県　208 / 鳥取県　214 / 岡山県　219 / 広島県　224 / 山口県　229 /【四国地方】徳島県　234 / 香川県　239 / 愛媛県　244 / 高知県　249 /【九州／沖縄】福岡県　254 / 佐賀県　258 / 長崎県　263 / 熊本県　268 / 大分県　273 / 宮崎県　279 / 鹿児島県　285 / 沖縄県　290

付録1　都道府県別・おすすめ汁物レシピ集　295
付録2　和の暦　322
付録3　100年レシピ一覧　326

参考文献　334
料理名・食材名索引　335
地名索引　342

第Ⅰ部

汁物の基礎知識

1 汁物事始め

料理の由来は神々の料理

古代国家のコメ志向　奈良時代までの古代国家はコメ志向であった。また、コメは税として古代国家の主要な財源でもあり、各地の有力者の財源ともなっていた。8世紀に入ると、稲作の基盤である水田の確保を目的とした政策が実施された。古代国家は水田稲作を社会の生産基盤としたため、米を中心とした食生活を理想とした。

　古墳時代までは、動物を食べることは一般的であったが、675（天武天皇4）年にいわゆる「肉食禁止令」が発布された。仏教の教えによる「殺生の禁止」により肉食を禁じるものであり、対象とした動物はウシ・ウマ・イヌ・サル・ニワトリの5種である。日本人が長いこと食肉としてきたシカやイノシシが対象となっていないことから、仏教的倫理観から肉食を禁止したものではないともいわれている。その理由は、天武天皇の「肉食禁止令」は4月朔日から9月晦日と限定されているので、この4〜9月は水田稲作の期間にあたることから、コメの収穫を確保することから肉食を犠牲にしたのではないかという説である。肉食を禁止した時代の動物性たんぱく質源として魚が食べられるようになった。

　このような歴史的背景から推測すると、奈良時代以前の古代国家において米を中心とし、魚と野菜を添える日本的食事体系が成立したのであると考えられている。

神饌と古代の食材　神社の祭礼には、人々の生活が象徴的に投影されている。たとえば、神前に供える食べ物すなわち神饌は、神の食事として供えるものである。神の衣服として供えるものが御幣である。神社は神の住まいに当たる。神事には、生活の基本である衣食住が不可欠の要素となっている。神饌は、御食ともいわれた。「ケ」は食の意味で、「御饌、御膳、御飯」とも書く。具体的には、神前に供え

る米・水・塩・酒・鳥獣・魚介・海藻・蔬菜・果実・豆類・餅類（搗き餅、捻り餅、勾り餅、おこし餅など）を供える。神社や依代の前に供え、神に感謝の意を示して食事を捧げることを意味する。

神が食べ残したもの（実際には食べないが）をともに戴くことになる。これが「直食（なおらい）」である。すなわち、神棚の前での宴会である。厳密には、神と人間との相嘗（あいなめ）となり、神人供食が行われるのである。

余談ではあるが、神社や神棚から下ろした神饌の中で、一番高級な食材は、その神社の中で位の一番高い神官に譲るのが規則となっているらしい。低い位の神官は、安い食材をいただく。表面上は神官の位により、譲り受ける食材が異なるが、一応、神官の位により分けてから、後で平等に分け合うらしい。

万葉時代と汁物

万葉時代（7世紀後半〜8世紀後半）に編まれた『万葉集』には、天皇、貴族、下級役人、武士などが詠んだ約4,500首が載っている。これら数多くの歌から奈良時代の貴族や庶民の食事の様式が推測されている。

奈良時代は、遣唐使や国家活動の活発化、交通整備の発達、仏教文化の興隆、産業の発達の兆しなど、中国大陸文化を積極的に取り入れるようになった。その結果、貴族と庶民との生活のレベルに大差が生じてしまった。すなわち、貴族はより一層豊かになり、食生活の面でも中国大陸の影響を受け、唐（現・中国）風の食生活を取り入れる貴族もいた。一方、一般庶民は、これまでと変わらない貧しい生活をせざるをえなかった。貴族と一般庶民の間の生活のレベルの格差は、食生活にもはっきりとした差が現れていた。

この時代の貴族の普段の食事の材料には、全国の町民や農民が税として納めた豊富な種類の食材が使われた。奈良時代〜平安時代における仏教の普及によって、752（天平勝宝4）年、および平安時代になってもしばしば「殺生禁止令」が発令され、次第にキジなどの鳥類を除いて獣肉類を食べなくなった。動物性たんぱく質源は、飛鳥時代から食べていた乳製品であった。平安時代には、乳製品を煮詰めて「蘇」というものを作り、これを税として納めていたようである。

当時の庶民の食事は、「一汁一菜」を基本とした貧しい生活であった。庶民（農民）は、コメを税として納めるため、雑穀類のアワやヒエが主食

であり、もう1品は青菜を使った羹すなわち汁物であった。庶民の食事は汁物を添えなければ食べられなかったのである。

羹から汁物へ

奈良時代には、熱い汁物（汁の料理）を「あつもの」と称した。漢字の「羹」が当てられている。これは中国の羊肉を煮込む料理に「羹」が当てられていることに由来する。平安時代中期に律令の施行細則として編纂された『延喜式』には、「羹」とともに「汁」の表記が登場した。同じ時代の公家の日記には、熱汁・温汁・冷汁・汁膾などの言葉も登場するようになった。鎌倉時代には、禅宗と精進料理とともに「豆腐羹」「辛辣羹」などの汁料理も中国から伝わっている。

室町時代になると「羹」という漢字の代わりに「汁物」という言葉が使われるようになり、「吸物」という言葉も登場している。当時は、汁物はご飯と同時に供され、吸物は食事の後の酒の肴として酒杯と同時に供された。

本膳料理には汁物がつく

平安時代の宮中料理に始まり、鎌倉時代から室町時代には武家風となり、江戸時代には本膳料理という日本料理が正式な膳立てで、献立の基本には、必ず汁物がつく。本膳料理では、大汁・小汁とよばれる熱汁が用いられた。本膳料理で供される汁物は本汁または一の汁、二の膳で供される汁物は二の汁、三の膳で供される汁物は三の汁とよばれた。本汁は味噌汁、二の汁は澄まし汁、三の汁は潮汁のようにそれぞれの膳とともに供される汁は別の種類の汁物が基本であった。なお、この汁物は、料理終了後の酒とともに供される吸物とは違う。

庶民も一汁三菜

病草子は平安時代後期から鎌倉時代初期（1101〜1200）に、当時の病気の様子や治療法を描いた絵巻物である。ただし、絵や詞書の作者は不詳である。そのうちの一つ、歯がゆらぐ病（歯槽膿漏）に悩んでいる絵巻物に、患者の前に食べかけの食卓が描かれている。中央には高く盛ったご飯がある。患者の右側には汁物があり、ご飯の近くに3つの漆塗りの容器が置いてある。ご飯の他に、汁は1種類、惣菜は3種類が用意されてある。すなわち「一汁三菜」の簡素な基本的食卓である。「一汁三菜」は、『延喜式』に登場してから今日まで1,000年以上も日本料理の基本として受け継がれてきている。貴族の大饗宴では4種類の調味料が出ていたが、庶民の食事では、塩か食酢が調味料

として使われるだけだった。

食事作法と汁　平安時代から貴族の間では食事作法がいろいろあった。和食の食べ方は、汁と飯、お菜と飯を交互に食べる作法が平安時代から続くしきたりであり、現在も交互に食べ、口の中でそれぞれの味を確認するか、口の中で飯と汁、飯とお菜を咀嚼しながら混ぜ、調味するともいわれている。

藤原忠実（1078～1162）の記した『中外抄』（1137～54年の記録）には手で食べるものと箸で食べるものの区別、温かい汁と冷たい汁の食べ方が記載されている。職種によっては、膳に出されたものから食べる場合もあったようである。

第二次世界大戦後、西欧の食事様式が普及してから、和食は膳に飯、汁、3種の惣菜が並ぶ。箸を使って飯、汁、お菜を交互に食べる様式を横型食事様式という。ちなみに、西欧の正式な食事様式でも簡単なのは、最初にオードブルで、オードブルが食べ終わるとスープが供される。スープを飲み、スープが飲み終わるとスープ皿はテーブルから下げられ、魚料理が供せられる。魚料理が食べ終わると、その皿は下げられ肉料理が運ばれる。肉料理が食べ終わるとデザートとなる。オードブルから肉料理を食べる間に米の飯の代わりにパンを食べる。このように一つひとつの料理をテーブルに運び、食べ終わると下げて次の料理が運ばれる様式は縦型食事様式とよぶことがあった。

汁物の種類

現在は、汁は飯に添えて供するもの、吸物は酒の肴として供するものと決められているが、料理としては両者は類似しているので、汁物としてまとめてみた。

汁物の歴史　汁物は『古事記』や『日本書紀』が編纂された奈良時代に「羹」という料理名があった。「羹」の由来は中国の羊肉の煮つけ料理のことを「羹」というところからと伝えられている。平安時代以前の百科事典の要素をもつ『和名類聚抄』[注1)]には、「汁の実に野菜類を用いたものを羹と呼び、魚介類を用いたものを臐という」とある。ここでの「あつもの」は「熱いもの」の意味で、熱い汁物と解釈され

ている。『延喜式』(平安中期 [905年から編纂を始め927年に完成]、律令の施行細則) には羹とは別に汁がある。羹は具の多い煮物に近く、とろみのある汁と考えられている。室町時代以降は羹は汁の仲間とされていたが、江戸時代になると料理名から羹が消えている。

①味噌汁

　味噌汁は汁を味噌で調味し、具 (汁の実) として野菜や魚介類を使ったもの。味噌汁が庶民の食卓に登場したのは室町時代頃といわれている。もともとは、農家などで作られていた田舎料理であった。時期が経つにつれてさまざまな階層にも次第に普及し、やがて日本人にとっては嗜好の面でも栄養の面でも食卓には欠かせない汁物となった。調理法が簡単で大量に作れる味噌汁は戦国時代の陣中食として考案されたという説もある。江戸時代になると、味噌汁はほぼすべての家庭で作られるようになった。庶民にとっては「ご飯・味噌汁・漬物」の組み合わせが、一般的な食事様式の基本となった。これに、惣菜が1品添えられると「一汁一菜」となった。おそらく、地元でとれる旬の魚が贅沢な惣菜として利用されていたと考えられる。

②吸物 (澄まし汁)

　日本料理の吸物の一種である。だし汁に醤油や塩を加えて作った塩味の濁りのない汁 (吸物) で、椀種 (すなわち具) として野菜や白身魚、麩などを入れる。普通は漆塗りの汁椀に入れて供する。平安時代の『病草紙』の絵巻には漆塗りの器が描かれているので、平安時代には漆器ができていたと考えられている。吸物は酒の肴であり、汁は飯とともに供されるものとして発達してきたが、現在の日常の食卓では混同されていることが多い。魚介類の骨からとっただし汁を塩で味付けたものは「潮汁」、醤油で味付けしたものは「澄まし汁」と区別する場合もある。

　吸物に入れる椀種の例としては、豆腐、湯葉、麩、卵豆腐、山いも、はんぺん、白身魚の身や粗、貝類、イカやカニなど。鶏肉、素麺もある。

　椀種を引き立てるために、色彩豊かな植物や香草を添えることもある。

注1)「和名抄」「倭名抄」ともいわれている。承平年間 (931〜938) に、勤子内親王の求めに応じて源　順 (みなもとのしたごう) が編纂した。平安時代以前の社会・風俗・制度などが記載されていて、「飲食部」には食べ物のことが記載されている。

これを「つま」ということもある。ウド、三つ葉、ナメコ、ジュンサイ、小松菜の塩ゆでしたもの、ダイコン、水前寺ノリ、シイタケ、ワカメ、ネギなどが使われる。

吸物に添えて、香りをよくするものを「吸い口」という。ユズ、木の芽、山椒、ショウガ、柚子胡椒などがある。

③潮汁

魚介類を使用した吸物の一つである。魚介類などの具材から出るうま味を活かした料理で、ルーツは漁師料理にあるといわれている。潮煮、うしお（潮）といわれることもある。

基本的には、クセのなくアミノ酸のうま味の多い白身魚、ハマグリなどのコハク酸がうま味の貝類が具材となり、吸い口には木の芽や刻みネギ、ミョウガなど香りのある野菜を浮かべるものが多い。

④冷や汁

ひやしる、ひやじるともいう。宮崎県、埼玉県、山形県などの日本各地の郷土料理として存在している。古くは、鎌倉時代の『鎌倉管領家記録』に、味噌を調味料とした汁を飯にかけて食べる「冷や汁」が記載され、僧侶が全国に広めたようである。現在、利用されている「冷や汁」の中では、宮崎県の冷や汁が『鎌倉管領家記録』に近い冷や汁で、「農民食」「陣中食」として発達したものであった。

⑤豚汁

ぶた汁またはとん汁。豚肉と野菜類（主としてサトイモ、ニンジン、ゴボウ、ジャガイモなど）を味噌仕立てで煮込んだ汁。汁物の中でも具材に豚肉という動物性食品を利用し、根菜類を多く使った具だくさんの汁。発祥には諸説があるが、豚肉を使う料理であるから、「肉食禁止の令」が解けた明治時代以降に発達した料理であると推定されている。豚肉と野菜の入った具だくさんの味噌汁のようなものであるから、栄養学的にバランスのとれた味噌汁であり、野菜の摂取を多くすることができる汁物である。豚のばら肉を使うことにより脂肪の摂取も多くなり、ゴボウを加えることにより、野菜のアクを緩和し、味噌の香りで豚肉特有の臭みを緩和することができるので、食欲を増進させる汁物でもある。豚肉の脂肪は、温かい豚汁の温度を下げないような働きがあるので、冷めにくい汁物でもある。

⑥けんちん汁

　ダイコン、ニンジン、ゴボウ、サトイモ、コンニャク、豆腐をごま油で炒め、だし汁を加えて煮込み、最後に醤油で味を調えた澄まし汁である。地域や家庭によっては、味噌仕立ての場合もある。元来は、精進料理であるから動物性の食品は使われないので、だし汁もかつお節や煮干しではなく、昆布とシイタケで調製しただし汁を使う。

　寺院で修行僧の食事をつくる担当は「典座(てんぞ)」という。けんちん汁は典座が考案した料理といわれている。修行僧のために料理をつくり終わった時、典座が自分たちの食べるものがないことに気づき、材料の残りを細かく切って、ごま油で炒め、味噌や醤油で調味した汁物であるとも伝えられている。筆者が調べた修行僧の1日の食事から摂取できるエネルギーは1,200kcal程度であった。エネルギー源となる食材はごま油である。鎌倉の建長寺の修行僧のためにつくった汁物だから「けんちん汁」という説、普茶料理の巻織（ケンチャン。野菜を刻み、豆腐を混ぜて炒め、湯葉で巻いて油で揚げた料理）がアレンジされたものであるから「けんちん汁」になったなどの説がある。

⑦**雑煮**

　正月に食べるものである。具材には必ず餅が入る。餅も地域により異なり、丸餅、角餅、餡いり餅などの種類がある。汁のダシの材料も地域により異なる。ダシの材料には、昆布、焼き干しハゼ、かつお節、焼き干しアユ、トビウオ（アゴ）の焼き干し、鶏ガラ（または鶏肉）などがある。具材には関東地方や東北地方では鶏肉、サトイモ、ニンジン、蒲鉾、エビ、小松菜、ほうれん草など彩を考慮した材料を選ぶことが多い。魚介類では、北海道や三陸ではイクラや塩鮭、富山から西のほうではブリが使われる。

　雑煮は、もともとは武家社会での料理であり、餅、野菜、乾燥品（干し数の子、小豆など）、蒲鉾、海藻（房総地方）などを入れた主食の餅、主菜（鶏肉や魚類）、副菜（野菜類）が一緒に入っている汁物といえる。古代から武家社会では、正月に餅を食べる慣習があり、それが次第に庶民に普及した。

2
汁物と和食

　日本の料理文化の歴史的変化は、食材による料理法や料理の種類などの変化よりも、むしろ献立の構成を重視する傾向から料理の組み立ての変化と考えられている。

　日本料理の基本的な献立は「飯と汁」を中心とする「飯・汁・菜・香の物」からなる「一汁三菜」である。菜（惣菜）の基本は、煮物、焼き物、刺身、膾（なます）である。刺身と膾は向付（むこうづけ）といわれている。香の物は必ず膳にのるが、菜の数にはいれていない。このような献立は、一人分ずつを各種の食器に盛り付け、それぞれを一人ひとりの膳にのせて供するのが、日本独特の食事様式である。一つの食卓を家族や客が囲み、各自の皿に盛り付けて料理を食べる西欧の食事様式とは異なる。室町時代に完成した日本の食事様式では膳の数にこだわり、膳の数が多いほど、贅沢な料理であった。膳が七膳に及ぶものもあった。

■本膳料理

　本膳料理は、正式な日本料理の膳立てで、献立の基本であるとされている。日本料理における供応食は、平安時代（794～1185/1192）の宮中料理に始まり、鎌倉時代（1185/1192～1333）から室町時代（1336～1573）には武家風に変わり、江戸時代（1603～1867）に本膳料理が確立したといわれている。

　本膳料理には「一汁三菜」のほか、「二汁五菜」の献立があり、最も豪華なものは「三汁七菜」の膳立てとなった。本膳（一の膳）から五の膳までの五つのしきたりの膳を使用して、本汁（一の汁ともいい、主に白味噌を用いた味噌仕立て）・膾・壺（縁（えん）だかく作られた小さい器）・焼き物・飯・香の物、二の汁（すまし仕立て）・平（おひらともいい、浅く平たい椀（ひら）のこと）・猪口（ちょこ）（和え物などを盛る小さな杯形の器）、三の汁・刺身・小付・焼き物・台引きが配されるものであった。江戸時代の幕府の勅使が天皇へ

供える饗宴の膳は、幕府の格調の高さを示す饗宴では「三汁七菜」という厳しいしきたりの膳ものであった。その準備には、1か月以上も前から取りかかったといわれている。

幕末には、武家の本膳料理に基づいた膳立てが、庶民の間の冠婚葬祭などの生活に、儀礼食として流行した。この儀礼食は明治期（1868～1912）まで続いた。大正期（1912～26）から次第に欧風の食事様式が取り入れられ、本膳料理は衰退した。第二次世界大戦後は、寺院・旧家などにわずかに残る料理様式となる。婚礼の三々九度はこれらの式三献作法の名残である。

本膳料理の特徴

岡田哲編『たべもの起源事典』（2003年）では、本膳料理の特徴は次のようにまとめられている。①本膳が客の正面に、二の膳が下座に並べ終わると食事を始める。②期待感に心を膨らませ、食器の全部の蓋をとり、もてなしの心を感じ、食事中は、蓋は膳の下におく。③ご飯茶碗を手に持ち、一口食べ、次に汁椀を持って一口吸う動作を3回繰り返す。④まんべんなく、平・膾の料理に一通り箸をつける。箸で取りにくい時は、食器を手に持って箸をつける。⑤菜から菜への移り箸はタブーとなっている。⑥焼き物にも箸をつける。姿焼きの魚の場合は、骨を取り分け、裏返しはしない。⑦ご飯は一口を残し湯漬けにし、香の物と一緒に食べ、湯は少し残して箸を洗う。⑧食器に蓋をすることで、食事の終わりを告げる。⑨菓子は懐紙にとり、楊枝で切り分けて食べる。⑩食事が終わったら、周りの人と静かに歓談する。食事中は、談笑はしないで緊張感の中で食事をする。

現在は、食事中は団欒の場であり、楽しい雰囲気で食べることが薦められている。食事はコミュニケーションの場として人間関係を構築する大切な空間となっている。しかし、第二次世界大戦中ごろまでは、食事中は無駄話をしないで正座して食べる家庭が多かったに違いない。

精進料理

精進料理は、寺院から発達した料理といわれている。『日本国語大辞典』（第2版）（2003年）には、「精進」とは、「①雑念を去り、仏教修行に専念すること。②一定の期間を慎み、身を清めること。③肉食を断って菜食

とすること。④一つのことに精神を集中し、一生懸命努力すること」などと記載されている。

岡田哲編の『たべもの起源事典』では、美食を戒め、素食により、悪行を去り善行を修めること、魚介・肉は取り入れずに、穀物・野菜・海藻だけの料理で、「精進入り」をするとまとめている。これには、一汁三菜・一汁五菜・二汁五菜などの厳しい掟がある。鎌倉市内の建長寺に所属する小さな寺の住職は、「修行僧が雑念を除き（何も考えさせないように）、修行に専念する」ために、精進料理や典座がつくる修行僧のための食事が成り立っていると話している。

精進料理の歴史

日本での精進料理の発達をみると、8世紀前半に僧侶の間で行われたようである。今も比叡山延暦寺で続けられている「十二年の山籠り」で古くからの精進料理が残っているようである。精進料理とは、仏教では僧侶は戒律「五戒」[注2]で殺生が禁じられていて、大乗仏教[注3]でも肉食が禁止されていたため、僧侶への布施は野菜類・豆類・穀類を工夫して調理したものであった。欧米では、野菜サラダのように野菜を生で食べる習慣があるが、日本や中国では生の植物性食品を食べる習慣がなかった。精進料理では野菜類はあく抜きや水煮という時間と手間のかかる下処理を必要とする料理が多い。

日本における精進料理は、中国大陸から導入された頃に発達した。鎌倉時代以降の禅宗の流入は、精進料理のさらなる発達に寄与した。平安時代までの日本料理は、魚や鳥を用いる料理が多かったが、薄い味付けであった。禅宗の精進料理は菜食であるが、しっかりした味付けであり、体を酷使し、塩分を求める武士や庶民には、満足する料理であったらしい。味噌を使用した料理が発達したのは、塩分を求める武士や庶民が多かったから

注2）仏教において在家の信者が守るべきとされている基本的な「五の戒」のこと。
①不殺生戒（生き物を殺してはいけない）、②不偸盗戒（他人の物を盗んではいけない）、③不邪淫戒（不道徳な性行為は行ってはいけない）、④不妄語戒（嘘をついてはいけない）、⑤不飲酒戒（酒を飲んではいけない）がある。
注3）釈迦の教えで、大きな乗り物ですべての人々を救うことを目的としたもの。これに対して「小乗仏教」は、釈迦の没後に誕生した説で、出家して厳しい修行を行った僧侶だけ救われるという説。修行をしたわずかな人が救われ、一般の人は救われない説であった。釈迦の没後はこの思想が定着した。

である。

道元和尚と精進料理

　　日本で精進料理が本格的に発達したのは、禅宗の流入が機会となり、鎌倉時代以降のことと考えられている。すなわち、曹洞宗の開祖・道元（1200～53［正治2～建長5］年）が、寺院で修行僧のために料理をつくることは、仏道の修行の一つであると高く評価したことから、精進料理は寺院の僧侶にとって重要な修行となったといえる。道元和尚は、食事の用意することも、食事を摂る作法も、すべて修行の一環として位置づけたのである。道元は、出家して比叡山において天台宗を修め、やがて『典座教訓』（1237［嘉禎3］年に成立）、『赴粥飯法』（1246［寛元4］年に成立）の中で、料理の支度は仏道の修行であると高く評価している。

　道元は食と禅を関連づけ、栄西は喫茶の習慣を伝え、抹茶と禅の繋がりを深めた。江戸時代になると隠元（1592～1673）が1654（承応3）年に中国から奈良の興福寺（669年に建立）に入寺し、中国禅宗の一つである黄檗宗を導入し、精進料理とは一風異なる食習慣の「普茶料理」という食習慣を広めた。

　曹洞宗の開祖・道元は、1244（寛元2）年に福井県の越前に永平寺を開き、日本的な精進料理を広めた。現在も、福井市は永平寺の高僧ばかりでなく修行僧までも大切にしているといわれている。現在の食生活を見直し、素材を生かした精進料理の参考に、永平寺の精進料理、永平寺のダシに関するマスコミでの紹介は多い。

　道元の精進料理は、道元の『典座教訓』に基づき、典座（司厨長または料理長）が定められ、寺院の全ての食事を総括する。健全な修行僧を育てるためには、栄養的にはバランスがとれた献立を考案し、作り上げる（筆者の調べたところでは、1日の摂取エネルギーは約1,200kcal、エネルギーの摂取食品はごま油に由来することが多かった。理由はけんちん汁のように野菜類をごま油で炒めることが多かったからである（山上ユリ子・成瀬宇平他『松山東雲短期大学研究論文集』20巻、191、1989年）。

　道元の永平寺で利用する食材には、飛竜頭・タケノコ・シイタケ・ニンジン・ごま豆腐・キノコ・レンコン・ギンナン・コンニャクなどの植物性の素材であり、これらの食材から一汁三菜・一汁五菜・二汁五菜などを仕上げている。

「心でつくり、心で味わう」という道元の唱える料理や食事作法は「五法・五味・五色」の思想といわれている。この考えは、後の日本料理の神髄をついていた。すなわち、「五法」とは「生のまま・煮る・焼く・揚げる・蒸す」という加熱調理を示し、「五味」とは「辛味・酸味・甘味・苦味・塩味」の調味の形態を示し、「五色」とは「青色・黄色・赤色・白色・黒色」の色彩感覚を示している。道元は、これらの手法を、宋の国で修行中に体験し、日本の精進料理に反映している。

京都の精進料理

　京都は寺院が多く、精進料理には2つの系統がある。①大徳寺納豆に代表されるもので、日本の気候・風土に適した料理、②江戸時代に伝えられた黄檗山万福寺の流れの料理。

　大徳寺納豆は、京都の大徳寺で創作された塩辛納豆で、寺納豆・唐納豆・浜納豆ともいわれている。鎌倉後期の『新猿楽記(しんさるがくき)』(1052[永承7]年頃完成)に「精進物、春、塩辛納豆」とある。この塩辛納豆は鎌倉期に、禅宗の導入とともに寺院の食材として利用されるようになった。肉食が禁じられている僧侶にとっては重要なたんぱく質供給源として利用された。現在の健康科学の観点からは、納豆菌が腸の健康に有効に働いていたと推測する。大徳寺の塔頭(たっちゅう)の真珠庵の納豆は、室町中期の臨済宗の僧・一休禅師が創作し、一休納豆とよばれている。大徳寺納豆、一休納豆、塩納豆は、煮た大豆にむしろをかぶせ、自然に繁殖する乳酸による乳酸発酵を行った後、乾燥した麹を加えてから塩水か生醤油も加えて樽の中で仕込む。約3か月で製品となる。この塩納豆をたんぱく質源として工夫された精進料理の流れがある。

　黄檗料理(おうばくりょうり)は京都府宇治市万福寺の精進料理で、普茶料理ともいう。江戸時代前期の1659(万治2)年に、清国から渡来した隠元禅師が宇治に黄檗山万福寺を創設して、精進料理の黄檗料理(普茶料理)を始めた。卓袱(しっぽく)という食卓に植物性食材からなる中国風の精進料理をのせたものである。後に、肉や魚の料理ものせる長崎の卓袱料理となる。

　和歌山県の高野山に、真言宗の空海は、金剛寺を創建する(816[弘仁7]年)。高野山の精進料理は、51を数える宿坊で多彩につくられている。とくに、高野豆腐・ごま豆腐・三ぴん豆腐(豆腐に酒を入れて油炒めをしたもの)は有名な豆腐料理であり、高野山独特の精進料理である。

現在の精進料理

寺ばなれが目立つ現在は、住職の精神論や生活論の著書がブームとなり、寺院や住職がお寺のカフェ、レストランを経営し、講演会を開いて、寺ばなれや仏教ばなれを少なくすべく工夫している。これは、忙しく、ストレスの多い社会の中での自分の心構えを仏教の教えから支援する、住職の積極的な活動によるものである。

かつては、寺や神社の庭で子供たちが遊び、住職や宮司は子供たちに人の道を教え、近所の人、寺や神社に関係する人々のコミュニケーションがあった。それが、寺の庭や神社の境内で遊び、事故でも起こると、寺や神社そのものが悪者になってしまうので、子供たちを寄りつかせなくなってしまった。

お寺のカフェには観音様が飾ってあって落ち着いて住職と世間話をし、このレストランで食べる精進料理を健康食としてとらえたりしている。この頃のお寺の精進料理は、参加者に調理に参加してもらうなり、家でも作れる精進料理を提供するなりして、一般市民と住職が近づくように企画されていると思われる。最近の精進料理の基本は、動物性の食材や香り（臭み）の強い食材を使わないことである。完成した料理は、素材の味を楽しめるボリュームたっぷりの料理となっている。精進料理が、和食の中で見直されているのは、素材の味を生かした料理であるからである。その結果、薄味であり、いろいろな調味料は使わないのが精進料理をつくる基本であるといえる。

精進料理と斎

斎（とき）とは、年忌引法要など仏事が終わった後に、食べる食事のことである。本来は、寺院で生活する僧侶の食事のことを「斎（とき）」と読んでいた。斎は寺院の食事であるから基本的には精進料理である。古来より日本仏教では斎は「正しく慎み深い僧侶の食事＝精進料理」を表しているので、現在でも「斎」には「正しい」「慎み」という意味がある。元来、御斎（おとき）は家庭で食べるものであったが、葬儀場での仏事の後や、寺での仏事の後に大きな料理屋で行うようになり、家庭での御斎は少なくなった。家庭での御斎は、その家庭の「自慢の料理」や漬物などが供された。御斎は仏事の後の食事ではあるが、食事ではなく、仏事の流れの儀式ととらえられていた。

茶道と懐石料理

　中国から仏教文化とともに、茶が日本に伝えられた。奈良時代の729（天平元）年に、聖武天皇が100人の僧を内裏に招き、般若経の話を聞き、中国風の磚茶（団茶ともいう）[注4]を飲んだ。これが、日本の茶の飲用の初めとされている。

　平安前期の805年に天台宗の開祖・最澄が唐から茶の種子をもってきている。806（大同元）年に真言宗の開祖・空海が茶の種子を比叡山の麓に植えた。鎌倉時代初期の1191（建久2）年に、臨済宗の開祖・栄西（1141～1215）は中国の茶種と製茶技術を日本へ持ち帰った。この頃に、栄西が、日本に最初に茶を持ち込んだということになった。後に、京都の栂尾高山寺の明恵上人と栄西は茶の健康効果を説くようになった。

　室町時代に、堺の千宗易（利休）は茶道を興し、日本独特の茶の湯・茶道を発達させる。室町時代に、喫茶の習慣は一般的となり、江戸時代になり喫茶は掛け茶屋・花見茶屋へと発展した。

茶道から懐石へ

　茶を飲む習慣が広まると、茶の産地などを当てる遊びが、武士の間では「闘茶」という賭け事となって流行したといわれている。豊臣秀吉は、このような賭け事は、武士の堕落した茶の流行りとみて、千利休に精神的要素を重んじた茶の楽しみ方を考えるよう命じた。そこで、千利休は「和敬静寂」の四文字を使って茶道のあり方を示し、また茶道に侘びを求めた。

　やがて、茶道は武家のたしなみとなり、利休の「一汁一菜」の懐石は、豪華な大名茶として本膳形式を取り入れたものであった。この頃には、贅沢な懐石の形式をとったものもあった。

茶道とは

　伝統的な様式に則って客人に抹茶を振る舞うことが、「茶の湯」といわれる。茶を淹れて楽しむだけでなく、人生の精神論、宗教と人生、茶器をはじめとする茶道具や茶室に飾る美術品などは、広い意味では日本特有の文化であり総合芸術と理解されている。

注4）製法の古い茶の型。緑茶、紅茶の中の下級茶や粉茶などを蒸して、いろいろな形状の型に詰めて、煉瓦上、タイル状、円盤状、碗状などに押し固めて乾燥したもの。7世紀以前の中国で行われていた茶の型。

茶道は唐（618〜907）の時代の中国から伝わったといわれている。茶道は鎌倉時代に、日本全国に禅宗が広まるとともに全国的に普及した。そして、室町時代中期の華やかな東山文化（8代将軍足利義政［1436〜90］が築いた京都・東山山荘を中心とした武家・公家・僧侶の複合文化）のもとに、茶の湯が成立し、その後千利休が侘茶を完成させ、これが現在の茶道の原形となっている。茶室という静かな空間で茶を点てることに集中することで心を落ち着かせ、そのことによって自分自身を見直し、精神を高める。筆者の知り合いの鎌倉の禅寺では、住職と世間話のためにお会いしても、本堂の片隅の茶室で、住職自ら茶を点て、檀家でなくてももてなしてくれる。そのお茶を飲み終わってからは、世間話ではなく人生の話をすることが多い。

懐石とは　「僧侶が空腹を紛らわすために、温めた石（温石）を懐に入れて、腹部を温めるということに由来している」といわれている。饗宴の料理とは異なり、禅の思想を取り入れた簡素な料理である。膳は折敷といわれる足のついていない懐石膳というものが使われ、基本的には、二の膳までしかない。懐石料理の形式は、天正年間（1573〜92）に、千利休によって整えられた。すなわち、懐石料理は、濃茶を飲む前の、腹ごしらえともいうべきものであった。当時は、茶は覚醒作用があるほど強い刺激性があり、空腹時にいきなり茶を飲むことは健康上好ましくないと考えられていた。この茶の刺激を避けること、さらには、亭主の手料理で客人をもてなす意欲も兼ね備えたのが、懐石料理の本質であった。

　博多の立花家に千利休の秘伝書として伝わっている古伝書『南方録』（1690年）の「懐石之法」として、「狭い座敷の料理は、汁物が1、惣菜が2または3で、あまり重々しい料理は好ましくない」という概要が書かれていて、懐石料理料理でも「汁物」は欠かせない料理であった。

本膳料理と精進料理の汁物

　鎌倉時代末期頃から中世社会の様相は変化しはじめ、政治の流れは近世・近代社会へと進化していくことになる。この政治の流れを支えたのは、武士であった、古代的な天皇や公家の勢力は力を失ってしまった。室町時代に入ると、鎌倉時代の将軍の食事よりも贅沢な料理が、本膳料理として

将軍に供されるようになった。

最も本格的な本膳料理が供されるようになったのは、室町時代である。鎌倉幕府が討幕され、室町幕府が成立したとき、征夷大将軍となった足利尊氏が室町将軍の臣下の大名たちを招いて出した本膳料理の記録がある（『三好筑前義長朝臣亭江御成之記』［1561年］から抜粋）。

式献、献部、膳部（本膳、二膳、三膳、四膳、五膳、六膳、七膳、御菓子）、膳部（四献、五献、六献、七献、八献、九献、十献、十一献、十二献、十三献、十四献、十五献、十六献、十七献）

とある。

まず、儀礼的な式三献(しきさんこん)から始まる。最初は初献から三献。それぞれに鳥、熨斗(のし)、鯛、するめ、タコなど。

メインの膳部で、七五三の本膳から七膳まで用意されている。これに菓子がつく。その後再び、献部となり四献から十七献に及んでいる。

汁物は、膳部の二膳（鯛汁、集汁(あつめじる)）で使われている。本膳から七膳では魚介類料理が多く、すし（鮓）も供されている。菓子にはかち栗やクルミなどが使われている。

次の膳部（四献から十七献）でも魚介類を使った料理が多い。

集汁には、①ダイコン・シイタケ・ゴボウ・芋・つみ入れ豆腐、②ダイコン・ゴボウ・芋・豆腐・キノコ、③ちさ・ワカメ・つみ入れ豆腐、④芋の茎・小豆などを具にしたものがある。(1561［永禄4］)年3月晦日　室町将軍足利義輝三好亭御成献立と汁もの)

茶道・懐石料理と汁物

1592（文禄元）年10月末に、朝鮮征伐に出兵した豊臣秀吉を迎えた博多在住の貿易商・神屋宗湛(かみやそうたん)（1551～1635）の邸宅で開催した茶会の記録として『宗湛茶会献立日記』に記載されている。

本膳（すぎ四方、あさき椀[注5]、白筋）／焼き貝／御汁（味噌焼き独活(うど)入り）／練り味噌／ご飯／二の膳（すぎの四方、あさざの椀[注5]）／鱸焼き物、鱚、土器、盛り合わせ／サザエいえ盛り／鶉(うずら)の焼き物／御汁（雁にセリを入れる）／お菓子

懐石料理では、武士の本膳料理よりも多くの種類に汁物が供されている。

注5）「あさき」「あさざ」は植物のようである。

この中には黒田官兵衛が食した懐石料理の献立も記載されている。その中の汁物は「御汁雁」と記載されている。

精進料理の汁物

精進料理の基本は本膳料理の「一汁三菜」に準じた料理であるが、食材として鳥獣魚貝を使わない。そのために汁物は本膳料理よりも重要な位置を占めている。

『料理物語』(1643［寛永20］年)には、動物を使わない精進物と思われる汁が記載されている。「須弥山汁、博打汁、わり菜汁、柳に鞠、とろろ汁、はこべ汁、からげ汁、じんぶ汁、観世汁」などの他、豆腐やナスを具にした味噌汁などがある。

- 博打汁　賽の目に切った豆腐を入れた汁。
- わり菜汁　カブを具にした味噌汁。
- 柳に鞠　つまみ菜(柳に見立てる)とサトイモ(鞠にみたてる)の汁。
- とろろ汁　山芋と青のりを細かくおろした汁。吸い口はコショウ。
- はこべ汁　はこべと三月ダイコンの味噌汁。
- からげ汁　2つ割りにしたナスの中に青山椒・辛子・胡麻の摺ったものを紫蘇の葉でつつみ、糸状の昆布を入れたものを具にした味噌汁。くずひきにする。
- じんぶ汁　2つ割りにしたナスに細かく包丁目を入れたものを用いた濃い目の味噌汁。吸い口は辛子、青山椒。
- 観世汁　薄く切った豆腐にあんかけをかけた味噌汁。

3
汁物の栄養

汁物とは

現在の調理学では、汁物とは「うま味成分を多く含む食品を水の中で加熱して、そのうま味成分を浸出した汁、すなわち煮だし汁を主体とする調理である」(山崎清子・島田キミエ共著『調理と理論』1970年)といわれている。現在は、味噌汁や澄まし汁を作るときには、まずかつお節や昆布でダシをとるのが当然のように思われているが、もともとは素材から出るうま味成分を利用したのである。ダシ用の材

料には、かつお節、昆布、シイタケなどの素材のほかに、ダシ成分を濃縮あるいは乾燥・粉末にしたもの、アミノ酸系あるは核酸系調味料物質をダシの材料やうま味成分を含む物質からの抽出あるいは化学的に合成して作り出したもの（食品添加物）などがある。

汁物の種類　　現在の調理学では、汁物は表のような種類を挙げている。栄養学的には味噌汁の場合は、味噌に含まれる栄養素や機能性物質が期待される。澄まし汁の場合は、澄まし汁に存在するうま味成分（とくにアミノ酸類）の機能性が期待されている。汁物の場合、具材の種類と量により期待される栄養素や機能性成分が異なる。古くから味噌仕立ての味噌汁、醤油使用の澄まし汁、塩味をつけた潮汁が基本として存在していた。

種　類	和風の汁物
澄んだ汁	吸物、澄まし汁、潮汁
デンプンで濃度をつけた汁	薄くず汁（吉野汁）
濁った汁	味噌汁、粕汁、すり流し汁、とろろ汁、ご汁
その他	吸物、澄まし汁、潮汁

日本料理の歴史と汁物

平安時代の『延喜式』には「羹」とともに「汁」の表記が登場し、同じ平安時代の文学作品や公家の日記には、熱汁・温汁・冷汁・汁膾などの語が登場する。鎌倉時代には、禅宗とともに「豆腐羹」など汁料理を含めた精進料理が日本に導入された。室町時代の本膳料理では、大汁・小汁という熱汁が用いられる。二の膳まである場合には、二汁、三の膳まである場合は三汁と必ず汁物が供される。

日本の食事は米のご飯が主軸となり、米のご飯が美味しく食べる方法として汁物が登場したと考えられる。やや甘味のある米のご飯は、塩味のあるものと一緒に食べることにより、より一層の美味しさを味わうことができる。

私たちが最も美味しく感じる味噌汁や澄まし汁の食塩濃度は0.8〜0.9％といわれている。これは、私たちの体液の浸透圧と0.8〜0.9％の食塩

の浸透圧が等しいことによるといわれている。美味しいと感じる食塩濃度と1日の食塩の摂取量は関係がない。私たちの体内で必要な食塩は6～10gであるから、1日の食塩の摂取量はその量に制限するのが、健康な食塩の摂取方法となる。食塩の摂取量は、人の体内での代謝や生理的働きに強く関係しているので、食塩の1日の摂取量が厳しく制限されているのである。汁物を何杯もとるのは食塩摂取量が多くなるから「一汁三菜」のように、1回の食事で、1杯の汁物が食塩摂取量も適量に調節できるかもしれない。

①味噌汁

　味噌で調味した汁である。味噌には、原料の大豆由来のたんぱく質、フラボノイド、アミノ酸類が多く、たんぱく質やアミノ酸の供給源となっている。また味噌の製造中に生成されたアミノ酸はうま味成分ともなっている。味噌汁の具には野菜や魚介類の固形の食材を加えることにより、惣菜としての役目もある。味噌汁は主食の米のご飯を食べる際の食欲増進の役割もある。したがって、具材は地域の野菜類を入れることが多く、まさしく地産地消の惣菜ともなる。

　味噌汁は、いろいろな具材が利用され、地域の郷土料理となっているものがある。滋賀県の琵琶湖、島根県の宍道湖、青森県の十三湖のようにシジミの味噌汁が、地域の特産となっているものもある。シジミのエキス分の成分であるアミノ酸類やコハク酸は味噌汁のうま味を引き立たせる。また、カツオの中落ち（中骨）は、東北地方の味噌汁の具材として利用される。

②吸物

　だし汁に醤油を加え、塩味とアミノ酸の味を付加し塩味の濃度は0.8～0.9％の透明な汁物である。具には豆腐、湯葉、山芋、はんぺん、魚介類（白子、シラウオ、サヨリ、青柳）、鶏肉、雁の肉、素麺、餅を使うものがある。富山や山陰の沿岸部では、ゲンゲ（ノロゲンゲ）という体の表面に粘質物の多い深海魚を使うこともある。このようなことから、吸物も地域性のある汁物である。餅を入れた吸物は、地域性と正月の行事に強い関連があるものもある。ナメコ、ジュンサイ（秋田）、三つ葉、小松菜など季節と地域の関係の深い食材が使われる。

　栄養的には、具材に使われる食品の栄養成分が関係してくる。吸物の汁

は醤油ベースであるから栄養的な期待はないといえよう。
③潮汁

　天然塩で味付けたほうが、塩味だけでなく、微量に存在するミネラルが味に丸みや深みを加えてくれる。また、食塩のミネラルの中には私たちの代謝にも関係している成分が含まれているために、天然塩の利用が注目されている。

　潮汁の代表はハマグリの潮汁でも明らかなように、単純な食塩の味の汁に、ハマグリを入れることによりシンプルで優しい美味しい潮汁が賞味できる。天然塩だけの味の汁に具として加えたハマグリの優しいコハク酸とアミノ酸が、生きたシンプルな味を引き出してくれている。化学成分からはアミノ酸―コハク酸―塩からなる単純な組み合わせによって生まれた味である。

　他に、三平汁（北海道）、宗谷鍋（北海道）、あら汁（魚種によって地域性がある。カツオのあら汁は八戸から茨城、船場汁〔大阪〕など鍋物も食塩だけの味付けが多い）などがある。
④冷や汁

　宮崎県、埼玉県、山形県など各地域にみられ、地域によって材料や具材は異なる。宮崎県の冷や汁は、イリコ、胡麻、焼きアジのほぐし身をすり鉢ですり潰し、これに冷たくしただし汁を入れてかけ汁とする。豆腐、キュウリ、紫蘇の葉、ミョウガなども入れておく。これを温かいご飯にかけて食べる。栄養学的には魚も胡麻も野菜類も入るので、ご飯の量を工夫すればバランスの良い食事ともなるかもしれない。

　埼玉県、山形県の冷や汁は、それぞれ食材は異なるが、いろいろな食材を混ぜて味噌仕立ての冷や汁にし、ご飯にかけて食べる。丼物のようであるが、いろいろな食材を地域や家庭によっていろいろ組み合わせてご飯にかけて食べる。いろいろな食材を食べることができる郷土料理である。

4
汁物事始め──
延喜式（平安時代）に初めて登場

先史時代の食文化

　日本列島に人々が住みはじめた年代については、いろいろな説があるが、現在のところ、後期旧石器時代（約3万5,000〜1万年前）といわれている。古代に生活していた人たちが食べていたものについては、貝塚や古墳から発掘された化石などから推測しているが、どのように調理・加工して食べていたかについては、推測することも難しいために、はっきりしたことは分かっていない。

　縄文時代（紀元前145世紀〜紀元前10世紀）は、狩猟生活が多かったから、この時代の食物は獣肉食が主体であったと推定されている。基本的には、単に「焼く」だけの料理が主流であったと思われるが、「煮る」「蒸す」などの調理法は不可能ではなかったとも推測されている。その方法としては、小さな穴を掘って木の葉で目張りし、水と獣肉や魚を入れ、この中に焼き石を大量に放り込んで沸騰させ煮物を作り、煮汁をつくったのではないかと推測されている。このときの基本的な調味は、食材のもつうま味と食材から沸騰水に溶け込むうま味成分であったと考えられる。塩味は海水を利用したと思われる。万葉集が詠まれる時代には、その歌の中に藻塩が詠まれているので、塩が使われるようになったのは、万葉集が編集された7〜8世紀になってからであると考えられる。

古代国家と料理の体系

古代におけるコメ志向

　現在でも毎年5月・9月に、天皇が皇居の水田で田植えをし、稲刈りをしているのは、古くから天皇の重要な役割の一つとして「稲作祭祀」があるからで、

今でも日本のコメ志向の生活に関係していることになっている。日本の古代国家[注6]のコメ志向は、税としてコメを納めさせたことで、国や地方の有力者の主要な収入源となっていたことも関係していたと推測されている。

　古代国家では、コメは重要な位置を占めていた。水田稲作を社会の生産基盤にし、理想的な食生活として米を中心にした食事体系をとったようであり、動物性の栄養成分の供給源である肉類の利用を遠ざけたようである。このような米中心の生活の中で、675（天武天皇4）年には、「肉食禁止令」が発令された。この時の動物の対象はウシ・ウマ・イヌ・サル・ニワトリの5種で、農耕に有益な役畜のウシやウマ、生活に必要な家畜や家禽が含まれており、禁止期間は、稲作の期間である4月から9月という限定がついていた。

　古代国家の政策により、米を重要な食物とし、肉を遠ざける食生活と料理の体系ができた。しかし、狩猟は王権の象徴であり、天皇や貴族は狩猟を続けていたので、細々と肉食は続けられていた。健康や体力の維持増進には動物の肉は重要であることは知っていたが、肉食を遠ざけなければならないので、魚介類の利用が増え、米を中心として魚介類や野菜類を添える料理体系が誕生する時代でもあった。

　日本の古代国家では、石器時代頃から食品の調理・保存のために発達した容器を改良して使用するようになったと考えられる。

　『延喜式』[注7]の他にも、藤原宮跡[注8]、平安宮跡[注9]などから出土した木簡から、古代の律令制による各地方に平民に課せられた税として、農作物や水産物があったことが分かる。これらを輸送するために発達した保存方法や容器もあった。

注6）都出比呂志『古代国家はいつ成立したか』岩波新書（2011）によると、日本の古代国家は3世紀の耶馬台国から7世紀の律令時代と紹介されている。
注7）平安時代中期に編纂された格式（律令の施行細則）。905（延喜5）年に始まり927（延長5）年に完成。967（康保4）年施行。宮司ごとに関連法を配列。主計式、宮内式、大膳式などには税として納める諸国の産物や朝廷への供え物である贄の記載があり、古代における多種多様な食品が記載されている。
注8）694年に現在の奈良県橿原地区に遷都し藤原京として日本の政治の中心だった。
注9）794年、桓武天皇の京都の中心に入ってから日本の首都の中心として機能。

神社や寺院の供え物と料理

　神社の祭礼には、神饌が供えられる。神事の際に、神社や依代（神社の他の場所での神饌を供える机）に食物を並べる。これは神への感謝の意を表して捧げる食事を意味する。儀式の間に、神が食事をし、儀式が終わると、これを下げて、関係した人々は神の前で供え物を食べる、あるいは分け合う。神に供え、下げたもの（すなわち神が食べ残した「下がりもの」）を、神主や関係者がともに戴く「直会」という宴会である。神事の場合は、「神と人間との相嘗」（＝ナムリアイともいう）といわれ、神と人との共食により、神の霊力を関係する人々に与えるという意味で行われる宴会である。

　神社に奉仕する神官のいる神社では、それぞれの規模によりいろいろな神事がある。最近は、神事の後で神饌を神官の間や氏子などで分け、直会は行わない場合もある。大切な神事の多い神社では、神社内に調理場があり担当者も置いている。

　神に供える食べ物としては、米・水・塩・酒・鳥獣類・魚介類・蔬菜類・果実などが多い。筆者の知人で靖国神社の7代目宮司（1992～97）だった故・大野俊康氏は第二次世界大戦中には靖国神社では、タバコを供えたこともあったと教えてくれた。

　神饌の品目の順序は、水・飯・菜・汁・羹（汁の多い煮物）・酒・水であった。古代国家が米志向の食生活を展開していたことが窺える。米は蒸して御強や水炊きにした粥、魚介類は塩蔵品や干物にして供えていた。海藻類は汁漬け（煮物）、羹として供えた。おそらく、汁物の食材は海藻や魚介類であったと思われる。

　『延喜式』には、神饌の品目として水産物の登場が多い。その中心となっているのは塩・アワビ・カツオ・魚の丸干し・ワカメの5種であった。1995（平成7）年に、筆者は日本各地の神社の神饌の内容を調べたことがある。地域により地産品を利用しているが、魚介類の利用は平均して全体の食材の30～40％であった。

　現在の神饌の品目は、稲・酒・餅・海産魚介類・川魚・野鳥・水鳥・海藻・野菜・果実・菓子・塩・水などで、順に三方に盛って供えるが、仕入れの難しいものは除いている。ニワトリは、古くから神との関係の深い鳥

であるという伝説があるので、利用せず、境内に放し飼いにしている神社もある。

古代国家では、神社が素木(しらき)なのに対して、仏閣は色とりどりであり、供えられるものにも色彩が豊かなものがある。中国伝来の仏教の影響によるとも考えられている。後に神饌にも、仏教の供え物の影響を受けた色彩や形のものも現れている。地域により供え物を積み上げ、色彩豊かにし華やかにみえるものを供える神社も現れている。

古代国家の料理体系と調味料の利用（味覚体系）

古代国家においては、官僚の組織のもとに、大膳職・内膳司などの職種があり、特定の氏族がこれを担当し、一定の料理体系が確率されていた。『日本書紀』注10)に登場している高橋氏(かしわでのおみ)（膳臣）が宮廷の料理人としての実権を握った8～9世紀までには、膾・煮物・焼き物のような魚介類の日本料理の体系の原型ができあがっていたと考えられている。

古代国家のもとで、8～9世紀には、米を中心として魚介類を加えた料理体系が成立したと考えられている。汁物を作る調味料に関しては、天皇用や儀式用の酒や酢が醸造されていた。醤（または「じょう」）や未醤の製造も国家の中に醤院(ひしおいん)を設けて作った。養老律令（757［天平宝字元］年に施行）によれば、発酵という仕組みが発達していなかったために、醤の製造に原料としてコメを使うことから、餅や菓子と同列のものと認識されていたらしい。醤油が普及されるようになったのは江戸時代といわれているが、日本の古代国家は独特の醤油様調味料を展開していたのである。『延喜式』によれば魚介類、獣肉類、野菜類の醤漬けが登場していた。養老律令の規定には、「醢」(かい)（シシビシオ〔塩辛〕）、酢漬けの野菜も調味料としていた。

古代国家においては、大膳別院である醤院の管理下のもとに調味料が発達してきたとされている。また、日本料理に重要なかつお節と昆布のダシによる味覚体系が成立したのは中世後期になってからである。

注10) 奈良時代に成立した歴史書。720（養老4）年に完成。

5
汁物と和食 ――
精進料理・本膳料理・汁物

中世（11世紀後半～16世紀末）の食生活

　中世の初期には、天皇家を含む公家が力をもっていて、国家組織に関わっていた。また寺社の神官や僧侶の一部の人々には、宗教的な権威を背景に国家の祭祀(さいし)をとりしきり、社会では重要な位置を占めていた。やがて、武家が実力を蓄え、公家や寺社家を圧倒して、中世後期になると武家が政治を支配するようになった。この間のそれぞれの時期に関わった公家・寺社家・武家のいずれもがそれぞれの時期の料理文化の形成と発展に関わったのである。

　約500年続いた中世社会においては、中世前期には目立たなかった料理が、中世後期までには調理法や素材を工夫し、注目される料理に変化したケースが、数多く現れるようになった。この時期には、日本料理の原型が成立したと考えられ、数多くの料理書も提供されるようになった。

　この時期は、コメは「聖なるもの」、獣肉は「穢れたもの」という価値観念が浸透していく時代でもあった。中世を通じて、肉食は禁止の方向にあったが、実際には、多くの中下層民が肉や魚を食べざるを得なかったので、鎌倉時代の親鸞上人は、肉食を許した。コメが中心の時代であったが、実際は荘園領主や地方の有力な武士たちは、コメを多く蓄え、下層農民は、自分で耕作したコメは税として納めなければならなかったので、雑穀が主体の食生活だった。したがって、料理体系は一部の特権的身分の人々の社会で生まれ、広まっただけであった。

大饗料理の成立

　現在、知られている最古の料理形式が大饗料理といわれている。「大饗」

は、もともと盛大な饗宴という意味である。この中には、二宮大饗、大臣大饗、大将大饗などがあり、それぞれの役職に任じられた際に執り行われた。大臣大饗の中には、貴族たちが執り行う大臣大饗と正月に行われる正月大饗があった。大饗料理は平安時代に行われた料理形式であり、その実態は12世紀前半になって確立した。大饗料理は、後に本膳料理へと繋がった。大饗料理といっても、主に生ものや干物をそれぞれの皿にのせ、自分の好みに味付けて食べるものが多かった。その例として、日本料理の代表である刺身に醤油をつけて食べることは、今でも残っている。大饗料理の調理法は、きわめて簡単で、生ものとしては膾やすし、煮物、そして干物としては魚や鳥を乾燥させて削った削り物といわれるものや、中国から伝わった果物(「木菓子」といった)が多かった。

　大饗料理の特徴としては、中国式料理を模した揚げ物も含まれていたことで、中国の食文化の影響を受けていたことの証であったと思われる。また、料理数が偶数であることも大饗料理の特徴であった。日本料理の技術の一つが「切り方」にあるように、包丁の扱い方は重要となっている。日本の料理人の腕の見せ所でもあった。魚や鳥の「切り方」に関する基本的形式が確立したのは、平安時代の末期である。日本料理の特徴が、切り方や並べ方(盛り付け)を強調し、さらには厳しい作法や豪華な食器などの組み合わせによって成立していたといえる。包丁の扱い方には、いろいろな料理の儀式として受け継がれているが、とくに、平安時代に確立した「四条流包丁式」は、料理や食品に関する神々を祀っている各地の神社や寺院で披露されている。この時に使う魚はコイが多いが、海の幸に恵まれている地域では、カツオやマダイを使った包丁式も行われている。

仏教伝来と精進料理

　『日本書紀』(720［養老4］年)によると、仏教が日本へ伝来したのは飛鳥時代の552(欽明天皇13)年である。538年に古代インドで誕生した仏教は、中国大陸、朝鮮半島を経て飛鳥時代に日本へ伝わったのである。百済の聖明王が日本の大和朝廷に金銅釈迦像一体と仏教経典を献上したといわれている。その教えは、古代人の精神生活を支え、食生活に影響を及ぼすことになった。仏教伝来当時の日本人は、穀類・蔬菜類・鳥獣肉類・

魚介類も多く食べることができた豊富な食生活を送っていた。ウシやウマの飼育もしていた。インドで誕生した仏教において、肉食禁止が発生したのは、釈迦の仏教慈悲の精神に基づいた「不殺生戒」の精神が信者に浸透したためである。インドで誕生した仏教が中国へ伝来し、さらに「肉食絶対禁止」の精神が発達し、菜食主義の実践が顕著にみられるようになった。

日本の精進料理は、仏教伝来初期において朝鮮を経由して伝えられたと伝えられている。その後、8世紀半ばに中国から、野菜や豆類などの植物性食品を中心とする「精進料理」が直接伝えられたと考えられている。日本国内では、「肉食禁止令」が発布されたことにより、僧侶は一切の肉食が禁止され、一般庶民にも肉食を禁止し野菜や豆類など植物性の食品を中心とする食事の傾向がみられるようになった。

精進料理の特徴

精進料理の特徴は、野菜類・豆類など植物性の食材を調理して食べることである。野菜類や豆類の食べ方の基本は加熱調理することであった。精進料理では、野菜のアク抜きのための水煮という手間のかかる下処理を必要とするのが特徴であった。精進料理における下処理という操作は、現在の調理技術の発展に大きく影響しているといえる。

大きな寺院では、僧侶の中に料理担当の「典座」がいる。典座は寺院の住職や修行僧の健康を考え、栄養的に問題なく、豆類や野菜類を毎日飽きずに食べられるように料理の種類や調理法や加工法を考えている。現代の若い人にお寺の食事が人気があるのは、もともと住職の健康を考慮したものであるからである。さらその人気は、大きな寺院での講話あるいは法要に比べれば、ゆったりした雰囲気の中で食事をし、住職から心の支えとなる話が聞けるからと思われる。

精進料理を積極的に取り入れている目的は、大豆や野菜などの単純な食材を栄養的にも、風味や嗜好的にも問題のない食事に組み立てることにある。そのために、漬物や豆腐やコンニャクのような素朴な加工品も作り、料理へ展開している。たとえば、豆類は味噌、醤油のような調味料として利用するほか、豆乳、湯葉、豆腐、油揚げ、納豆などの加工品にし、精進料理に利用している。精進料理が生み出した調理には、コンニャクを牛肉

のステーキに似た料理にし、湯葉をハムに似た料理にし、シイタケや他のキノコを用いてアワビのスープに似た料理にするなど、典座の特殊な調理技術と思われるところを多く見かける。

平安時代までの日本料理は、食材として魚や鳥を用いるものが多い。味付けは薄くし、食べるときに各自が調味料で好みの味にして食べる料理が多かった。鎌倉時代以降の禅宗の流入は、日本の精進料理の形に変化をもたらしている。すなわち、禅宗の精進料理は、野菜類が中心であるが、味付けはしっかりとし、体を酷使して塩分を欲する武士や庶民の満足する濃い味つけに変化したことである。この時代の調味料や調理器具、調理法は、後の日本料理の発達にも寄与している。すなわち、この時代の精進料理に使用した調味料としての味噌の使い方、調理器具としてのすり鉢、根菜類の煮しめの作り方などは、現在の日本料理の発達の過程の中で、参考とされた調理技術や調理法となっていたのである。

精進料理が活かされた日本料理の「汁物」には「けんちん汁」「のっぺい汁」がある。どちらの汁物も、地域により食材には違いがあるが、各地の郷土料理や収穫時期の料理としてつくられている。いろいろな野菜類を使うことから健康に良い料理として認識していたと思われる。とくに、根菜類の汁物は、煮汁に溶け込む成分が生活習慣病予防に良いことから、汁物ではない飲用品のような形で利用されている。

本膳料理と日本料理の体系

12世紀末の鎌倉幕府成立から16世紀の室町幕府の滅亡までが、中世時代といわれている。この中世時代の社会の様相は、鎌倉時代末期頃から変化がみられ、14世紀の南北朝の動乱期を過ぎると、社会構造が大きく変わり、近世・近代社会への準備と進んでいく。この頃から、鎌倉武士の質素な生活が消え、華やかな生活が見えるようになった。

『建武年間記』[注11]の『二条河原落書』には全国各地の名物が、京都に盛んに運び込まれている様子が記録されていることから、この頃の武士は美

注11）鎌倉幕府消滅後に、1333（元弘3／正慶2）年に成立した建武政権が編纂した鎌倉府や室町幕府の法令や諸機関の記録。『二条河原落書』も含む。

食を好み始めたようである。

『庭訓往来(ていきんおうらい)』注12)の4月は、領地の繁栄と為政(いせい)の心得や諸国物産、その他が記録されている。諸国物産としては、越後の塩引き（三面川の塩鮭）、隠岐のアワビ、周防のサバ、近江のフナ、淀鯉、備後酒、和泉酢・若狭椎、宰府の栗、宇賀の昆布、松前鰯、夷鮭（エゾサケ〔北海道の鮭〕）、筑紫の穀（コメ）などが登場していることから、各地の名産品が京都の権力者へ献上されていたことが分かる。

この中で注目するのは、北海道（函館、江差、松前）の昆布である。この昆布は日本海航路の北前船により若狭湾の小浜に水揚げされ、京都へ運ばれ、京料理のダシの原料となった。また、京料理に必要なかつお節のダシは、古代の「煎汁」（カツオの煮汁）を使わず、かつお節や花鰹を使っていた。このことは、『四条流庖丁書』（室町時代後期、1489〔長享3〕年）に、調味料として「カツホ」や「シオ酒」を使うことが記載されている。また、「結昆布」を細かく刻んで入れることにより、味を引き立たせることも記載されている。

室町時代に入ると、鎌倉武士の上層部が普段食べている料理に比べて非常に贅沢な料理が、「本膳料理」として提供されることになった。その味付けは、カツオ（かつお節）や昆布のダシで味を調えた今日的な日本料理に近い調理法で作られたものであった。平安時代の権力者の宴会料理の大饗料理のように、喫食者が調味料を付けたり、かけたりして好みの味付けに調味して食べるのとは違い、火を用いてしっかりと調味した焼き物や煮物・汁物などのたくさんの料理が提供された。

本格的な本膳料理が提供されるようになったのは室町時代で、この時代の将軍が大名などを招いて提供したときであろうといわれている。本膳料理では茶の湯が提供され、献立に合わせ、数々の「能」も披露されたと伝えられている。

精進料理と本膳料理が成立したことで、現在の日本料理に繋がる日本料理の調理法や配膳、食事のマナーなどが出来上がったと考えられている。

注12）南北朝時代末期から室町時代前期に成立した往復手紙の形式の衣食住、職業、教養その他の生活関係の記録。1年12か月の往復便として記録されている。

日本料理の進展と汁物

　室町時代に入ると、料理や調理法に格段の進歩がみられるようになった。公家の料理法を司る四条家が表した『四条流庖丁書』には、料理法が詳しく記述してある。四条家は今日も年始や慶事における料理を継承していると伝えられている。

　平安時代には、魚介類や鳥肉、獣肉は生で食べるのでなく、細く切り酢に漬けて膾(なます)として利用していた。膾に使用する酢は、蓼酢(たです)が多かった。調味料としていろいろな酢が使われていたらしい。現在も使われているのは、鮎の塩焼きを食べるときの蓼酢、梅干しを作るときにできる梅酢である。うどんのつけ汁の調味料として梅酢が使われた時代もあった。

　奈良時代には、穀醤(こくびしお)は味噌と醤油の混ざった粘りのある固体であったが、室町時代初期には醤油に似た液状のものになっていた。「醤油」という文字が最初に使われたのは、室町時代の国語辞典の易林本(えきりんぼん)『節用集』(1597〔慶長2〕年)であると伝えられている。易林は建仁寺の僧侶であったようである。

　魚介類は膾や刺身で食べられるほか、さまざまな加熱調理された料理が先代より多くなった。たとえば、煮物や蒸し物のほかに、焼き物なども登場した。

中世の汁物

　室町時代になり「味噌汁」が食卓にのぼるようになった。汁物の具には鳥肉を使ったものが多かった。『大草家家庭料理書』(1779〔安永8〕年)には、塩鳥汁(塩漬けした鳥肉のこと)、真雁汁(澄まし汁。夏野菜やセリを使う)、青鷺汁(味噌仕立てで、ズイキの酒煎りを添える。澄まし汁はナスを添える)、鶉(うずら)汁(合わせ味噌=ふくさ味噌による仕立て)、むじな汁(たぬき汁のこと。ダイコン、ゴボウも加えた味噌仕立ての汁)、納豆汁(細かく切った豆腐の味噌仕立ての汁に納豆を擦って溶かして入れた汁)、菊汁(菊の葉を入れた澄まし汁)、越川汁(カジカにタケノコ・シロウリを入れた澄まし汁)、鳥とろろ(炙った鳥肉を細く切り、たれ味噌仕立てにした冷や汁)、鯛とろろ(炙ったマダイを細く切り、たれ味噌仕立てにした冷や汁)などが記載されている。

汁物は根幹の料理

　今日、味噌汁はご飯に添えて提供し、吸物は酒の肴として提供するものと区別しているが、もと

もとは羹（汁の多い煮物）とされていた。室町時代に羹は汁の範疇に入れられるようになった。江戸時代には、味噌汁も澄まし汁も含め「汁物」は、本膳料理や懐石料理の根幹として重要な料理の一種となった。

江戸時代の代表的料理本の『料理物語』[注13]では汁の部と吸物の部に分けて味噌汁を主として46種の汁物が記されている。この時代の汁物は、吸い口にユズを使い香りをよくし飲みやすくしている。21世紀の日本料理でも、生臭みを緩和し、香りを良くするためにユズの利用は多い。

『料理物語』には、次のような汁物も記載されている。
- あおがち　雉の腸を叩いて作る味噌仕立ての汁。
- アンコウ汁　アンコウの皮と身肉の味噌仕立ての汁。
- おろし汁　ダイコンおろし、カキ、ハマグリを具にした味噌汁。
- こだたみ　かつお節のだし汁で、具には糸状にしたナマコ、そぼろにした蒲鉾、青ノリ。
- 鯉の肝煎り　鯉の味噌汁。
- 鹿汁　鹿の味噌汁。
- ススキ汁　ススキの味噌汁。
- すいり汁　根芋を入れた濃い味噌の味の汁。
- タラ汁　タラの澄まし汁。
- ドジョウ汁　ドジョウを具にした味噌味を濃い目にした味噌汁。
- たぬき汁　狸の臭みを抜いて作った味噌汁。具にダイコン、ゴボウなども使う。
- 南蛮汁　鶏肉を使った味噌仕立ての汁、または澄まし汁。
- フナ汁　フナをワカメかカジメで巻いて煮た汁。

精進料理の汁

精進料理の基本は「一汁三菜」であるから、汁物は料理の中では重要な位置を占めている。『料理物語』に記載されている精進料理の汁物には次のようなものがある。精進料理では動物性の食品は使えないので、植物性の食材を動物性の食材に似せる調理法を使っている。
- 博打汁　賽の目に切った豆腐を具にした汁。

注13）1643（寛永20）年に刊行。江戸時代の料理書で、表現は簡潔で、料理に関して広く解説している。

- わり菜汁　カブを具にした味噌汁。
- 柳に鞠　つまみ菜（柳にみたてる）とサトイモ（鞠に見立てる）の汁。
- とろろ汁　山芋と青のりを細かくおろした汁。吸い口にはコショウを使う。
- はこべ汁　ハコベと三月ダイコンの味噌汁。
- からげ汁　2つ割りにしたナスの中に山椒、辛子、クルミなどを擦ったものを紫蘇の葉でつつみ、糸状の昆布を入れたものを具にした味噌汁。
- じんぶ汁　2つ割にしたナスに細かい庖丁目を入れたものを具にした味噌汁。
- 観世汁　薄く切った豆腐にあんかけをかけた味噌汁。

「講と汁物」について

精御講や祭りのご馳走としてけんちん汁（けんちゃん汁）のような汁物が作られる。

江戸時代の社会は、横割りであり、その証拠の一つとした「民衆の共済制度」があげられている。

小田原藩の篤農家であった二宮尊徳（通称金次郎、1787〜1856）が19世紀初めに信用組合を作った。目的は、小田原藩の財政窮乏を救うために、庶民から金を集め、共同企業や共同金融をすることによって利潤を出資者に配当していくシステムを考え出した。二宮尊徳の発想は、当時の農民が考えた「無尽講」が、一般に広く普及していった。農村における民衆の基本的な共済制度は、共同労働であった。江戸時代になると、民衆が年中接触するためには、口実が必要となった。民衆が接触するためには、名目がないと集まったり、連絡をとったりすることができない。正徳年間（1711〜1716）に制定された『御定書百箇条』という民衆への行政法では、「民衆は勝手に集会したり、共同行動をとったりしてはならない」と書いてある。ただし、宗教上の権威を尊ぶことから、宗教上の集会は問題とならなかった。

そこで、民衆は、宗教的な行事を名目として集会することを考えた。これまでにあった「講」の利用であった。

「講」の語源は「講義をしてもらう」、つまり教養を身につけ、解説をしてもらうための集団が「講社」であり、これを略して「講」といった。民衆は、様々な「講」を考え出して集まる。お大師講、月待講、大山講、富士講、伊勢講、観音講などがあった。宗教行事を共同で行い、共同で坊さ

第Ⅰ部　汁物の基礎知識

んの話を聞く。庶民が集まり、横の連絡、情報交換を行うようになった。

日本人は供食信仰をもっているから、御講の時には、いろいろな料理がでる。その料理を家庭に持ち帰り、御講の話しをしながら持ち帰った料理を食べ、御講に参加しなかった家族も参加した形をとった。

調味料（食塩・醤油・味噌）の事始め

塩は、生理的に必要な物質であり、基本的調味料である。塩の作り方も知らなかった時代には、古代の海は、現在のように細菌や無機物、有機物、放射性物質などで汚染されていない透明であったからそのまま汲み取って、塩の代わりに使用していたに違いない。平安時代以前には、ホンダワラなど海藻に付着している海水を集め、蒸発して作った藻塩があった。江戸時代までは「揚げ浜式」により塩をつくり、江戸時代になって「入浜式塩田」によって各藩で塩を作った。

味噌は大豆の加工品として室町時代から使用されていた調味料である。江戸は赤味噌が好まれ、関西は甘味のある白味噌が好まれていた。この傾向は現代でも継承されている。鎌倉時代前期の1254（建長6）年に、禅僧・覚真（かくしん）が宋の国から径山寺（きんざんじ）味噌を持ち帰り、紀州湯浅の村人に教えた。その味噌樽の底に溜まった液汁は、味が良いことから、溜醤油（たまりしょうゆ）が作られ、天文年間（1532〜54）に、紀州湯浅で本格的な醤油の醸造が始まった。1587（天正15）年には、播州龍野で醤油が作られるようになった。現在、龍野の醤油は全国的に淡口醤油として普及している。

6 汁物と健康 ── 栄養学的トピックス

汁物には、具として鳥獣類、魚介類、野菜類などを入れる。その具となる食材のもっている食品成分によって、汁物の栄養学的評価は異なる。各地の郷土料理に多い「けんちん汁」を健康科学的に考察することにより、日本の郷土料理が健康食であることを認識するヒントとしていただきたい。

けんちん汁の健康効果

「けんちん汁」は、各地の郷土料理に多い。地域により食材に若干の違いがあるが、共通しているのは、ニンジン、ダイコン、ゴボウ、レンコンなどの根菜類を使うことにある。

根菜類は、食物繊維を多く含み、けんちん汁のように加熱することにより、水溶性の食物繊維が汁の中に溶け出してくる。食物繊維は腸内の環境を整える乳酸菌の生育を活性化させると同時に腸の運動も活性化する。したがって、便通が良くなるから腸内に滞留している宿便に含まれる有害物質の体内への影響を緩和してくれる。

また、根菜類にはポリフェノールが含まれている。ポリフェノールは、体内を構成している成分を酸化し、ガン細胞を誘発する活性酸素を消去してくれる働きがある。レンコン、ゴボウ、ジャガイモなどを切って空気中に放置しておくと褐色に変わる。これもポリフェノールの存在による。ニンジンの橙色は、β-カロテンという成分である。体内ではビタミンAとして作用し、酸化を抑える抗酸化の作用もある。したがって、けんちん汁に使われるニンジンは、優れた健康効果をもつ食材である。

かつて、ガン予防には、根菜類を煮た際の煮汁がよいということで、作った家庭も多くあった。改めて煮汁を作るのではなく、けんちん汁でも野菜類のごった煮でも利用すれば、カロリーを制限することも、食物繊維やポリフェノールの摂取も可能になり、生活習慣病の予防に良い料理となるはずである。

筆者が調べた修行僧の1日の摂取エネルギーは1,200kcalであった。修行僧の食事の「一汁三菜」は、一般家庭で食べるような魚や肉はなく、野菜や豆腐の惣菜、味噌汁、ご飯が主体である。エネルギー源は、けんちん汁を作るときの植物油がエネルギー源となっていたのである。

以下で、汁物の調整に使われるダシ類、調味料類、食材(動物性・植物性)別に、現代の栄養学や健康科学で通説になっていることや注目されている話題について述べることにする。

ダシの健康効果

だしの材料となるかつお節からだし汁に溶出するペプチドは、血圧を上げる酵素の働きを抑え、血圧を下げる効果がある。かつお節の中のイミダゾールペプチドは、筋力増強

やストレス緩和などの働きもある。

　昆布のダシのうま味成分はグルタミン酸であることは、よく知られている。このグルタミン酸には、ストレス緩和の働きがあることが明らかになっている。さらに、小腸にも味覚細胞があり、グルタミン酸が小腸内の味覚細胞を刺激することにより、嚥下障害の人でも食欲が増進するということも明らかになっている。

食材の健康効果
　魚の脂質成分は、血液中のコレステロール増加抑制の働きのほかに、神経伝達物質でもあるので、老化を遅らせる働きもある。鶏肉に含まれるイミダゾールペプチドは、筋力増強の働きがあり、疲れを緩和する働きがある。根菜類については前述したように、ポリフェノール、食物繊維など機能性成分を含み、生活習慣病の予防に活用すべき食材である。

第Ⅱ部

都道府県別
汁物とその食文化の特色

※各県庁所在地の1世帯当たりの食塩・醤油・味噌購入量の出所は、総理府発行の最も新しい2012年度の「家計調査」とその20年前の1992年度の「家計調査」である。

① 北海道

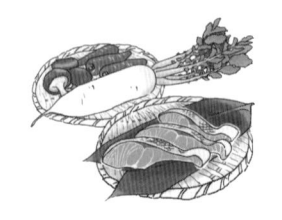

汁物と地域の食文化

　北海道の周囲は、暖流と寒流が交わる太平洋と日本海、寒流の流れるオホーツク海に面していて、海から開けた島である。季節により、寒流と暖流にのって回遊する魚介類に恵まれている。そのために魚介類を材料とした料理や汁物の種類が多い。

　東北地方の人々が北海道へ渡り定住するようになったのは、鎌倉時代以降である。次第に勢力をのばし、室町時代には渡島半島南部に館を構える豪族もいた。松前藩は、海産物を捕獲し、本州の諸国との交易の資源としていた。江戸時代末期に箱館（後の函館）奉行を務めた栗本鋤雲（明治初期の思想家、1822～97）は、「蝦夷地の三絶」として石狩のサケ、天塩のシジミ、十勝のフナを挙げていたといわれている。明治以降には、漁船や漁法が発達し、漁業資源は沿岸から近海へと広がった。その漁業資源を利用した郷土料理が多く、その中には汁物も多い。

　汁物にはだし汁が必要となる。だし汁の基本は昆布のだし汁である。潮汁の一種の北海道の「三平汁」は、かつて松前藩の賄方が考案した汁物といわれている。18世紀後半の文書には「サンヘ」「サンペ汁」とよばれていた。ニシンが大量に水揚げされた時に、それを塩漬けや糠に漬けこみ発酵させてから頭や中骨、白子などのアラ（粗）と、ジャガイモ・ニンジン・ダイコン・ネギを入れ、昆布のだし汁で煮込んだ塩汁であった。現在はニシンの漁獲量が少なくなったので、サケ・タラなどの粗と野菜類の塩汁が多い。江戸時代（1603～1867）には、ニシンは松前藩でも珍重され、ニシン場で働くやん衆（男たち）の手料理であった。

　昆布が広く知られるようになったのは、鎌倉時代（1192～1333）の初めに、北海道（蝦夷地）が北条義時の代官であった安東堯秀の支配下に入ってからのことである。鎌倉時代には、北海道でも昆布だしは存在しなかった。江戸時代には、食用として使われていたので、昆布のだし汁でニシ

ン、根菜類を主体とした野菜を煮込んだ料理があったと考えられる。ニシン漁が北海道の重要な水産業であった頃は、ニシンを使った三平汁が多かった。大正時代までは春を告げる魚として水揚げされたニシンの資源は徐々に減少したため、現在はタラやサケを原料とした三平汁が主流となっている。北海道は魚介類の粗を使った鍋物も多い。鍋物は味噌仕立てが多い。

北海道のサケ文化のルーツは、アイヌの人々がサケが遡上する石狩川を「神のいる場所」として大切に守っていたことにある。そのため、北海道にはサケを利用した料理は多い。「あど汁」は、北海道沿岸地域の郷土料理で、味噌仕立ての汁物である。生サケの頭と腸を細かく切り、味噌仕立ての汁に入れてよく煮込んだ味噌汁に似たようなものである。「あど」の名の由来は、「網所」と書いて「あど」または「あんど」とよぶことにあるとの説がある。

北海道は大豆の生産量が多いので、北海道の気候・風土にあった熟成期間の低温下での長い熟成期間で作った味噌を利用した汁物がある。

食用食物の栽培法が発達していない時期は、北海道での稲作は難しかった。その当時は米の餅が作れなかったので、カボチャを生産し、カボチャのデンプンの特性を生かしてカボチャ汁粉をつくった。

かつては、北海道近海に棲息しているクジラは、ニシンを浜に追い込んでくれるので縁起のよいものとして「エビス」ともよばれていた。クジラの皮下組織の主成分はコラーゲンの多い組織であり、これを塩を含む熱湯で、脂肪を除いた「さらし鯨」は松前・江刺地方の正月料理に使われる。これを食べやすい大きさに切り、ダイコン・ニンジン・フキ・ワラビ・コンニャク・豆腐と一緒に煮込み、醤油仕立てにした「くじら汁」がある。商業捕鯨が禁止となり、近海で捕獲されるツチクジラなどが利用されているようである。

北海道の夏は、ウニの捕獲量が多くなる。食べ方は生食(そのままワサビ醤油、すし種)の他、塩ウニや瓶詰などもある。生ウニをたっぷりのせたウニ丼は観光客の目玉料理であるが、生ウニを入れた澄まし汁はやさしさを感じる「もてなし」である。またタラバガニやケガニなどの汁物は「鉄砲汁」として、普通の家庭料理として食べられている。網走の夏は、「朝市感動祭り」を開き、ホッケやサンマの塩焼きとともに「鉄砲汁」を提供

している。サケやマスの卵（イクラ）も鍋や汁物の具に使う。正月料理の雑煮にはイクラは欠かせない食材となっている地域もある。

また、北海道では、ワカメは重要な健康食として古くから使われている。味噌汁のほかに澄まし汁にも使われる。

汁物の種類と特色

北海道の食文化の中心はサケ料理である。汁物もサケを使ったものが多い。秋に漁獲したサケを塩引きや荒巻などの塩蔵品として保存し、汁物にはこの切り身を使うので、生鮭に含まれている食塩が、汁の中に溶けて塩味に関与している。塩鮭を使った「石狩鍋」や「あきあじの粕汁」「くじな汁」がある。塩蔵さけは水に浸けて塩抜きをして使うが、完全には食塩が抜けきれないので、わずかにサケの身肉に残っている食塩が、鍋や汁物の塩味に寄与しているのである。ホテイウオを具にした「ごっこ汁」は醤油仕立てであり、カジカを加えた「カジカ汁」は味噌仕立て、「三平汁」は、塩漬けのニシンを使う。

これらの汁物や鍋物は、魚介類のほかに、ジャガイモやいろいろな野菜を使うので、貴重な栄養成分も摂取できることから、栄養学的にも注目すべき汁物である。

食塩・醤油・味噌の特徴

❶食塩の特徴

北海道内は、JTの食塩をベースにしたものをはじめ、日本各地の食塩が流通しているが、北海道の周辺の海水から調製した食塩には、「オホーツクの自然塩」「宗谷の塩」「ラウシップ」（羅臼の海洋深層水から調製）がある。これらに含まれるミネラル類の含有量が異なるのは、地域の海水の違いによるものかとも推測される。

❷醤油の特徴

道内に流通している大手メーカーの濃口醤油や淡口醤油のほかに、道内のメーカーの醤油もある。特徴のあるものとして「北海道の魚醤油」「鮭醤油」「ほっけ醤油」などは北海道産であることを納得するネーミングである。その他には「だし醤油」や「合わせ醤油」が多い。

❸味噌の特徴

　味噌については、日本の大手メーカーの味噌（白味噌、赤味噌、合わせ味噌など）が道内を流通しているが、地域団体商標の「北海道味噌」も流通している。

1992年度・2012年度の食塩・醤油・味噌の購入量

▼札幌市の1世帯当たり食塩・醤油・味噌購入量（1992年度・2012年度）

年度	食塩（g）	醤油（mℓ）	味噌（g）
1992	4,245	12,085	10,265
2012	2,310	7,073	5,131

▼上記の1992年度購入量に対する2012年度購入量の割合（%）

食塩	醤油	味噌
54.4	58.5	49.9

　味噌の購入量が約50％に減少しているのは、1992年からの20年間の間に味噌汁や味噌仕立ての料理をつくる機会が少なくなったか、外食の機会が多くなり家庭での味噌汁を作ることが少なくなったことが推測できる。北海道の人々にとって、キャベツやハクサイ、サケ、ニシンなどの漬物は、正月に欠かせない料理であり、雪の多い時期の野菜の供給源であった。一度にたくさんの漬物が作られ、雪の多い時期に重要な食品となっている。この漬物は食べたいが、集合住宅での生活では自家製の漬物を保管する場所もないこと、核家族が多くなってから、自家製の漬物でなく市販の漬物を利用する機会が増えたことなど、食塩の購入量が減少した諸々の理由が考えられる。食塩の過剰摂取は、高血圧症の原因ともなっているという健康上の理由もある。このことは、味噌や醤油の購入量と共通しているところがあると考えられる。

　イクラ、筋子は塩蔵品が多かったが、醤油の食塩濃度とアミノ酸含有は、淡口志向にも合い、アミノ酸のうま味成分を効果的に利用した醤油漬けが多くなった。このことが、醤油の購入量の減少が約58％に収まっている理由かと思われる。また、北海道は、トマト醤油、サケ醤油、ホッケ醤油、イカ醤油、ホタテ醤油などの、合わせ醤油のイメージの醤油加工品が、北海道独自のイメージを強調したようなかたちで出回っているので、大豆を原料とした醤油の購入量の減少に影響しているとも考えられる。

地域の主な食材と汁物

北海道は本州から離れた日本最北端の島で、日本海、オホーツク海、太平洋に囲まれ、海の幸が豊富である。中央部の大雪山系から流れる石狩川、天塩川、十勝川の流域に石狩、天塩、十勝などの平野がある。各河川にはサケが遡上し、孵化をして一生が終わるが、サケにとっても人間にとっても重要な位置である。各広大な平野では、北海道の大地の性質と気候を活かした農作物が栽培されている。

主な食材

❶伝統野菜・地野菜

ジャガイモ（男爵いも、メークイン、農林1号、紅玉、早生白、キタアカリ、レッドムーン、インカのめざめ）、札幌大球キャベツ、札幌大長なんばん、食用ゆり、八列とうきび、アスパラガス、札幌黄たまねぎ、及部きゅうり、夕張メロン

❷主な水揚げ魚介類

サケ類、タラ類、ニシン、ホッケ、サンマ、シシャモ、イカ、ホタテガイ、カニ類（ケガニ、花咲ガニ、タラバガニ）、エビ類（ホッコクアカエビ＝アマエビ、トヤマエビ＝ボタンエビ）、ツブガイ類、ホッキガイ、ウニ類（キタムラサキウニ）、ミズダコ

❸食肉類

牛肉（黒毛和種、ホルスタイン種）、羊肉、エゾシカ肉

主な汁物と材料（具材）

汁　物	野菜類	粉物、豆類	魚介類・その他
秋味の粕漬け	ジャガイモ、ダイコン、ニンジン、ネギ		サケ、酒粕仕立て
くじな （くじら汁）	ネギ、キャベツ、ダイコン、ニンジン、ワラビ、フキ、ゼンマイ、山菜各種	豆腐	塩クジラ（くじな＝クジラ）、コンニャク、醤油仕立て
ごっこ汁	ネギ	豆腐	布袋魚、昆布、生のり、醤油仕立て

かじか汁	ダイコン、ニンジン、ジャガイモ、ネギ		カジカ、昆布、味噌仕立て
三平汁	ジャガイモ、ダイコン、フキ、ゼンマイ		ニシン、昆布、糠漬けのニシンの塩味仕立て
石狩鍋	ニンジン、ダイコン、ネギ、ほうれん草、春菊、シイタケ、タケノコ、ジャガイモ、ハクサイ	豆腐	生のサケ（ぶつ切り・頭部）、コンニャク、味噌仕立て
鉄砲汁	ネギ		花咲ガニ、味噌仕立て
カボチャ汁粉	小豆、カボチャ	片栗粉	
木の芽とワカメの澄まし汁	タケノコ、木の芽	片栗粉	ワカメ、淡口醤油仕立て、だし汁

郷土料理としての主な汁物

　北海道の魚を代表する「サケ」は、古くからアイヌの人々の貴重な食料資源として捕獲され、北海道の食料供給を支えてきている。北海道の魚料理には、サケ料理が多い理由の一つである。

　ニシンは、江戸時代には北海道の「春を告げる魚」といわれ、ニシン漁が盛んであった。乱獲や海洋の環境の変化により、漁獲量は減少しているが、郷土料理の材料として今でも使われている。北海道のアイヌ民族が鯨肉を食べる習慣は、江戸時代より古くからあったようである。日本では明治開拓以降に北海道の日本海側各地で正月料理として鯨汁が食されていた。

　北海道は、サケ、ニシン、カニをはじめ多くの魚介類に恵まれているので、郷土料理の食材（具材）には、魚介類と北海道産の野菜を使ったものが多い。

- **鯨汁**　クジラの脂身（黒い厚い皮の下に脂肪層がある。これを、ブラバーという。この塩漬けを使う）と野菜類（ネギ、ゴボウ、ダイコン、ニンジン、山菜など）、豆類（大豆や豆腐）、コンニャクを醤油仕立てで煮込んだ具だくさんの澄まし汁で、地域によっては「ぐじな汁」ともよぶ。クジラは、道南地方の漁村では「エビス」とよばれ、ニシン漁の盛んな頃は、ニシンを浜に追い込む縁起の良い動物であることから、その年の

大漁を願う意味と、クジラの潮を吹き上げる勢いの良い様子と、巨大な勇姿にあやかって、古くから、年越しや正月料理には欠かせない料理である。正月には大量に作り、正月三が日の料理となっている。ハレの日にも大勢で大鍋に大量に作る。国際的に、商業捕鯨が禁止になり、調査捕鯨も禁止に近い状態なので、日本沿岸のクジラでこの伝統料理を守れるのかが課題となりそうである。

- **三平汁** 北海道の代表的な汁物である。もともとは、ニシン漁で活況を示した松前地方に伝わる郷土料理であったが、現在は北海道の各地で食されている。ニシン漁との関係で、ニシンを使うのが基本だったのが、最近のニシンの不漁や魚の流通が良くなったので塩鮭、マダラ、サバ、スケトウダラ、コマイ、ハタハタ、メヌケなどを使うこともある。作り方は、地域や家庭によって違うが、塩漬けの魚は塩抜きしてから、ぶつ切りにして使う。三平汁の語源は、松前藩の賄方(まかないかた)の斎藤三平という人の考案なので、「三平」とよばれるようになったという説、三杯も食べてしまうので、有田焼の元祖の「三平」と名付けた絵皿に盛り合わせするようになったという説がある。ニシンが大量に水揚げされて時代には、ニシンを糠漬けにして使ったようである。タラを使う場合には白子(雄の精巣)を必ず入れる。野菜類は、北海道で栽培・収穫されているものが使われる。ジャガイモ、ニンジン、ダイコン、ネギを使い、昆布だしで煮込む塩汁である。

- **あざみの味噌汁** 「あざみの」(キク科アザミノ)は藩政時代の飢饉の時に、刻んで粥に混ぜて、よく食べられた山菜だったと伝えられている。塩蔵にし、保存食とする。一年中利用できる。早春の青物の山菜には、アザミノのほかにアケビの新芽(ツル)、しろ(野ビル)、うこぎの芽がある。和え物、煮物にも使われる。アザミノは味噌汁の具としてよく合う山菜で、大鍋にたくさん作っても残らないほどであった。

- **石狩鍋** 秋が近づくと、サケは産卵のために北海道の河川を遡上する。石狩川は、その代表的河川であり、「石狩鍋」の名は、石狩川に因む。明治時代に、地元の漁師が賄い料理として味噌汁の中に、サケのぶつ切りや、粗、野菜などを入れて食べた。これを、石狩河口近くにある割烹「金大亭」(1880[明治13]年に創業)が、最初に世に出したと伝えられている。この時、すでに西洋野菜といわれていたキャベツやタマネギ

を使ったのも特徴である。すなわち、生のサケの切り身、中落ちや頭部などの粗と豆腐、タマネギ、キャベツ、ダイコン、シイタケ、ニンジン、長ネギなどの野菜を、昆布だし汁で煮込み、味噌仕立てに仕上げた鍋料理（または、汁料理）である。汁に酒粕を加えることもある。また、隠し味にバターや牛乳を使うところもあるのは、北海道ならではの発想かもしれない。ニシンの代わりに塩蔵サケを使う場合もある三平汁との違いは、三平汁は塩味であり、これに対して石狩鍋は醤油または味噌仕立てである。石狩川の河口に集まる生きシロザケを素材とするこの料理は、地元でしか味わえない美味しい鍋料理である。

- **ごっこ汁** 布袋魚（ほていうお）は、冬に北海道道南で漁獲される丸い頭と膨らんだ体形の魚（カサゴ目ダンゴウオ科）で、地元では「ごっこ」とよんでいる。布袋魚の和名は、体形が七福神の布袋様に因んでつけられている。深海に棲息する魚であるが、冬の産卵期には沿岸に近づいてくる。この時に漁獲する。身は弾力のある魚で、切りにくい魚である。昆布だし汁に醤油を加え、豆腐、長ネギ、えのき、大根、生海苔を入れて煮込む汁物である。雌の場合は、卵も肝も具材とする。

- **かじか汁** かじかは北海道の冬に安く入手できる魚で、味噌仕立ての汁は、あまりにも美味しく鍋の底が見えるまで、たくさん食べ過ぎてしまう。そこで、「鍋こわし」の別名もある。皮の硬い魚だが、野菜と一緒に煮込むと軟らかくなり、皮や身肉からも出るうま味成分により美味しくなっている。とくに、皮やその他の粗から出るコラーゲンが溶けだしたゼラチンは、汁のうま味を引き出すだけではなくのど越しも良くしている。

- **鉄砲汁** 漁獲期が夏から秋の花咲ガニ（ヤドカリ科）を、殻ごとぶつ切りにして、ネギと一緒に入れた味噌汁で、豪快な料理である。鉄砲汁の名の由来は明らかでない。

- **カボチャ汁、木の芽とワカメの澄まし汁** 北海道の地産品であるカボチャやワカメを利用した汁物である。「カボチャ汁粉」は帯広の郷土料理である。昔、もち米の収穫ができなかった時代に、カボチャを適当な大きさに切り、軟らかく茹でたものを潰して小麦粉をつなぎとして団子状にし、餅の代わりとして茹でた。小豆の汁粉に、茹でたカボチャの団子を入れたものである。

- **あど汁**　味噌メーカーが、北海道沿岸地域の郷土料理をB級グルメとして普及させた料理である。古くから、生サケの頭部と内臓を使った汁物である。小さく切った頭部と内臓を煮込む。浮き出てくるアクを除きながら煮込み、味噌仕立てにし、大根おろしをのせて食する。「あど」の名の正確な由来は不明である。

【コラム】北海道近海のサケが減少している（地球温暖化の影響か）

日本の中心漁場は寒い地方が多い。これはサケの母川回帰率の差によるところが大きいとも考えられている。母川回帰率は、自分の生まれ育った川へ帰り、そこで産卵することを目的とする生態的特性である。北海道の河川（母川）に遡上したサケの多くは、ふ化場に運ばれ人工孵化によって稚魚に成育し、放流される。彼らは、日本からカナダ、アラスカの海域を経由して、再び日本に戻るまでは、3～4年という歳月をかけ、ざっと4,400km泳ぐ。途中で力尽きるサケ、他の魚に食べられてしまうサケなどがあり、無事に回帰するのは北海道や東北地方では放流したサケの数の3％程度らしい。ところで、毎年、サケ漁は、日ソ漁業交渉により、日本の漁獲量はきめられている。日ソの漁業関係機関の最近の調査では、北海道周辺の海域もロシアの海域も、サケの資源が減少しており、今までよりもより一層北極に近い海域に移動しているらしい。

② 青森県

汁物と地域の食文化

　日本海、津軽海峡、太平洋の海域に囲まれた青森県は、海の幸に恵まれている。青森県の下北半島からは津軽海峡を越えて北海道の函館周辺が見えるほどの距離なので、水揚げされる魚の種類や食べ方には似たようなところがある。

　青森県は歴史的に南部地方、下北地方および津軽地方では、それぞれ独自の食文化を生み出している。北山育子氏らの研究（2005［平成17］年の日本調理科学会「ポスターセッション発表」）によると、下北地方に比べ、津軽や南部地方の魚介類の購入量は多い。調理法では津軽と南部地方は揚げ物が多く、下北地方は味噌仕立ての料理が多いという傾向がある。

　青森県の冬はマダラが美味しく、吸物や味噌漬けなどで賞味する。タラの粗で作るじゃっぱ汁は、津軽地方の郷土料理で、正月には欠かせない。とくに、漁師の奥さんたちは、マダラの粗（頭・エラ［ささめ］・アラ［中骨］・胃袋・肝臓・白子などの身肉以外のものを「じゃくるば」という）のぶつ切りと、ネギ・ダイコン・豆腐などを味噌仕立ての「じゃっぱ汁」を作り、家族とともに正月を迎える。

　イチゴ煮は、八戸市とその周辺の三陸海岸の贅沢な伝統料理といえよう。ウニ（キタムラサキウニ、エゾバフンウニなど）とアワビを薄く切った身肉の吸物である。塩とわずかな醤油での味付けではあるが、ウニの生殖巣の塊が野イチゴの果実のように見えるところから「イチゴ煮」の名がある。三陸海岸でしか作れない料理である。2007（平成19）年12月に農林水産省から農山漁村の郷土料理に選定された。

　旧正月を祝う七草粥のような「粥の汁」は汁物といえるかどうかは難しい。ダイコン・ジャガイモ・ニンジン・ゴボウ・シイタケ・ワラビ・ササゲ豆・焼き豆腐・凍り豆腐・油揚などを赤味噌仕立てて煮込んだものである。

南部せんべいを具にし、野菜や肉も入れた鍋物のような「せんべい汁」は、比較的新しい地域活性のために誕生した汁物である。現代栄養学の観点から考察すると、栄養のバランスのとれた料理といえる。

青森県内の里の雪が消える頃、春の山菜として芽を出すアザミの汁は、青森の春の料理として好まれている。

汁物の種類と特色

青森県沿岸は太平洋、津軽海峡、日本海で漁獲されるスルメイカ、マサバ、マグロ、サンマなどの水揚げ量が多い。ホタテ貝養殖の発祥とされる海域の陸奥湾は、ホタテ貝の養殖は盛んである。したがって、青森県の郷土料理には水産物を利用したものが多く、汁物には、主な具にタラの身肉や粗を使った味噌仕立ての「じゃっぱ汁」（弘前）、塩味仕立ての「タラじゃっぱ汁」（東津軽郡）、溜まり醤油仕立ての「きく汁」（三戸郡）などがある。

塩と醤油で味付けしたウニとアワビの澄まし汁の「いちご煮」は、青森県から岩手県の三陸地方の郷土料理としてよく知られている。ワタリガニを具にした味噌仕立ての「がんぎ汁」もある。青森県から岩手県北部の郷土料理「せんべい汁」の普及には各地で展開する物産展が大きく貢献しているが、だし汁が調味に一役買っている。「みそかす」で調味する「けの汁」、山菜のアザミノの味噌汁「あざみの汁」などがある。

食塩・醤油・味噌の特徴

❶食塩の特徴

青森県は古くから日本の北端の製塩地として知られていた。全国的には汲み上げた海水を、土釜（焼貝殻と粘土から作る）、鉄釜などで直接加熱して蒸発させて作った塩から「入浜式塩田」へと進化していった。青森県は入浜式塩田に適した海浜が少ないので、直接海水を加熱蒸発して作る方法が多かったが、現在は県内での製塩はみられない。

❷醤油の特徴

南部地方では、塩分の少ない甘味のある醤油（白醤油）が好まれている。津軽地方には、温泉熱を利用して味噌・醤油を製造している会社があり、家庭用の他に魚の加工品にも使われている。

❸味噌の特徴

　南部地方の伝統的な味噌の「玉味噌」は、大豆に米麹や麦麹を加えて仕込んだ味噌である。また、もろみに青唐辛子を入れた発酵させた「麹南蛮」「南蛮味噌」がある。津軽地方の味噌は、「津軽三年味噌」といわれ、長期間熟成させた赤色辛口味噌である。赤味噌は「じゃっぱ汁」や「貝焼き味噌」に欠かせない味噌であるが、下北地方の郷土料理の「ホタテ貝の味噌焼き」には白味噌を使っている。17世紀半ばから近江（滋賀県）や越前（福井県）の商人が、津軽地方に来ていたので、この時に、京都の白味噌が下北地方に伝わったのかもしれない。

1992年度・2012年度の食塩・醤油・味噌の購入量

▼青森市の1世帯当たり食塩・醤油・味噌購入量（1992年度・2012年度）

年度	食塩（g）	醤油（mℓ）	味噌（g）
1992	4,205	13,350	14,169
2012	5,908	7,308	7,680

▼上記の1992年度購入量に対する2012年度購入量の割合（%）

食塩	醤油	味噌
140.1	54.7	54.2

　1992年度の食塩の購入量に比べ2012年度の購入量は増加している。県民性として筋子、タラコなどの塩蔵品や野菜の漬物などの利用が多いことが考えられる。2012年度は、食塩単品でなく、醤油や味噌の食塩濃度を加味した調査では、全国で最も食塩摂取量の多い地域として注目された。県の健康に関する各機関の健康運動から2013年度の食塩摂取量は全国では2位に下がったが、それでも健康障害を考えると、食塩の摂取量はもっと減らさなければならない状況にある。

　醤油・味噌の購入量の減少は、健康のために、家庭での醤油や味噌の使用量が減少したことと関係しているが、食塩の使用量の増加は、保存食としての塩蔵品作りを減らすことができないからと思われる。水産物に恵まれた青森県は、鮮魚の保存のために食塩の購入を減らすことができない。たとえば、八戸では、漁獲量の多いスルメイカは塩辛にすることが多いので、食塩の購入は必須となっている。

地域の主な食材と汁物

東は太平洋、西は日本海、北は津軽海峡と三方が海に囲まれ、太平洋側の八戸港には日本近海で漁獲される魚介類ばかりでなく、世界の漁場で漁獲した魚類が水揚げされる。陸奥湾では古くからホタテガイの養殖をしていた。1875（明治8）年からリンゴの栽培を始めている。十和田市、五戸町を中心として福地ホワイトというニンニクを栽培している。

主な食材

❶伝統野菜・地野菜

福地ホワイト（ニンニクの一種）、阿房宮（食用菊）、笊石カブ、かんみじか（山芋の一種）、青森なんば（唐辛子）、山菜類（ウド、たらの芽、わらび、ふき、みず、一町田のセリ、キノコ類（さもさし、まいたけ）、毛豆（枝豆）、根曲り竹

❷主要な水産物

クロマグロ、キチジ、スルメイカ、マサバ、ホタテガイ、ヒラメ、キタムラサキウニ、ヤマトシジミ（十三湖）、アブラツノザメ

❸食肉類

あおもり黒毛和種（倉石牛）、あおもり短角牛、五戸の馬肉

主な汁物と材料（具材）

汁　物	野菜類	粉物、豆類	魚介類、その他
じゃっぱ汁	ダイコン、ネギ		タラの粗、イワシ、味噌仕立て
きく汁		豆腐	タラの白子（精巣）、昆布、たまり醤油
タラのじゃっぱ汁	ダイコン		タラの粗塩仕立て
イチゴ煮	ネギ、しその葉		ウニ、アワビ、醤油仕立て
がんぎ汁	ダイコン、干し菜、わけぎ	凍み豆腐	モズクガニ、味噌仕立て

いもの おづけぱっと	ジャガイモ、ネギ	ジャガイモデンプン	煮干し（だし）、澄まし汁
てこすり だんご	ダイコン	そば粉	味噌仕立て
粥(きや)の汁 (けの汁)	ダイコン、ニンジン、ゴボウ	豆腐	ごま油
せんべい汁	ゴボウ、キノコ、ネギ	南部せんべい (かやきせんべい)	味噌または塩仕立て
あざみの汁	あざみの（山菜）		味噌汁の具
にんじゃ汁		金時豆	干しダラ、根昆布、焼き干し魚、味噌仕立て
ウグイ汁	ネギ	凍み豆腐	ウグイ（ハヤ）、澄まし汁

郷土料理としての主な汁物

　青森の冬は、長く厳しい寒い日々が続く。その中で生まれた食習慣の一つが、あるだけの材料を一つの鍋に入れ、残すところなく食べるというタラのじゃっぱ汁である。「じゃっぱ」とは、「雑端」の意味、すなわちタラの粗料理である。魚介類の郷土料理には魚の粗を具にした汁物が多い。漁師とその家族たちは、経験的に魚の美味しい部位を知っていることと、釣り上げたり、網で引き揚げたりする苦労が分かっているから無駄なく大切に食べるという生活習慣から生まれた智慧の結果の料理であろう。

- **あざみの味噌汁**　北海道と同じく、春になると鮮やかな緑色となるアザミを使った「あざみの味噌汁」を、大鍋にたくさん作り大勢で食する。独特の香りと味は、これぞ山菜という味であるとの評判である。アザミは津軽地方、南部地方でとれる。春にはアザミを摘み、新鮮なアザミを大勢で食するのも近隣の人たちの楽しみの一つなのである。
- **いちご煮**　ウニとアワビを具にした高価な吸物である。ハレの食の一番吸物として作られる。もともとは、普段の吸物にアワビやウニの傷物を具にしたもので、高価な感覚はなかった。現在は、貴重な吸物になり、缶詰としても市販されている。「いちご」の由来は、汁に入れたウニの表面が、キイチゴのような粒々になるからである。

- **ケ（粥）の汁**　小正月（1月16日）の朝、仏様に供える汁である。「かえの汁」ともいう。大鍋にダイコンや野菜（山菜）を細かく刻んで入れ、味噌仕立ての汁である。「ケ」とは「粥汁」のことで、粥のように、軟らかくなるまで煮込む汁のことを意味している。4日も5日も温め直し、毎日小出しに出して食べる。小正月は「女正月」ともいい、「ケの汁」ができると、女性は家事から解放されて、里帰りや年末年始に出かけられたのである。「ケの汁」は正月の七草粥にも添えられる汁である。
- **タラのきく汁**　マダラの精巣は、「きく」ともいう。白い管のように曲がりくねった形の精巣は、花のように見え、一口大に切り、ひと煮たちさせると菊の花の形になることから、「きく汁」の名がある。タラの精巣にはたんぱく質、核酸関連物質、ビタミン、ミネラルなど人の健康に大切な栄養素を含むことから、元気の出る料理として利用されている。
- **タラのじゃっぱ汁**　マダラの最も美味しい冬に、身肉をおろした後の頭部、エラ、中落ち、内臓などの粗（「じゃっぱ」という）を、ダイコン、ネギとともに味噌仕立てで煮込んだ汁である。昔は、寒い季節に、家の中の囲炉裏を囲んで食べた料理である。じゃっぱ汁の名の由来は、①タラ1尾をまるごと浜で処理する「大雑把」の意味、②家庭で利用するタラの粗「雑端」が訛って「じゃっぱ」になったとの意味がある。
- **練りこみ**　昔、弘前禅林街の僧侶が、托鉢で集めた野菜をもとに、くず寄せの料理を作ったのが始まりの料理である。季節ごとの行事や来客時に、季節の野菜（タケノコ、クリ、ニンジン、青菜）を入れ、砂糖もたくさん入れて練り込んだ料理である。鶏肉、サケ、えんどう豆なども使った。
- **シジミ汁**　十三湖周辺の五所川原市の旧市浦村でとれるシジミは、十三湖の特産品として有名である。この地域の家庭で作られるシジミ汁は、長年受け継がれてきている。シジミのうま味を活かすために塩味をベースとし、臭みを緩和するために少しの味噌を加えるのが、この地方の作り方である。乱獲による資源の減少を防ぐために、シジミ漁の漁師は十三湖の浅瀬に稚貝を撒いて、成長したものだけを漁獲している。
- **せんべい汁**　八戸周辺で作られる、南部せんべいを煮立てた汁物や鍋物を「せんべい汁」という。南部せんべいの中でも天保焼きという軟らかいものを使う。好みにより醤油、塩、味噌味の汁にせんべいを入れて煮

る。おつゆせんべい専用の汁も販売されている。せんべい汁の誕生は、江戸時代後期に軟らかい南部せんべいが作られたことが切っ掛けで昔は、キジ、ウグイ、ウサギなど季節の動物の肉や野菜を入れて作ったといわれている。現在は鶏肉と季節の野菜を入れている。せんべい汁が定着したのは明治30年代に入ってからで、昭和40年代の郷土料理ブームにより、全国的に知られるようになった。さらに、八戸せんべい汁研究会が2006（平成18）年に八戸市でB級グルメの第一回グランプリを始めてから、より一層「せんべい汁」が有名になった。

- **ほっけのすり身汁**　ホッケのすり身（片栗粉、卵、味噌、酒を加えて混ぜ合わせたもの）を、沸騰しただし汁の中にスプーンで形をつくり落とし、しっかり熱が通ったら、ネギを加え、味噌仕立てにする。昭和20年代、食糧難の頃のたんぱく質供給源として重要な食べ物であった。
- **ウグイ汁**　ウグイの身や小骨を使った汁のこと。宇曽利湖に生息するウグイ（ハヤともいう）の身と骨をすり鉢ですってすり身とし、つみれ団子を作る。このつみれと凍み豆腐を具にした澄まし汁。刻みネギを散らす。

③ 岩手県

汁物と地域の食文化

　岩手県は、自然・社会・経済などのいろいろな条件によって、雑穀地帯・米作地帯・漁村地帯・豪雪地帯の４地域に分けられていた。各地域にはそれぞれ独特の伝統料理があった。東北新幹線が岩手県内を通るようになり、かつてのような辺地のイメージはなくなった。立派なアンテナショップを東京・銀座（歌舞伎座の近く）に設け、岩手県の産業・観光を広めたことは、他の県に大きな刺激を与えている。

　岩手県北部の雑穀地帯の生産物であるソバを主体とした粉食文化は、「わんこそば」という独特の食べ方を生み、観光名物の一つとなっている。そばを食べるときに必須なものは、だし汁である。少量のだし汁に、いろいろな薬味を加え、具に刺身や筋子も利用するようになっているわんこそばも、食べ方に進化がみられたものと考えられる。

　岩手県の三陸海岸地域の11月から翌年１月頃までは、秋ザケの最盛期である。この時期のサケから取り出した卵巣を醤油・みりんに漬け込んだイクラや筋子は、「はらこ」といい、これをかけそばにのせた「はらこそば」は、三陸地方の郷土料理となった。雑穀地帯の生産物と海産物のドッキングものも岩手県の伝統料理の基礎ともなっている。

　2013（平成25）年放送のNHK連続テレビ小説『あまちゃん』の中に登場した「まめぶ汁」は、メディアが世に引き出した郷土料理の一つである。「まめぶ（豆部）」とは、中にクルミの入った団子である。この団子を野菜などの具の入った昆布とだし汁で煮込んだ団子汁である。もともとは、旧山形村（現・久慈市山県町の一部の集落）だけに伝えられた郷土料理であった。

汁物の種類と特色

　岩手県の山間部は、夏でも冷涼な自然環境の中での主要作物のソバ・ア

ワ・キビ・ヒエなどの雑穀の栽培は、江戸時代に導入されている。中でもそば料理は現在も岩手の郷土料理として継続している。盛岡市や花巻市を中心に栄えている「わんこそば」は1906（明治39）年頃に登場している。そばの汁物としては、そば粉を練って麺状に仕立てるのでなく、板状に仕立て、三角形にし、これを味噌仕立ての汁とする「そばかっけ」、そば粉を団子にして小豆の汁の中に入れた「浮き浮きだんご」がある。

　三陸地方の久慈市の郷土料理の「まめぶ」は、煮干しや昆布のダシ汁に根菜類、焼き豆腐、クルミを加え醤油仕立てにした汁物である。青森県の郷土料理にもなっている「いちご煮」や「せんべい汁」、クルミだれを付けて食べる塩味の「くるみ雑煮」などがある。

食塩・醤油・味噌の特徴

❶食塩の特徴

　三陸海岸の十府ケ浦海岸の野田村で、地域の海水を、江戸時代から明治時代まで行われていた「直煮製塩」という方法で、煮詰めて作っている。火力はガスバーナーを使用している。

❷醤油の特徴

　岩手県内の醤油や味噌などの醸造食品を作るときに使用する水は、岩手山を水源とし岩盤でろ過された地下水である。地元の「丸大豆醤油」は、岩手山の麓、雫石で長期間の低温熟成で作っている。

❸味噌の特徴

　軽米町では、古くから「豆みそ」が使われている。

1992年度・2012年度の食塩・醤油・味噌の購入量

▼盛岡市の1世帯当たり食塩・醤油・味噌購入量（1992年度・2012年度）

年度	食塩（g）	醤油（mℓ）	味噌（g）
1992	5,013	12,770	11,577
2012	2,600	5,930	8,910

▼上記の1992年度購入量に対する2012年度購入量の割合（％）

食塩	醤油	味噌
51.9	46.4	77.0

　岩手県の人々の食生活が大きく変わったのは、第二次世界大戦後である。

それまでは、「一汁一菜」の食事が多く、1週間に1回はハレの日の食事として一汁五菜と多様な食品や料理を食べ、平素の栄養不足を補っていた。一汁一菜の習慣は、質素な生活を美徳とする儒教の影響によるものと思われている。第二次世界大戦後、欧米風の食生活が導入され、学校給食による栄養教育などから、肉・魚・乳製品などの動物性食品も食べるようになった。欧米風の料理の味付けは、醤油・味噌などの利用の減少も招いている。

岩手県の人々の食事は、かつては味噌汁や漬物、煮物が多かった。これは、1992年度の食塩・醤油・味噌の購入量が多かった原因である。現在の食事では、野菜サラダを組み込むことも多くなり、日本古来の調味料の使用頻度が少なくなっている。

また、近年の食塩の過剰摂取による健康障害の発症が問題となり、健康に関わる機関や団体の食塩の適正量の摂取の指導を受け、塩分摂取を少なくする意識が高まっていることも要因の一つである。

地域の主な食材と汁物

沿岸部はリアス式海岸の三陸地方で海の幸に恵まれている。内陸は北上高と北上川沿いの盆地のため、かつては雑穀類の栽培が多かったが、この地に合うコメや各種の野菜の品種ができるようになった。2011（平成23）年3月11日の東日本大震災前までは、養殖ワカメの生産量が多かった。現在は、徐々に回復している。

主な食材

❶伝統野菜・地野菜
　安家地ダイコン、曲りネギ、二子サトイモ、芭蕉菜、暮坪カブ、地ダイコン、キュウリ、ほうれん草（寒じめほうれん草）、みやもりわさび、はるの輝き（ナバナ）、レタス、キャベツ、アマラサス（ヒユ科）

❷主な水揚げ魚介類
　アワビ、ウニ、昆布、ワカメ、ホヤ、サンマ、スルメイカ、マツカワカレイ、養殖物（カキ、ホタテガイ）、サケ（南部サケ）

❸食肉類
　いわて短角牛、南部かしわ

主な汁物と材料（具材）

汁物	野菜類	粉物、豆類	魚介類、その他
浮き浮きだんご		小豆、きび粉、もろこし粉	塩、砂糖
ひっつみ	ニンジン、ゴボウ、ダイコン、サトイモの茎、ジャガイモ	小麦粉、油揚げ	鶏肉、味噌仕立て
どんこ汁	ダイコン、ニンジン、ゴボウ、セリ	豆腐	ドンコ（ハゼ科）、醤油または味噌仕立て
久慈まめぶ汁	かんぴょう、シイタケ、ニンジン、ゴボウ	小麦粉、デンプン、油揚げ	クルミ、焼き豆腐、醤油仕立ての澄まし汁
クルミだれ雑煮		餅	クルミ、砂糖、醤油
暮坪カブ汁	暮坪カブ		味噌汁か澄まし汁
さんまのすり身汁	ダイコン、ニンジン、ゴボウ、ネギ	デンプン	サンマ、味噌（すり身に混ぜる）、醤油仕立て
サケの粕だき	ダイコン、ニンジン、ゴボウ、ジャガイモ、ネギ		荒巻ザケの粗、酒粕、塩

郷土料理としての主な汁物

岩手県は、全体的に、厳しい気候風土と貧しい食料の背景のもとに、素朴な料理が生まれている。一方、リアス式海岸を擁する三陸海岸の郷土料理は、サケ、ウニ、アワビなどの魚介類を使ったものが多いが、2011（平成23）年3月11日の東日本大震災により忘れかけてしまった郷土料理が、復活することを願うところである。

- **さんまのすり身汁** 三陸沿岸の漁港でのサンマの水揚げは、この地区の秋の風物詩である。魚体がやや小さく脂がのっていないものや、鮮度のやや落ちたものは、すり身にし、デンプンや味噌を混ぜて団子状にする。秋から冬にかけての三陸沿岸の家庭料理として親しまれている。すり身団子と一緒に入れる野菜には、ダイコン、ニンジン、ゴボウなどがよい。

味噌は魚の臭みを緩和する働きがある。
- **まめっぷ汁（まめぶ汁）** 九戸郡大野町、久慈市山形町に伝わる郷土料理で、冠婚葬祭や正月などのハレの日の食事として出される。クルミ入りの小粒団子に野菜や鶏肉（昔はキジの肉を使った）を入れた実だくさんの汁物。醤油の汁の味と団子の甘味、コクのよさが調和している。NHK朝の連続ドラマで『あまちゃん』に登場したまめぶ汁は、久慈市で売っているので、「久慈のまめぶ汁」といわれている。
- **サケの粕だき** 岩手で漁獲するサケを使った塩鮭は、北海道の塩鮭の「荒巻」に比べて、塩の量を多くした「塩引き」が多い。この「サケの粕だき」には、荒巻も塩引きも使うが、塩抜きしてから頭部と腹身の部分を使う。酒粕をたっぷり入れた汁に、サケの頭部や腹の部分を入れて煮込む料理である。捨てるところがなく、全体を有効に使う料理である。野菜は、ダイコン、ニンジン、ゴボウなどを入れる。酒粕が入っているのでコクがあり、サケ特有の臭みを感じない。本来は「粕汁」であるが、「粕だき」の呼び名のほうが、郷土料理のイメージがあるように思われる。
- **どんこ汁** どんく汁ともいう。ドンコはハゼ科のダボハゼやゴリと同じ仲間である。腹部に2個の吸盤をもつ「鈍（ドン）な魚」という意味で「どんこ」の名がある。ドンコを筒切りして、ダイコン、ニンジン、ゴボウ、豆腐、セリなどを入れて醤油・味噌仕立てにする。
- **ひっつみ** 「ひっつみ」とは、小麦粉を練って固めてひっつまんで（平たい団子にしたもののこと）、汁に投げ入れて作られることに由来する呼び名。汁のなかには、「ひっつみ」の他に野菜を入れる。野菜は家庭によって異なる。

④ 宮城県

汁物と地域の食文化

　仙台を中心とする宮城県は、古来東北地方の要として東北の経済や文化の発展に大きな役割を果たしてきた。とくに伊達政宗は仙台藩の発展に大きく貢献し、宮城県の郷土料理や伝統料理にも仙台藩が関与してきた。

　宮城県の東は太平洋に面し、陸中海岸に続く海岸線には良港があり、魚の水揚げ量は多い。穏やかな松島湾ではカキの養殖に適している。西には奥羽山脈が連なる。阿武隈川、北上川にはさまれた仙台平野はコメをはじめとする農業に適している。このような環境で生産されたコメ、大豆、小豆、伝統野菜、魚介類は各地に伝統の味や郷土料理を作り出している。各地の伝統料理には、上方から伝えられたもの、戦国時代以来の文化伝来の影響を受けているものも多いと伝えられている。

　宮城県の農作物やその加工品では、銘柄米としては「ササニシキ」が有名であるが、冷害に遭ってから、寒さに強い「ひとめぼれ」の生産が多くなった。大豆の加工品では仙台味噌、仙台納豆、枝豆を擦り潰した「ずんだ」をつけた「ずんだ餅」などがある。仙台味噌は熟成期間の長い赤味噌系である。味噌汁には赤味噌を使ったものが多い。

　宮城県の面する太平洋は、金華山沖で南からの暖流と北からの寒流が交わり、カツオをはじめとする回遊魚が宮城県に所属する漁港に水揚げされる。とくにカツオの粗汁は宮城県から福島県までの太平洋に面する漁港のある街の郷土料理である。

汁物の種類と特色

　カキの養殖で有名な松島湾は、2011（平成23）年3月11日の東日本大震災により、カキ養殖用のイカダが破損、または流出したため、しばらくは養殖が不可能となり、養殖業者は再建に苦慮しているところである。震災前の松島湾で生産したカキの種苗は、日本各地だけでなく、世界のカキ

東北地方

養殖場に向けて輸出していた。震災前の松島湾のカキは、広島の養殖場の水質に比べると清涼で良質のため「生食用のカキ」として人気があった。

カキの汁物には、味噌を鍋の内側に土手のように塗った中でカキを煮る「土手鍋」、野菜類とカキを具にした醤油仕立ての「カキ鍋」がある。タラの粗とダイコン、ジャガイモなどの根菜類を味噌仕立てで煮た粗汁の「たらの粗汁」や、ドンコ（エゾイソアイナメ）のぶつ切りとダイコン・ジャガイモを味噌仕立てで煮た「どんこ汁」がある。魚類は、魚臭さを和らげるために味噌仕立てにすることが多い。針のように細く切ったダイコンとサンマのすり身を入れた味噌仕立ての「松葉汁」もある。

食塩・醤油・味噌の特徴

❶食塩の特徴

石巻の製塩所では、石巻沖の海水をポンプで取水し、加熱蒸発して「伊達の旨塩」を作っている。

❷醤油の特徴

味噌醸造会社が宮城県独特の醤油（濃口醤油や吟醸醤油）を作っている。松島湾特産のカキのエキスを入れた「カキ醤油」などもある。

❸味噌の特徴

伊達政宗（戦国時代から江戸時代の武将。仙台藩の初代藩主。1567～1636）の軍用味噌工房「御塩噌蔵」に由来する「仙台味噌」は代表的赤味噌である。猛暑の陣中でも長持ちした味噌であった。赤味噌は熟成期間が長いので、アミノカルボニル反応により濃い赤色となる。

1992年度・2012年度の食塩・醤油・味噌の購入量

▼仙台市の1世帯当たり食塩・醤油・味噌購入量（1992年度・2012年度）

年度	食塩（g）	醤油（mℓ）	味噌（g）
1992	4,150	12,058	13,366
2012	1,491	5,853	6,498

▼上記の1992年度購入量に対する2012年度購入量の割合（%）

食塩	醤油	味噌
35.9	48.5	48.6

1992年度の食塩・醤油・味噌の購入量に比べると、2012年度のそれらの購入量は、食塩では約36％までに、醤油と味噌は約50％に減少している。第二次世界大戦後のアメリカやヨーロッパ各国の料理や食材が導入されたことは、食味をベースとした醤油・味噌など和風調味料の利用の機会が少なくなったと思われる。

　塩分の過剰摂取による健康障害の発症を減少させるために、保健所や市役所、区役所、町役場の健康増進課や老人福祉課の専門家による、塩味の濃い料理や食材の摂取を少なくするような運動や住民への教育があった。市民や県民が食塩摂取量について注意するようになったことは大きな成果であった。塩分摂取については、成人に対しては、保健所の健康教室や宮城県予防医学協会で指導し、児童・生徒に対しては食育や学校給食を通して厳しく丁寧に教えている。

　食塩摂取が多くならないように、家庭で漬物や魚介類の塩蔵品を多くは作らなくなったことも食塩を含む調味料の利用が少なくなったと考えられる。宮城県は水産加工会社が多く、食塩や醤油などの使用が多かったが、これらは塩味の薄い加工品へと変わってきている。仙台名産の笹蒲鉾や魚料理の味付けも、最近の健康志向から薄味が人気となっている。

　昔は、カキの鍋物は寄せ鍋か土手鍋であった。土手鍋は味噌を使うが、近年の鍋物の味付けの傾向は寄せ鍋かキムチ鍋が多くなったことも、味噌や食塩の購入量が少なくなった理由と考えられる。

地域の主な食材と汁物

　太平洋に沿岸は、牡鹿（おしか）半島まではリアス式海岸で、近海の海の幸に恵まれている。松島湾は、2011（平成23）年3月11日の東日本大震災による被害を受ける前は、カキの養殖場が盛んであった。現在は、少しずつ回復している。山間部は、夏には雨が多く、冬は降雪が多い。平野部では、コメや野菜の栽培が盛んである。

主な食材

❶伝統野菜・地野菜

　仙台ハクサイ、仙台曲りネギ、仙台長ナス、余目（あまるめ）ネギ、鬼首菜、キュウリ、トマト、トウモロコシ、レタス、ソラマメ、枝豆、仙台茶豆、から

とりいも（ズイキ）、仙台雪菜、小瀬菜ダイコン、キノコ類
❷主な水揚げ魚介類
　カキ、ヨシキリザメ（フカヒレに加工）、マボヤ、サンマ、マグロ、マサバ、スルメイカ、養殖ギンザケ
❸食肉類
　牛タン（輸入）、黒毛牛（仙台牛）

主な汁物と材料（具材）

汁　物	野菜類	粉物、豆類	魚介類、その他
タラの粗汁	ダイコン、ニンジン、ジャガイモ、ネギ	豆腐	タラの粗、味噌仕立て
どんこ汁	ダイコン、ジャガイモ、ネギ		ドンコ（エゾイソアイナメ）、味噌仕立て
きじ骨のだんご汁	ダイコン、ネギ	小麦粉、豆腐	キジ（山鳥）、醤油仕立て
けんちん汁	ニンジン、ダイコン、ゴボウ、ジャガイモ	凍み豆腐、油揚げ	エゴマ油、味噌仕立て
きのこ汁	キノコ、ダイコン、ナス、ネギ	豆腐	鮎の焼き干し、味噌仕立て
あざら	ハクサイ漬け		メヌケの粗、酒粕、塩、醤油仕立て
おくずかけ	ゴボウ、ニンジン、ジャガイモ、干しシイタケ、サヤインゲン	そうめん、片栗粉、油揚げ	コンニャク、油、だし汁、醤油仕立て
からとり汁	からとり（八頭またはサトイモ）	豆腐	煮干し、味噌仕立て
おぼろ豆腐汁	干しシイタケ、三つ葉、おろし根ショウガ、	片栗粉、おぼろ豆腐、油揚げ	だし汁、みりん、醤油仕立て
かにこづき			
松葉汁	ダイコン、生姜	片栗粉	サンマ、味噌仕立て
メヌケの粗汁	ダイコン、セリ		メヌケ、塩、味噌仕立て

フノリの 味噌汁		豆腐	フノリ(金華山地方)、味噌汁
仙台味噌汁 (仙台麩の味噌汁)	雪菜		仙台味噌汁(仙台麩または油麩)、岩ノリ

郷土料理としての主な汁物

- **仙台カキの鍋** 松島湾でのカキの養殖が始まったのは、1600年代であった。しかし、天然の稚貝を集めて、ホタテガイの貝殻につけた養殖では、やがて天然の稚貝も消えてしまうことから、1800年代には種苗生産を始め、全国に稚貝を送る事業も展開するようになった。東日本大震災によりカキ養殖は被害を受けたが、現在は「カキ養殖のオーナー制度」を設け「復興カキ」としてカキの養殖を復興させている。カキの汁物には寄せ鍋、土手鍋がある。いずれも加熱し過ぎないで、膨らんだカキをポン酢や味噌味で賞味する食べ方で、地元の季節の野菜も伝統野菜も賞味できる健康に良い料理である。「土手鍋」は、仙台味噌を鍋の周りに塗り付け、カキのほかに、ネギ、春菊、セリ、焼き豆腐、白滝などを入れ、水は入れない。野菜からのうま味、味噌のうま味と塩味で味わう。

- **フノリの味噌汁** 金華山地方では、春にはフノリを味噌汁の実にする。豆腐との相性が良く、独特の滑りと磯の香りがよい。北陸地方ではフノリの煮汁を糊にし、フノリの粉末を練り込む麺もある。

- **メヌケ汁** メヌケの粗汁ともいう。カサゴ科の深海魚のカサゴは、釣り上げると水圧が減少して目が飛び出るところから「目抜け」とよばれるようになった。冬のメヌケは脂肪がよくのる。身をぶつ切りにし、ダイコン、ニンジンと煮込み、仙台味噌で調味し、セリを添える汁物である。

- **おくずかけ** 禅宗に伝わる普茶料理の「雲片」をまねて、盆の精進料理の「あんかけ料理」として提供される行事食である。季節の野菜を実だくさん入れ、くずかけのようにとろみをつけた料理である。

- **おぼろ豆腐汁** 湧谷地方に伝わる「おぼろ豆腐」は、仏様の日にあたる「8の日」に仏前に供えて食した。その起源は、江戸時代の末期に、関西の寺から湧谷町の寺に住職としてきた和尚が、寺の草履脱ぎ場となっていた町内の豆腐屋に作り方と食べ方を伝授したことから広まったと伝

えられている。湧谷町の名物の「おぼろ豆腐」は、凝固剤としての「澄まし粉」に「水にがり」というものを使うところに特徴がある。にがりを入れて凝固してきたところを汲み取ることから「汲み豆腐」ともいう。

- **かにこづき**　川ガニ（モズクガニ）を小突いて潰し、弱火で煮て卵とじ状の味噌仕立てにした汁である。小突くことが訛って、「こじき」や「こずけ」になった。昔は「かにこずけ雑煮」を作ったが、現在は川ガニが減っているので作らない。
- **からとり汁**　「からとり」とは、八つ頭またはサトイモの茎を干したもので、八つ頭の茎を干したものは「赤から」、サトイモの茎を干したものは「青がら」という。青がらには、少しえぐ味がある。
- **どんこ汁**　どんこ（エゾアイナメ）は、大きな口のグロテスクな容姿の白身の魚で、うま味がある。冬には美味しく、冬の気仙沼市の古い祭事である恵比寿講には、内臓も除かずにぶつ切りして、ダイコンやジャガイモと一緒に身が裂けるまで煮込む。味噌仕立てにし、鍋のおろし際に刻みを加える。恵比寿講の日には、商売繁盛を願って作る。どんこは口が大きいので、金銭を大量に呑み込むことを願って、恵比寿講に食する。
- **松葉汁**　石巻地方のサンマのすり身汁である。サンマの身に味噌を混ぜて、すり身を作り、これを煮立った汁の中に団子状にして落とす。「松葉汁」の呼び名は、汁に入れる、軟らかく水煮した千切りダイコンを「松葉」になぞらえた名である。石巻地方の水揚げされた鮮度の良いサンマを美味しく食べる料理として利用されている。
- **あざら**　鳴子温泉、栗駒、松島、塩釜、石巻、仙台、宮城蔵王、白石などの郷土料理である。白菜の古漬けとメヌケの粗（またはキチジの粗）を具にした粕汁である。作り始めた動機は、①旧正月に家庭の残り物を煮たところ美味しく出来上がったことから、②春になって白菜の処理に困った家庭で考案したという2説がある。呼び名の由来は、昔、仙台地方に住んでいた阿闍利（あじゃり）（＝法師）が、修行時代に関西で食べたブリの粗の汁が忘れられなかったことから作り出したとの説、調理法が「手荒ら」なためなどの説がある（大津市比叡山の延暦寺の阿闍梨は、僧侶に仏教や人の道を教授する最高の位）。

⑤ 秋田県

汁物と地域の食文化

　郷土料理が工夫される背景には、風土の歴史・習慣、生活から必然的に生まれたものが多い。秋田県の郷土料理が工夫された背景にはうまい米がある。秋田の財政の基本がコメの生産であったから水田の開墾によるコメの増産に励んだ。その結果、現在も美味しいコメとして人気の「秋田こまち」が存続しているのである。コメの生産は「コメの秋田」「酒の秋田」といわれているほど盛んで、米を主材とする郷土料理も多い。鍋物には、米のご飯を使った「だまこもち」や「きりたんぽ」は、秋田の郷土料理の鍋物（鶏肉や野菜を入れた「きりたんぽ鍋」）に欠かせないものとなっている。

　豪雪地帯の秋田県は、保存食が発達している。秋田の冬の魚のハタハタは、味噌仕立ての鍋物の具にし、冬の重要な動物性食品となるほか、塩漬けして「しょっつる」という魚醤をつくり、「しょっつる鍋」の調味料として使われる。秋田県は自家用のダイコンの漬物（いぶりがっこ）、塩蔵山菜は冬の大切な食品であり、汁物や鍋ものに添えられ、これらの引き立て役となっている。秋田の地魚の一つマダラを使う「タラのしょっつる鍋」もある。

　秋田はサトイモの産地としても知られている。サトイモを使った「いものこ汁」が秋田の人にとって自慢の郷土料理となっている。

　「夢二鍋」（夢二が好んだ粕汁）は、竹下夢二が大正時代に横手の「平利」という旅館に滞在したときに好んだといわれる粕汁。鍋の一種でもある。酒粕と白味噌の甘仕立ての「平利」特製の鍋。サケやタラなどの海の幸、キノコのような山の幸を煮込んだ鍋で、必ず、くずきりが入ったと伝えられている伝説の粕汁である。

汁物の種類と特色

　秋田県の代表的「汁物」には、獲れたてのアジ、コウナゴ、ハタハタを塩漬けしてできる魚醤油、すなわち「しょっつる」で調味したタラやハタハタの身肉や粗を具にした「しょっつる鍋」、貝殻を鍋にして季節の魚や野菜を入れて、味噌か醤油仕立ての「貝焼き、つけご」などがある。また、秋の収穫が終わった頃、村人がサトイモ、コンニャク、油揚げ、サケやその他の食材を持ち込み、河原で「いものこ汁」を囲んで食べながら、秋の収穫を祝う。山形や各地で行われている「芋煮会」に似たものである。

　ハタハタは、秋田沖や山形沖で漁獲される。冬の雷鳴がなると出てくるので、雷神の別称「はたはた神」がハタハタとなったという説がある。このことから「魚」偏に、旁に「神」を当てた国字の「鰰」が生まれている。冬至の頃、日本海が吹雪で雷鳴が鳴り響く悪天候になると、産卵のために群れをなして浮き上がり、海岸近くに集まるので、秋田沖がハタハタの漁場として知られている。しかし、今は海水の温度の上昇のため、ハタハタの漁場が山陰地方の沿岸に移動している。地球温暖化が原因でないかと推測している。

　「しょっつる」は、現在でも東南アジアで利用している魚醤油の原型とも伝えられている。日本での魚醤油の利用は鎌倉時代頃からといわれ、室町時代に大豆から醤油を作られるようになる。魚醤油には香川の「いかなご醤油」、能登の「いしる」などもある。

　味噌仕立ての汁物または鍋物には「平良カブ汁」、海藻のアカモク（ギバサ）の「ぎばさ汁」「いものこ汁」「がにたたき汁」「イカのごろ汁」「冷やし汁」がある。いずれも、季節の野菜や魚などを活かした汁物が多い。醤油仕立ての鍋物や汁物には、「だまっこ鍋」「はちはい豆腐」がある。「はちはい豆腐」はコメの凶作のときに、備蓄の大豆を使った豆腐や塩蔵して貯蔵しておいた山菜などを入れる汁物である。

食塩・醤油・味噌の特徴

❶食塩の特徴

　白神山地の水が流れ込む海水を汲み上げて、煮詰めて食塩を製造している。男鹿半島の沖の海水を原料とした「なまはげの塩」、秋田の海浜を掘

って汲み上げた海水を原料とした「幸炎窯の塩」、炭の粉と混ぜた食卓塩の「炭入り食塩」などがある。

❷醤油の特徴

古くは石炭を熱源として、大豆を加熱し醤油を作っていた。囲炉裏の炭火で温めた室の中で麹を作り、醤油の醸造を行った。現在の醤油の流通形態は、酸化が起こる前に使い切ることができるように、小瓶入りで流通している。魚類のハタハタやイワシを原料とした魚醤油の「しょっつる」を製造し、地域の調味料として使われていたが、最近は全国で販売しているようである。

❸味噌の特徴

秋田産のコメと大豆を原料とした地産方の赤色系の味噌である。ブランド名「秋田味噌」は、「秋田香酵母・ゆらら」という酵母の品種を使っている。

1992年度・2012年度の食塩・醤油・味噌の購入量

▼秋田市の1世帯当たり食塩・醤油・味噌購入量（1992年度・2012年度）

年度	食塩（g）	醤油（mℓ）	味噌（g）
1992	4,378	12,960	13,956
2012	1,658	8,310	9,205

▼上記の1992年度購入量に対する2012年度購入量の割合（％）

食塩	醤油	味噌
38.0	64.1	66.0

秋田市の食塩・醤油・味噌の購入量は、東北地方の他の県庁所在地のそれに比べると、1992年度も2012年度も少ない。秋田地方は、古くから寒さを応用して独特の発酵食品を作り、日常の食事に利用しているからと考えられている。

1992年度の食塩・醤油・味噌の購入量に対して2012年度のこれらの購入量の割合をみると、食塩の購入量は約40％に減少している。また、醤油や味噌の購入量は60％台に減少している。秋田県の代表的な郷土料理は、野菜や山菜の塩漬け、醤油漬け、味噌漬けなどの漬物である。これらの漬物を作る家庭が減少し、スーパーマーケットや百貨店（デパートメントストア）で、市販の漬物を購入する量が増えていることによると考えら

れる。また、惣菜類および、冷凍やレトルトの調理済み食品を購入する機会が増えたので、家庭ではこれまでのように、多量の調味料を購入しなくなったことも推測できる。

 地域の主な食材と汁物

　奥羽山脈、白神山地を背に西は日本海に面し、地球温暖化が問題になる以前は梅雨の季節は降雨量が少なかったが、2014（平成26）年の初夏から盛夏にかけては降雨量が多かった。冬は寒くても農作物はハウスで栽培し、漁業関係では多彩な魚介類が水揚げされている。鶏の比内地鶏は質の良い地域銘柄として飼育されている。

主な食材

❶伝統野菜・地野菜

　秋田ふき（食用は茎）、ひろっこ（山菜のノビルを栽培化した若芽）、横沢曲りネギ、火野カブ、平良カブ、松舘しぼりダイコン、山内ニンジン、石橋早生ゴボウ、湯沢きく、西明寺栗、トンブリ、ジュンサイ、仙北丸ナス、マルメロ（バラ科のカリンに似た果物、秋田ダイコン）

❷主な水揚げ魚介類

　ハタハタ、マダラ、ガンギエイ、マダラ。内陸部ではワカサギ、フナ

❸食肉類

　比内地鶏

主な汁物と材料（具材）

汁　物	野菜類	粉物、豆類	魚介類、その他
いものこ汁	サトイモ、ダイコン、ニンジン、ネギ、キノコ、セリ	豆腐	牛肉、豚肉、鶏肉、ニシン、干しダラ、コンニャク、味噌仕立て
納豆汁	サトイモ、ネギ、マイタケ・アミダケなどのキノコ類	引き割り納豆	コンニャク
しょっつる			コウナゴまたはハタハタ、食塩、麹

貝焼き、つけご	野菜、山菜		フナ、ワカサギ、シラウオ、ゴリ、エビ、イサギ、タニシ、ドジョウ、ナマズ、野鳥、塩鯨、糸コンニャク、味噌、塩辛、醤油
タラのしょっつる	ハクサイ、キノコ、山菜	油揚げ、豆腐	タラ、しょっつる
いものこ汁	サトイモ、ネギ、キノコ	油揚げ	サケ缶詰、鶏肉、糸コンニャク、醤油仕立て
さめのお茶わん	キノコ、ナガイモ、サツマイモ、セリ		サメ（だし用）、ハルサメ、麩、醤油仕立て
だまこ汁（だまこ鍋）	セリ、ゴボウ、マイタケ	ご飯を潰したもの（だまこ）	鶏がらのダシで煮る、醤油または味噌仕立て
けいらん	三つ葉、マイタケ	漉し餡を餅で包んだもの（鶏卵に似ている	澄まし汁
ギバサ汁			ギバサ（海藻）、味噌汁または澄まし汁
平良かぶ汁	平良カブ（または漬物）		味噌汁または澄まし汁
だだみ汁	ハクサイ、ダイコン		マダラの白子、味噌仕立て

郷土料理としての主な汁物

　秋田の郷土料理の誕生の背景には、風土の歴史、地形や天候に伴う生活習慣が関係している。日本海に面している平野部では、江戸時代から水稲単作農業に力を入れ、畑作農業が発達しなかった。それには、山間地で山菜やキノコ類が容易に採集できたという自然の恵みを受けたことも考えられている。ハタハタという魚を塩漬け、発酵させる魚醤油の「しょっつる」、コメの生産から派生した日本酒、自家用の畑の大豆は、発酵調味料の味噌となるなど、秋田は独自の発酵文化を形成した。しょっつるや味噌は、秋

田の郷土料理に鍋物を多く生み出した一因でもある。
- **ぜんまいの小豆汁**　だし汁に粉味噌を加え、溶かしてから、ゼンマイを入れて味噌汁を作り、これを茹で小豆を入れたお椀に入れたものである。ゼンマイの名の由来は、若芽の形を「銭舞い」と見立て、ゼンマイの呼び名が付いたとの説、機械のゼンマイに似ているからとの説がある。
- **ケの汁**　細かく刻んだ野菜を昆布ダシで煮込んだ汁である。秋田県だけでなく青森県でも郷土料理として作る地域がある。秋田県では「きゃの汁」「きゃのこ」ともいう。呼び名の由来は「粥の汁」にあるとされている。東北地方では１月16日の小正月を「女の正月」として祝い、「けの汁」を仏前に供える。大量に作り、日ごろ家事に忙しい主婦に休んでもらうために、数日の間、食べ続ける習慣がある。豪雪で春の七草が摘めない東北地方の北部では、七草粥の風習がないかわりに小正月のけの汁に七草粥の意味を含めている。
- **冷や汁**　夏の食べ物の冷や汁は、九州地方だけでなく、東北地方にもあった。秋田の冷や汁も、夏の暑さで食欲がないとき、家庭で食べたり、あるいは山や畑の昼ご飯用に作る。山仕事をするときには、ご飯と少量のおかず、冷や汁の材料をもって行き、昼食時に冷たい沢の水で味噌を溶かし、持参した具（キュウリ、ミョウガ、ナス漬けがっこ、紫蘇の葉など）を入れて食する。
- **いものこ汁**　食糧の乏しかった昔、収穫の祝いにイモノコ（里芋）、キノコ、ネギ、油揚げ、サケ、豆腐などを持ちより、具だくさんの「いものこ汁」を作り、満足するまで食べて祝った。小食になったのか、見栄えの良さを重んじているのか、具の量の少ない吸物に変わっているようである。イモノコを使う動機は、横手城の須田内記が野菜の栽培の奨励にあたり、サトイモの種子を仙台地方から取り寄せ、長瀞地区で栽培したことによるとの説がある。
- **ガニたたき汁**　南外村地区の秋につくる郷土料理。秋には川ガニ（モクズガニ）が、山から下ってくる。秋の農作業が終わる頃、食べる料理である。だし汁にミンチで砕いた川ガニ、塩ゆでしたサトイモを入れて煮た汁物である。
- **イカのごろ汁**　イカのごろとは、イカの内臓のことで、イカを余すところなく使った味噌汁である。イカ（胴、ヒレ、脚、肝臓など。スミは取

り除き、ブツ切り)、ダイコン、ジャガイモなどを、昆布だし汁で煮て、味噌仕立てにしたもの。イカの身に含まれるベタインやグリシン、イカ墨に含まれるアミノ酸類がうま味の主役となる。

- **平良かぶ汁** 平良地区では、明治時代頃から自家用に作られていた。塩漬けや味噌漬けは定番の加工品であるが、最近は麹漬けにも加工される。平良かぶ汁は生のカブか塩漬けのカブを具にした味噌味の澄まし汁である。
- **ギバサ汁** ギバサは褐藻類の海藻の「あかもく」(ヒバマタ目ホンダワラ科)の秋田の呼び名である。味噌汁か澄まし汁で食する。アカモクはワカメなどと同じように、ビタミン、ミネラル、食物繊維を含む。
- **だまっこ鍋** 秋の収穫作業が終わった時に、慰労を兼ねて家族のほか手伝ってもらった人々にもご馳走していた。ご飯は普通に炊いて、半潰しにして団子の大きさに丸め、ゴボウや鶏肉などと一緒に煮込む鍋料理である。鶏ガラのダシを使う。
- **けいらん** 室町時代に、貴族や寺院の間で点心として発達した食べ物で、団子(うるち米の粉と白玉粉で作る)のようなもの。これを、祝儀には鶏のだし汁で、仏事には昆布・シイタケのだし汁で食べた。団子の白さと形が鶏卵に似ているところから「けいらん」の呼び名がある。
- **納豆汁** 納豆をすり鉢で擦り潰す。潰した納豆と、細かく刻んだ山菜、野菜、油揚げ、豆腐を入れて混ぜ、さらに昆布や煮干しのだし汁と味噌を入れた汁である。地元の山菜をふんだんに入れてひと煮立ちさせたもので、たんぱく質、ビタミン、食物繊維などが十分に摂れる汁物である。
- **浄夜豆腐(はちはい豆腐＝八杯豆腐)** 美味しいので、何杯もお代わりするので「はちはい」の名がある。かつて、凶作の大晦日に、備蓄大豆を増やして豆腐を作り、そばに見立てて、豆腐を麺のように細く切り、除夜の鐘をききながら、年越しそばのように食べたことが、この汁の由来である。現在は、精進料理として提供されている。

⑥ 山形県

汁物と地域の食文化

　山形県の成立には、かなり複雑な歴史的背景があった。幕末の庄内鶴岡の酒井藩、最上新庄の戸沢藩、置賜米沢の上杉藩などの分立があり、その結果、生活習慣や方言において地域による違いが著しかったようである。地域により地理的条件や気候風土が違うので、料理文化も一様でなかった。郷土料理の山菜料理は各家庭で育まれた素朴な味わいのものであった。

　山形県は、最上川の船頭が考案したという「芋煮会」は、郷土料理として発生しているが、現在は人々の交流の会として年々盛んになっているようである。これに似た会は、他の県でも人々の交流の場やアウトドアの楽しみとして大小さまざまな形で行われている。

　米沢盆地や山形盆地、新庄盆地の夏と冬の温度差が大きく、この自然の気候変化を利用した野菜や食用花の栽培も盛んである。汁物の一種で「冷やし汁」は味付けは醤油・みりん・塩で濃い目に味付けたもの、生味噌で味付けたものがある。汁物より「おじや」のようなもので、各地の盆地で発達した野菜の漬物を加えるのが特徴である。内陸では納豆と味噌を擦り混ぜた「納豆汁」も利用される。この中には豆腐、塩漬けした野菜類を加える。山形のタケノコでは月山ダケ、吾妻ダケなど山地の名をつけたネマガリダケの新鮮なものは、煮物に近い汁物の「孟宗汁」がある。また、日本海のマダラから、肝臓も使った「タラのとんがら汁」を大鍋で作り、大勢で食べる。

汁物の種類と特色

　山形県の代表的な汁物の郷土料理は、最初に「芋煮会」が挙げられる。山形県では、古くから、稲の稔る頃に食べるものとして芋（サトイモ）を煮て食べる風習がある。旧暦8月15日夜は「芋名月」といい、かつての風習である神社や家庭の神棚、あるいは月の明かりに照らされる縁側や座

敷にサトイモを供えて祝った、農耕神事に由来するという説、最上川舟文化としている船頭たちが最上川の川岸で休息をとった時に、サトイモを煮て食べた鍋料理がルーツであるという説もある。現在は、秋の稲刈りの時期がサトイモの収穫時期に当たるので、親睦の目的で、親しい人たちが集まり、川岸だけに限らず、アウトドア的な食事会として行われている。

芋煮会で食べるサトイモの鍋物は、「いものこ汁」といわれ、大きな鍋にサトイモ・米沢牛肉・豚肉・鶏肉・豆腐・コンニャク・根菜類を入れて、味噌仕立てで煮たものである。「いものこ汁」は秋田にもあり、似たような鍋物は京都や津和野にもある。かつては、北前船で運ばれた干タラ、ニシンの干物などを入れた。

その他、青大豆の擦り潰したものを入れた味噌汁の「呉汁（ごじる）」、タラの粗と酒粕や辛味噌で味付けて煮込んだ漁師料理の「どんがら汁」（ふくだら汁）、擦り潰した納豆とサトイモ、シイタケ、ネギなどの野菜のほかに、豆腐やコンニャクを入れて煮込んだ「納豆汁」などがある。納豆汁には、干しズイキは必ず入れ、赤味噌仕立てで煮込む。これらの料理は、質素であるが栄養のバランスを考えた汁物である。

孟宗竹のタケノコと油揚げを酒粕と味噌で調えた汁で煮込んだ「もうそう汁」は、季節の料理として作られている。米沢藩が出陣のときに食べた「冷や汁」は、季節の茹で野菜に、水で戻した乾物を加えて煮たものを、ご飯にかけて食べた。ナメコを加えた味噌汁の「厚木ナメコ汁」もある。

食塩・醤油・味噌の特徴

❶食塩の特徴
山形県には食塩の製造が行われていない。

❷醤油の特徴
山形産の醤油の原料には、山形産の大豆を使い、地域ブランド醤油もある。地元の醤油メーカーは、だし醤油、土佐醤油など用途別の調味醤油または合わせ醤油も開発している。

❸味噌の特徴
地元の味噌メーカーは、山形産の大豆を原料としている。米麹のたっぷり使われている「赤味噌系」の味噌が多い。郷土料理の「三五八漬け」は、「塩3・麹5・蒸し米8」からなる漬け床で作る漬物である。

1992年度・2012年度の食塩・醤油・味噌の購入量

▼山形市の1世帯当たり食塩・醤油・味噌購入量(1992年度・2012年度)

年度	食塩(g)	醤油(mℓ)	味噌(g)
1992	5,688	20,364	12,924
2012	4,953	11,014	8,166

▼上記の1992年度購入量に対する2012年度購入量の割合(%)

食塩	醤油	味噌
87.1	54.1	63.2

　山形県の1世帯当たりの食塩、醤油の購入量は1992年度も2012年度も、東北地方の他の県に比べて多いのは、各家庭で野菜の塩漬けや醤油漬けを作るからであると思われる。

　1992年度の食塩・醤油・味噌の購入量に比べて、20年後の2012年度の食塩の購入量は87.1%に減少しているが、東北地方の他の県庁所在地に比べて、減少の割合が多くないのは、野菜類の塩漬けを作り続けている家庭が多いことを意味していると思われる。1992年度の醤油の購入量に対して2012年度の購入量は54.1%に、味噌の購入量は63.2%に減少しているのは、家庭での醤油漬けや味噌漬けが減少し、また20代までの年齢層の人々のなかで味噌汁の利用が減少したことも考えられる。

地域の主な食材と汁物

　山形県は、地理的条件から庄内と内陸の2つの地域に分けられている。海に面している庄内地方の食生活には、入手しやすい新鮮な魚介類や庄内平野で収穫される農作物の恩恵を受けているものも多く、庄内から遠く離れた内陸は、新鮮な魚介類の入手は困難なので、塩干し魚や塩蔵魚の利用が多かった。

　山地に囲まれた地形であるが、北西部の海の沖合は好漁場である。内陸部は、果物が栽培されている。庄内地方では伝統野菜が栽培されている。

主な食材

❶伝統野菜・地野菜
　温海カブ、アサツキ、だだちゃ豆、民田ナス、延命楽・もってのほか、

小真木ダイコン、悪戸イモ、外内島キュウリ、花作ダイコン、雪菜、山形青菜、平田ネギ、藤沢カブ

❷主な水揚げ魚介類

　スルメイカ、マダラ、トビウオ、養殖のヒメマス・コイ

❸食肉類

　米沢牛

主な汁物と材料（具材）

汁　物	野菜類	粉物、豆類	魚介類、その他
いるか汁	ふだんそう、ネギ、ジャガイモ、サヤエンドウ		塩鯨、味噌仕立て
いものこ汁	サトイモ、ネギ		鶏肉、コンニャク醤油仕立て
どんがら汁	ダイコン、ネギ	豆腐	マダラの粗、昆布、岩ノリ、酒、みりん
川魚のどんがら汁	うわばみそう		マスまたはサケ、味噌仕立て
いも煮（芋煮会）	サトイモ、ネギ、キノコ	豆腐	牛肉、コンニャク、酒、砂糖、醤油、味噌
キュウリとミズの冷や汁	キュウリ、ウワバミソウ（赤ミズ）、ヤマトキホコリ（青ミズ）		味噌、冷水
品川汁	カブ、ニンジン、ゴボウ、ネギ	大豆、油揚げ	コンニャク、味噌、だし汁
けのこ汁	ダイコン、ニンジン、ゴボウ	黒豆、油揚げ	ずきだま、コンニャク、だし汁、味噌
納豆汁	芋柄、塩蔵キノコ、ゴボウ、ニンジン、セリ、赤じその葉	納豆、油揚げ、木綿豆腐	コンニャク、粒味噌
福鱈汁			一塩タラ、ダシ昆布、水、醤油
孟宗汁	孟宗筍、干しシイタケ	油揚げ	煮干し、味噌、酒粕、水

だだみ汁	ネギ		マダラの白子（＝だだみ）、味噌仕立ての澄まし汁
呉汁	ネギ	大豆→呉汁、生揚げ	鶏もも肉、コンニャク、だし汁
厚木ナメコ汁	ナメコ、三つ葉	豆腐	かつお節だし、味噌

郷土料理としての主な汁物

- **キュウリとミズの冷や汁** 生味噌と冷水で作る「冷や汁」は、夏の暑い日盛りに、火も労力も費やさない食事の支度ができるようにと、生活の知恵が生んだ郷土料理である。山形県全域でみられる。山の仕事へ出かける時には、昼食用のご飯は「わっぱ」に詰め、味噌やキュウリを持って行く。昼には、キュウリ、山で摘んだ山菜、味噌をわっぱのご飯にのせ、冷たい谷川の水をかけて食する。
- **いも煮** 芋煮会の起源についてはさまざまな説がある。1693年以前のこと、最上川の舟運の終点であった中山町長崎という地域で、船頭たちが舟着場のそばにあった松の枝に鍋を吊るし、運んできた棒ダラとともにサトイモを煮て食べたという説の支持が多いようである。やがて、山形市の馬見が崎の川原で行われる「芋煮会」が有名になってから川原で行われるようになったが、川原に限らず家族や友人・知人の集まりとして芋煮会が行われるようにもなった。材料の組み合わせは、地域や行う人々によっても違うが、昔のように棒ダラを使うことはなく、牛肉や豚肉、サトイモ、コンニャクが欠かせない材料である。現在は、山形県だけでなく、東北の各県で独自の芋煮会を開いている。味付けについては山形県をはじめ多くの地域は味噌味であるが、秋田県のように醬油味のところもある。
- **けのこ汁** 庄内地方の小正月の2日目の行事食であったが、現在は1月2日の朝食の膳に出す「粥」で、梅干しもつく。
- **品川汁** 一般にいわれる「呉汁」である。山形県の村山地方では「しながわ汁」または「すながわ汁」といい、農家では大豆の収穫のときに畑に散らばった大豆を集めて作る。食べ方は、カブ、ニンジン、ゴボウも呉汁に入れて煮て、味噌仕立てにする。

- **納豆汁** 山形県全域で作る冬の汁物である。正月七日の朝の行事食として、7種類の汁の実を組み合わせ、「七草汁」とするところもある。雪国の人が生み出した若草を摘んで、七草のお祝いとして「七草汁」を生み出したと伝えられている。山形県の納豆汁は精進料理なので、動物性食品は使わない。
- **ナメコ汁** ナメコとサイコロ状に切った豆腐を具にした味噌汁。
- **どんがら汁** 日本海に面した庄内地方の冬の食べ物である。「どんがら」は「胴殻」の変化した言葉で、「魚の粗」のことである。マタラの粗を使うことから、「たら汁」の呼び名もある。庄内のタラ漁業は元禄時代の終わり頃から始まったが、本格的には1878（明治11）年からであると伝えられている。
- **福鱈汁** 最上地方の年取り膳につけられる一塩タラの汁物。最上地方は新鮮なマダラの入手が困難なため、一塩タラと季節の野菜を、昆布だし汁で煮て、醤油で調味する。だし汁に昆布を使うのは、「喜ぶ」に通じる意味からである。
- **孟宗汁** 季節の食品として使われるタケノコを具にする孟宗汁は、庄内地方でのみ作られる。「月山だけ」というのは「根曲りだけ」のこと。この汁は煮物に近い汁である。「たけのこ汁」は、月山筍の味噌汁といい、霊峰・月山の麓で採れるタケノコは、「月山筍」とよばれ味がよいので、下茹でしないで味噌汁の具にする。
- **六浄豆腐の吸物** 京都では「六条豆腐」といい、豆腐を乾燥したもの。かつては、修験者たちの携帯食で、自分で刃物で削ってそのまま食べたといわれている。一般には、吸物や和え物としている。山形の「六浄豆腐」は、1937（昭和12）年頃に、京都の六条出身の行者が、製造法を山形県の西川町の岩根沢の片倉家に教えた。岩根沢の土地柄の「六根清浄」という精神と「六条」をかけた「六浄豆腐」とした。現在、片倉家では、一年中で最も雨の少ない、八十八夜の宵から1か月かけて作るプロセスチーズのようなものである。山形では、六浄豆腐とジュンサイ（ナメコ）、三つ葉、ミョウガなどをだし汁に入れ、醤油味の澄まし汁に仕上げる。

⑦ 福島県

汁物と地域の食文化

　福島県は、中央の奥羽山脈と東部の阿武隈高地によって、東から太平洋に面している地域の浜通り、冬に積雪が多く会津盆地も含む会津地方、浜通り地区と会津地区の中間で福島や郡山、白河などを含む中通り地区の3つの地域に分かれている。浜通りは温暖で太平洋に面しているので日頃の食べ物として魚介類に恵まれている。中通りは内陸の気候なので夏は暑く、冬は寒いが会津地域のように雪は多くない。果物、野菜、稲作に恵まれている。

　冬は雪が多く、ニシンの干物などが新潟から入ってくるなど、日本海側の食文化の影響を受けている部分がある。

　浜通りでは、夏から秋にかけては上りカツオや戻りカツオの料理には、粗を使った味噌仕立ての「粗汁」が作られた。サンマやイワシは、塩焼きや煮つけに飽きると、味噌仕立ての「つみれ汁」をつくった。会津や中通り地区の実だくさんの汁物「ざくざく」は、主として大晦日に作られる煮物に近い汁物である。会津地域の「納豆汁」は正月三が日の料理で、納豆・だし汁・豆腐・打ち豆、山菜を入れた汁物である。トウガラシを加えることにより体が温まる料理となっている。

汁物の種類と特色

　福島県のいわき市、相馬市など浜通り地方には、魚の汁物が多い。春から夏にかけては黒潮にのって三陸方面へ回遊する上りカツオ、夏の終わりから秋にかけては産卵のために黒潮にのって南の海洋へ向かう戻りカツオが回遊するので、夏から秋にかけては、味噌仕立ての「カツオの粗汁」を食べる機会は多い。

　北海道沖で、プランクトンを餌にして育ったサンマは、秋には福島・北茨城の沖合を南の海域へと回遊する。産卵前なので、体の脂肪含有量は

20％前後となる。この脂肪含有量の多いサンマを漁獲し、サンマの身肉（食べやすい大きさにぶつ切りしたもの）とタマネギやその他の野菜とともに味噌仕立てにして煮たものが、寒い日の漁師の家の「サンマ鍋」である。

かつては、晩秋から冬の期間は、魚の行商人が、一軒一軒立ち寄り行商し、大勢の家族のいるところでは、1尾まるごとのアンコウを吊るし切りをして、食べやすいように調えて行ったものであった。吊るし切りをした家の台所にはアンコウの頭と背骨だけがぶら下がっていた。浜通りのアンコウ鍋は味噌仕立ての「どぶ汁」といい、アンコウの肝臓は、鍋の汁に溶かす料理である。

相馬市地方のモクズガニを臼で潰して味噌と混ぜたものを使った味噌汁の「がにまき汁」には、豆腐、ネギも入れる。相馬地方ではサケの身肉とサトイモ、ニンジンと一緒に、味噌仕立てで煮たものに「紅葉汁」がある。かつては、サケは茨城県の那珂川でも遡上したといわれる。中通りから会津地方にかけては、魚介類の干物を使った「こづゆ」という汁物がある。ダイコン、コンニャク、サトイモ、ニンジンなどをざくざく切って使う「ざくざく」という汁もある。「納豆汁」もある。クジラの脂肪層（ブラバー）の塩漬けと野菜、山菜、豆腐などで作る、塩味の「クジラ汁」がある。

食塩・醤油・味噌の特徴

❶食塩の特徴

かつては、小名浜や勿来、四ツ倉などの海浜地区では、海水の汲み取りが容易なので、製塩所があった。現在も、旧日本専売公社の流れで小規模な製塩工場があり、「いわきの塩」「めひかり塩チョコ」などがある。

❷醤油・味噌の特徴

同一の醸造会社で醤油・味噌も製造している。1861（文久元）年創業の店もある。現在は、醤油も味噌も国産大豆を原料としている。味噌は長期熟成の赤色系の味噌が多い。

1992年度・2012年度の食塩・醬油・味噌の購入量

▼福島市の1世帯当たり食塩・醬油・味噌購入量（1992年度・2012年度）

年度	食塩（g）	醬油（mℓ）	味噌（g）
1992	3,880	12,602	9,606
2012	1,652	7,486	8,682

▼上記の1992年度購入量に対する2012年度購入量の割合（％）

食塩	醬油	味噌
42.6	59.4	90.4

　1992年度と2012年度の食塩・醬油・味噌の購入量を比較すると、食塩、醬油については1992年度は2012年度に比べると、食塩で42.6％、醬油で59.4％と非常に少なくなっている。このことは、児童や生徒に対する「食育」の効果の表れと思われる。

　また、野菜の塩漬け、魚のみりん干しなどの製造量が減少したことによると推測できる。

　一方、1992年度の味噌の購入量に対する2012年度の味噌の購入量の割合は、90.4％と高い。このことは、毎日、味噌汁を作る家庭は、第二次世界大戦前も戦後も変わらず多いということを示している。

地域の主な食材と汁物

　浜通りの沖合は黒潮も親潮も海流しているので、季節の魚介類に恵まれていたが、2011（平成23）年3月11日の東日本大震災による東京電力の福島原子力発電所の爆発により、放射性物質が飛散し、発電所の近辺だけでなく、福島県の中通り、会津地方までも被害を受け、いまだ浜通りの港に水揚げされる魚介類に対しては不安を抱く消費者が多い。中通りは果物類や野菜類の栽培に力を入れ、会津地方はソバやコメの生産に力を入れている。畜産関係では「福島牛」「会津地鶏」などの地域ブランド物をつくりだしているが、東京電力の福島原子力発電所の事故による風評被害の影響はまだ続いている。

主な食材

❶伝統野菜・地野菜

源吾ネギ、五葉まめ・においまめ、大豆モヤシ、雪中アサツキ、信夫冬菜、真渡うり、キュウリ、トマト、アスパラガス、アザキダイコン、会津カボチャ、会津丸ナス、アザミゴボウ、慶徳タマネギ、阿久津ネギ（阿久津曲りねぎ）、荒久田茎立（会津早生茎立）、舘岩カブ

❷主な水揚げ魚介類

サンマ、カツオ、コウナゴ、メヒカリ、アンコウ、ヤナギカレイ、ウニ

❸食肉類

福島牛、会津地鶏、ふくしま赤しゃも

主な汁物と材料（具材）

汁物	野菜類	粉物、豆類	魚介類、その他
さんまのつみれ汁	ダイコン、ハクサイ、ゴボウ、ニンジン、ネギ	片栗粉、豆腐	コンニャク、サンマのすり身、味噌
紅葉汁	ダイコン、ニンジン、サトイモ、ネギ		コンニャク、サケの身肉と粗味噌仕立て
さんま鍋	タマネギ		サンマ、コンニャク、味噌
アンコウのどぶ汁	ダイコン		アンコウの7つ道具、味噌
カツオの粗汁	タマネギ	豆腐	カツオの粗、味噌仕立て
はちはい汁	ニンジン、サトイモ	片栗粉、豆腐、油揚げ、豆麩	コンニャク、醤油仕立て
のっぺい汁と押立ゴボウ	ゴボウ、サトイモ、ニンジン、ダイコン	片栗粉、凍み豆腐	鶏肉、砂糖、醤油仕立て
じゅうねん冷やたれ	じゅうねん、青ジソ		砂糖、味噌
納豆汁	ダイコン、ウドの塩漬け、芋柄、ネギ	打ち豆、納豆、豆腐	だし汁、味噌
ざるごし（かにまきじる）	三つ葉	豆腐	味噌、ダシ汁、モズクガニ

ざくざく	ダイコン、サトイモ、ゴボウ、ニンジン	打ち豆	田作り、コンニャク醤油仕立て
こづゆ	キクラゲ、サトイモ、ニンジン、インゲン、ギンナン	豆麩	糸コンニャク、貝柱、醤油仕立て
鯨汁	ジャガイモ、ダイコン、ダイコンの葉、ネギ		塩鯨、だし汁、味噌仕立て

郷土料理としての主な汁物

　福島県の太平洋に面した浜通り地区には、商業交易も兼ねる小名浜港やその他の海岸線にある漁港に水揚げされる魚介類を中心とした郷土料理があり、新潟県や山形県に近い会津地域の郷土料理には、新潟から運ばれる魚介類の加工品や山菜を使ったものが多い。一方、経済都市として発達した郡山市や福島市を中心とする中通り地区は、海からは遠く、山寄りの地域なので農業や畜産農家の生み出した郷土料理が多い。

- **こづゆ**　会津地方の海産物を使った煮物。江戸時代後期から明治時代初期にかけて会津藩の武家料理や庶民のご馳走として広まった郷土料理である。現在では、正月や冠婚葬祭のような行事食として作られている。ホタテガイの貝柱のだし汁に豆麩、ギンナン、里芋、ニンジン、しらたき、シイタケ、キクラゲ、インゲンの他にだし汁をとった後に残る貝柱をほぐしたものを加えて煮込み、日本酒、醤油で味を調える。

- **紅葉汁**　秋の紅葉の頃に、サケの身肉を除いた粗を、ダイコン、サトイモ、ニンジン、ネギ、コンニャクなどとともにじっくり煮込み、味噌仕立てにする汁物。北海道の石狩鍋に似ている。煮込むことにより、サケの紅色（アスタキサンチンというカロテノイド系の色素）がほんのりと出てくるので「紅葉汁」とよんでいる。浜通りの浪江地域の郷土料理である。かつては、諸戸川地域はサケ漁が盛んであった頃には、紅葉汁は各家庭で作った。

- **さんまのつみれ汁**　秋には浜通りの漁港は、サンマの水揚げで賑わう。漁師の家ばかりでなく、一般家庭でもサンマのすり身をつくり、味噌仕立てのすり身汁を食する。最近は、漁師の多い町でもいろいろな食品を買うことができるためか、サンマが大量に水揚げされたからといってす

り身汁を作るという家庭は減った。
- **鯨汁** 会津地方の郷土料理で、塩漬けした皮つきクジラの脂肪層を短冊に切って、湯通しして塩抜きをし、野菜や山菜、豆腐、コンニャクなどとともに煮込み、味噌仕立てで食する。太平洋に面する浜通り地区にはクジラの捕鯨基地はなく、また、新鮮なカツオやサンマ、イワシなどを含め、四季折々、多種多様で新鮮な魚介類が水揚げされるので、クジラを食べる習慣はない。会津地方の鯨汁の原料となる塩クジラは、新潟方面の習慣を取り入れた郷土料理である。日本海側の農漁村では、秋の収穫の祝いに鯨汁を作るが、日本海側の郷土料理の影響を受けた会津地方の鯨汁と思われる。
- **ざくざく** 会津から中通り地区の郷土料理で、赤飯と一緒に供する実だくさんの汁物。「ざくざく」の名の由来は、具材をざくざく切るために、黄金もざくざく溜まるように願って作る郷土料理である。この料理は、主に大晦日に作られる。11月25日の「恵比寿講」、2月4日の「初午」のほか、婚礼や秋祭りに、家内安全、商売繁盛を願って作る。ダイコン、サトイモ、ゴボウ、ニンジンなどの野菜類、大豆か打ち豆、コンニャク、干しイワシ、昆布などをじっくり煮込んだ醤油仕立ての汁である。
- **ざるごし** 双葉郡や相馬市に古くから伝わる早春の郷土料理。夏井川の河口で獲れる小形のカニを、ダシをとるザルに入れて潰し、殻を除き、すり流し風にしたもの。カニの身をザルで濾すことから「ざるごし」の呼び名がある。ザルで濾してできたカニのすり身、豆腐を入れた味噌仕立ての汁物である。
- **じゅうねん冷やたれ** 中通りの郷土料理で、エゴマ(「じゅうねん」とよんでいる)を炒って、すり鉢で油の出るまですりこれに味噌・酒・砂糖・紫蘇の葉のみじん切りを加えて、食べる時に冷たいだし汁を加える。エゴマを使うことで健康によい多価不飽和脂肪酸を含む脂肪を摂取できる料理である。
- **納豆汁** 納豆汁は、東北地方、関東地方に多い郷土料理である。天保時代から大正中期までは、喜多方・津川街道の宿では、泊まり客にはこの納豆汁を提供していたと伝えられている。仏様に生臭い料理をあげられない正月三が日は、納豆、豆腐、打ち豆、納豆汁などの豆料理を用意した。納豆の他の納豆汁に加える材料は、ダイコン、豆腐、キノコ、山菜、

サトイモ、芋柄などがある。だし汁で納豆の他の具材を煮込み、熱々の汁の中に擦り潰した納豆を入れ、薬味を加えて食する。熱いので、寒い冬に食べる郷土料理として発達した。

- **のっぺい汁と押し立てゴボウ**　汁が粘っていることから「濃餅」の字をあて、「ぬっぺい」が訛って「のっぺい」という説がある。寺院中心の料理だったが、次第に民間にも広がった。中通り地方では、かつては婚礼料理の祝儀の最後に坪椀に盛って供する汁物であった。押し立てゴボウは、中通りの本宮地区の風習で、祝儀の「のっぺい汁」の後に、茹でて和がらしを付けたゴボウを立てる。「のっぺい汁」は、いろいろな野菜、鶏肉、豆腐、コンニャクなどをかつお節のだし汁で煮込み、最後に醤油で味を付け、かたくり粉でとろみをつけた汁物である。具材には多少の違いはあるが、各地にある郷土料理である。
- **はちはい汁**　調味料を含めて8種類の食材を使うことからという説、美味しいので8杯も食べてしまうという意味から「はちはい汁」の名付けられたとの2つの説がある。浜通りのいわき市の豊間地区では「はちへい汁」とよんでいる。豆腐、油揚げ、豆麩の他に、ダイコンなどの野菜類を賽の目に切り、だし汁で煮込み、醤油で味を調え、水溶き片栗粉でとろみをつけて汁椀に盛る。

⑧ 茨城県

汁物と地域の食文化

　茨城県内で、漁業の盛んな北茨城には、かつては冬に水揚げの多かった「アンコウのどぶ汁」がある。隣接する福島県の浜通り地区と共通している魚食文化が存在している。2011（平成23）年3月11日の東日本大震災による福島県浜通り北部に位置する東京電力原子力発電所の事故による放射性物質の飛散は、福島県だけでなく北茨城地区の海域を汚染した。海域表層の魚類だけでなく底生魚介類も汚染された。地元で水揚げされる魚介類が放射性物質による汚染の心配なく、事故以前のような地元の水産物が食べられる時期がくるのを地元の人々も全国の人々も待っている。

　ひたちなか市や北茨城市の魚市場には、多くの人が水揚げされた新鮮な魚介類を求めて訪れる。江戸時代の水戸藩の藩主は食に関心をもっていたことでも知られている。徳川光圀公は、アンコウ鍋が好きだったと伝えられている。江戸時代後期、水戸藩第9代藩主徳川斉昭公は、料理本「食菜録」を編纂した。その中にはうなぎの蒲焼き、カツオのたたき、クジラ料理、納豆料理、煮物の材料や種類が記されている。

　茨城県の沖合は暖流魚、寒流魚の宝庫である。とくに、初夏から秋にかけてはカツオ、サンマ、イワシなどの水揚げ量が多く、冬はアンコウやヒラメが水揚げされる。この地域の漁師たちは水揚げした魚は無駄なく利用する知恵をもっている。

　「あんこう鍋」は身・皮・内臓を利用した鍋である。北茨城の大津港を中心に「あんこう鍋」が有名であるが、地元の家庭では、アンコウの肝臓も鍋の汁に溶かし、味噌仕立ての「どぶ汁」を食べる。真冬が旬のアンコウの「どぶ汁」は、福島県の浜通りから北茨城の海に近い家庭の料理である。

　7月下旬から8月上旬は、霞ヶ浦のシラウオの最盛期である。酢味噌やショウガ醤油をつけた生食は珍味であるが、生のシラウオを食塩水の中で

ひと煮立ちさせ、日干しした煮干しはそのまま、ご飯の惣菜や酒の肴にする。霞ヶ浦の漁業者の家庭では、夏にはだし汁の入った澄まし汁に入れ、「シラウオの澄まし汁」を作る。

汁物の種類と特色

かつては、北茨城や福島県の浜通りの海水浴場では、海の深いところへ入らなくても水際の1カ所で足のかかとを回していると、ハマグリがかかとに当たり、そこを簡単に手で穴を掘るとハマグリが採集できた。このハマグリを砂抜きし、醤油ベースの吸物にしたのを「からこ汁」といい、庶民の夏の吸物であった。現在、ハマグリは岸からやや離れた海域でしかとれないので、一般の家庭ではハマグリ料理は以前ほど気軽に作れなくなっている。

茨城県の各漁場（北茨城、那珂湊や大洗）には、黒潮にのって回遊する上りカツオも戻りカツオも水揚げされるので、夏にはカツオの身肉を刺身や照り焼きなどにし、中落ちは味噌仕立ての「かつおの粗汁」として食べる。かつてはカツオは頭部以外は利用するという漁師料理が一般に広まっていた。内臓（肝臓や幽門垂）は塩辛にする。人の体内ではビタミンAとして働くレチノールを含むので、視力の弱い人に利用されていた。常陸太田市地域で栽培している「赤ネギ」は、白ネギより軟らかく、香りが高く、刻んだ赤ネギは、味噌汁の具や澄まし汁に入れる「ネギ汁」として利用される。

水戸の笹沼清左衛門が江戸の糸ひき納豆に着目して考案した水戸納豆の製法は1890（明治23）年に成功している。それ以来、水戸の納豆が有名になりいろいろな納豆料理が開発されている。その一つが「納豆汁」である。水戸の「天狗納豆」のメーカーは笹沼五郎商店というから、水戸納豆の発明者を継承しているメーカーと思われる。水戸藩主・水戸光圀は納豆汁が好物だったともいわれている。納豆汁は、擦り潰した納豆を入れた味噌汁のようなものである。

食塩・醤油・味噌の特徴

❶食塩の特徴

現在の北茨城から福島県いわき市にかけては、海岸の砂浜も海水も綺麗

だったので、第二次世界大戦の直後のしばらくの間、小規模ではあるが海水を汲み上げ釜に入れて、直接過熱蒸発させる方法で食塩を製造していた。

❷醤油・味噌の特徴

茨城県内の筑波山系の伏流水を取水できる地域では、醤油・味噌の醸造にミネラルの多い筑波山系伏流水を使用している。この伏流水に恵まれ、近隣から原料となる大豆・大麦・大豆の入手の便利な桜川市は、江戸時代から日本酒・醤油・味噌の醸造の街として栄えた。

1992年度・2012年度の食塩・醤油・味噌の購入量

▼水戸市の1世帯当たり食塩・醤油・味噌購入量（1992年度・2012年度）

年度	食塩（g）	醤油（mℓ）	味噌（g）
1992	2,928	15,581	10,965
2012	1,261	7,059	6,312

▼上記の1992年度購入量に対する2012年度購入量の割合（％）

食塩	醤油	味噌
43.1	45.3	57.6

家庭で味噌は味噌汁のほか、呉汁、けんちん汁や鯉こくなどの郷土料理にも料理に使われる。また醤油は煮物や漬け醤油として使うほか、霞ヶ浦や利根川の魚介類の佃煮や鯉の甘露煮などの保存食をつくるのに使われる。

20年間で食塩の購入量は43.1％、醤油は45.3％と40％台に、味噌は50％台に減少している。小学校や中学校での食育、保健所や自治体の健康に関する機関および食生活を指導する団体による生活習慣病予防のための、減塩運動の結果の表れであると思われる。

また、日本人の朝食には味噌汁は、味噌に含まれるたんぱく質や具に含まれるビタミンやミネラルの供給源であったが、塩分の摂取量が多くなるので、具だくさんで味噌を少なくした塩分濃度の少ない味噌汁を摂取するようになったことと関係があると思われる。現代の食生活に川魚の甘露煮や鯉こくが合わなくなったので、家庭では野菜の漬物の他にも、川魚の佃煮や甘露煮をつくる機会が少なくなったことが食塩、醤油や味噌の使用量が少なくなった理由とも推測できる。

地域の主な食材と汁物

太平洋に面する海岸線には漁港があり、沿岸の魚介類だけでなく、カツオやサンマなどの回遊魚も水揚げされる。利根川や湖沼の淡水魚や貝類は、この地域の食文化の形成の一端を担っている。内陸部の火山灰地の田畑では、野菜類、果物類の栽培が盛んである。

主な食材

❶伝統野菜・地野菜

赤ネギ、浮島ダイコン、貝地高菜、レンコン、ヤーコン、カボチャ、キュウリ、ピーマン、トマト、ネギ、サツマイモ、ニンジン、レタス、ニラ、水菜、ハクサイ、青梗菜、キャベツ、ダイコン、ニンジン

❷主な水揚げ魚介類

カツオ、サンマ、サバ、ヒラメ、コンニャク、淡水性のもの（ワカサギ、シジミ）

❸食肉類

常陸牛、ローズポーク、久慈シャモ、養鶏・養豚が盛ん。

主な汁物と材料（具材）

汁　物	野菜類	粉物、豆類	魚介類、その他
アンコウのどぶ汁	ダイコン、ニンジン、ネギ		アンコウ、味噌仕立て
からこ汁（ハマグリの澄まし汁）			ハマグリ、醤油仕立ての澄まし汁
いわしのすり身だんご汁	ネギ、青菜、タマネギ		イワシ、味噌仕立て
カツオの粗汁	タマネギ		カツオの粗、味噌仕立て
ネギ汁	ネギ、生姜		かつお節のだし汁、味噌仕立て
水戸納豆汁	ネギ	納豆、豆腐、油揚げ	味噌仕立て

けんちん汁	ニンジン、ゴボウ、サトイモ	豆腐、油揚げ	
そばがきすいとん	ニンジン、ネギ、ナメコ、シイタケ	大豆	醤油、卵、鶏肉
呉汁	ダイコン、タマネギ、ニンジン、ネギ	大豆、豆腐	コンニャク、ダシ汁、白味噌、豚肉
さんま鍋	ニンジン、生シイタケ、春菊	油揚げ	コンニャク、サンマ
フナのたたき汁	ダイコン、ネギ		フナ、味噌、卵
水戸藩ラーメン	ネギ、ニラ、ニンニク、ショウガ、ラッキョウ、クコの実、松の実、シイタケ	麺（レンコン粉入り）	醤油仕立て

郷土料理としての主な汁物

　茨城県の太平洋に面している地域では、魚介類を使った郷土料理が発達し、霞ヶ浦、那珂川や利根川では、ウナギをはじめとする淡水や汽水の魚介類の郷土料理が発達している。那珂川や利根川でもサケが遡上し、塩引きや荒巻でなく、生サケの料理も食卓に上ったようである。

　関東平野では、コメ、小麦、大豆などの栽培は当然であるが、大豆を使った水戸納豆や豆腐をわらずとの中に包んで保存する「菰豆腐（こもどうふ）」は、よく知られた郷土の食品である。

- **アンコウのどぶ汁**　もともとは漁師の家のアンコウの粗煮であった。漁からの帰りを浜で待つ女性たちが作った「吾子夜鍋（あごやなべ）」が原型といわれている。もともとは、地元漁師の日常の食べ物だった。アンコウを吊るして捌く「吊るし切り」により切り分けたアンコウの7つ道具「キモ（肝臓）・トモ（尾びれ）・ヌノ（卵巣）・エラ（鰓）・水袋（胃袋）・柳肉（ほお肉）・皮」をダイコンと一緒に味噌仕立てにして煮込む鍋である。この際、キモは汁の中に溶かす。「アンコウ汁」は身・皮・内臓とダイコン・ニンジン・焼き豆腐を味噌仕立てにしたものである。一般の「アンコウ鍋」は身・皮・内臓をだし汁（割り下）で煮込み、ポン酢醤油を付けて食する。
- **けんちん汁**　11月の半ばになり、農作物の収穫の大半が終わると、収穫を祝うための祭りとなる。祭りのご馳走の一つが「けんちん汁」であ

る。いろいろな食材をごちゃごちゃに入れるので、「けんちん」とよばれるようになったといわれている。11月半ばも過ぎれば、夜は寒くなる。寒い日の体を温める料理としてしばしば作られる郷土料理でもある。

- **鯉こく** 利根川や霞ヶ浦ではコイが獲れた。現在は養殖もしている。コイは出世や健康にあやかって使われる魚である。昔は、結婚式には、2匹のコイを供えて腹合わせに供えるというしきたりがあり、そのコイで鯉こくを作り、結婚を祝した。
- **呉汁** 昔は、大豆の乾燥には庭先にむしろを敷き、そこに大豆を広げて干したものである。干した大豆を、むしろから落としてしまうことがある。庭先に落とした大豆を1粒1粒拾って、無駄なく使うことから生まれた汁物。野菜、豆腐などを入れた味噌仕立ての汁物である。龍ヶ崎市の学校給食のための呉汁は、野菜たっぷりのものにしている。とくに、タマネギをたくさん入れている。
- **さんま鍋** 茨城県の太平洋側の漁港には、秋になるとサンマの水揚げで賑わう。昔から作られているサンマのシンプルな郷土料理で、サンマのすり身団子を入れた鍋物である。
- **さんまのみぞれ汁** 茨城県水産開発普及会の提案の新しい郷土料理である。サンマの身をすり鉢で擦るという面倒な調理の代わりに、一口大にぶつ切りにしたサンマに熱湯をかけて、臭みを和らげると同時に霜降りにして、身を固めて使う。野菜や油揚などの具とサンマを昆布だし汁で煮て、煮あがったら水溶き片栗粉を入れてとろみをつけ、さらにダイコンおろしを加えて混ぜたもの。体を温める一品である。
- **そばがきすいとん** 大豆もそばも生産量の多い地区の家庭料理として、生まれた健康食。一晩水に浸しておいた大豆を擦り潰し、呉汁を作る。だし汁はスープに使うが、一部でそば粉を練って、「そばがき」を作り、スープに入れる。具は地野菜や季節の野菜を使う。
- **鮒のたたき汁** 霞ヶ浦湖畔の郷土料理。フナは骨が多いので、出刃庖丁で細かく叩き、片栗粉や小麦粉を加えて「つみれ」にして、味噌汁の具とする。カルシウム、たんぱく質の豊富な料理で、ストレスの多い現代社会を生き抜くためにも役立つ郷土料理である。
- **水戸藩ラーメン** 日本で最初にラーメンを食べたのは、徳川光圀との伝説がある。光圀は中華麺の作り方の指導を受けた中国の儒学者から、中

華麺を食べる時には、「五辛」(ニラ・ラッキョウ・ネギ・ニンニク・ハジカミ)を添えて食べることを教わる。「五辛」は、五臓の働きを活性にする成分が含まれていると解説している。

- **納豆汁** 水戸の糸ひき納豆は、1889(明治22)年に笹沼清左衛門によって商品化された。これが商品名「天狗納豆」で、久慈地方の小粒の大豆で作るのが特徴である。納豆汁は擦り潰した納豆に、ネギ・シイタケ・サトイモなどいろいろな野菜を混ぜた味噌仕立ての郷土料理である。学校給食でもアレンジしたものが用意されている。
- **シシ鍋** 農産物への被害が深刻となっている石岡市で、茨城県の猟友会が駆除しているイノシシを町興しの材料として考えられたのが、縄文時代から重要なたんぱく質供給源であったイノシシの鍋料理である。作り方は、他の地区のイノシシ鍋と変わらない味噌仕立てである。
- **カツオの粗汁** 春から夏に向かっての上りカツオ、秋を感じる頃には戻りカツオが、福島・茨城・千葉の沖を回遊する。かつては、家庭でも1尾まるごと買っていたので、頭部や腹身は粗汁にした。カツオは、小名浜(福島)、大津港、(茨城)、那珂湊(ひたちなか市)、銚子(千葉)に水揚げされ、魚の行商人が各家庭でカツオを捌いてくれたから、粗も残る。粗は味噌汁の具として用意されたものである。

【コラム】さまざま納豆料理

水戸納豆の由来は、1890(明治23)年に水戸の笹沼清左衛門が江戸の糸引き納豆に着目し、納豆作りに専念したと伝えられている。現在の水戸納豆の原料は、久慈地方特産の小粒ダイズである。これはやわらかく粘りの強い独特の風味のある納豆となるからとのことである。納豆料理には、箸でかき回してご飯にかける普通の食べ方のほか、魚のアジと一緒にたたく「叩き納豆」、つぶして野菜と煮物に付けて食べる納豆田楽、擦りおろしたヤマイモをかける山かけ納豆、チャーハンの具、から揚げなどがある。2015年4月25日のNHKの朝7時のニュースによれば、冷凍した納豆を使ったフランス料理がフランスで注目されているようである。健康食の素材として使うようである。

⑨ 栃木県

汁物と地域の食文化

　海に面している地域のない数少ない県である。関東平野の一部を占めているが那須などの山地も存在する内陸であるため、茨城県や千葉県の気候に比べると冬は寒く、夏は暑く、さらには35℃以上の猛暑の日々もある。

　海に面していないから海産物は大切な動物性たんぱく質である。正月に食べ残した塩サケの頭、節分に使った大豆の残りものなどにダイコンおろし、ニンジン、酒粕、油揚げなどを加えて煮込んだ「すむつかり」、または「しみつかれ」という味噌仕立ての煮物は、具の多い汁物でもある。

　栃木県の東北部の郷土料理の「法度汁(はっとじる)」は、水団(すいとん)・団子の汁の一種。「はっと」は「あまりにも美味しいので食べ過ぎは法度(はっと)」という意味とのこと。ダイコン、ニンジン、ジャガイモ、サトイモ、キノコを煮込んだ中に、小麦粉で作った団子を入れ、味噌仕立てにした汁物である。

　日本を代表する栃木県の「日光東照宮」は、国内で初めて、社寺として境内に参拝者が手と口を清める「御水屋」を独立設置したと伝えられている。この場所には、かつて自然の川や湧水があったことから、作られたという。日光東照宮の奥の霊峰二荒山(男体山)の伏流水は、清らかに澄んだ水として、日光の人々の生活を潤し、飲料水として利用するだけでなく日光周辺の酒の醸造に使われ、美味しいそばや茶を提供している。清涼な水は、日光名物の湯波(京都では「湯葉」と書く)を作り、湯波料理へと展開している。湯波は「吸物や鍋物などの汁物」の具に使う。日光湯波は、日光の修験者が栄養食品として大豆から作ったものといわれている。

　栃木県の名産品は、機械で麺類のように細長く剝いた夕顔の果肉を乾燥させたものがかんぴょうである。和食ではかんぴょうもダシの材料に使われる。このかんぴょうのだし汁を汁物にしたのが「かんぴょう汁」。

　長野の人はチチタケ(ベニテングダケ科)を珍味として好んでいる。これに対しては、栃木県の人々はチチタケに類似したチタケを麺類の具に使

うことが多い。このチタケとナスを煮付けた「チタケとナスの汁」が、栃木県の郷土料理として利用されている。

汁物の種類と特色

かつては、祭りなどのハレの日には「けんちん汁」や「宮ネギ汁」を作る地域が多かった。大田原市の正覚山相院法輪寺の「光山大祭」でも精進料理として「けんちん汁」を作る。大祭中は殺生が禁じられ生ものが食べられないので、野菜やキノコを豊富に入れた、味噌仕立ての「けんちん汁」で、参詣者をもてなしている。栃木県東北部の「法度汁（はっとじる）」は、ダイコン・ニンジン・ジャガイモ・サトイモ・キノコを具にした味噌仕立ての汁の中に、小麦粉を練って作った水団を入れて煮込んだもので、あまりにも美味しいから食べ過ぎ「ご法度」の意味で「法度汁」の名がついたといわれている。

栃木県のかんぴょうは夕顔の果肉を帯状に切り出し乾燥させたものである。味がないので醤油ベースの濃い味を付けたものは海苔巻すしに使われるが、栃木県の郷土料理には「かんぴょうの卵とじ」がある。平地の雑木林に自生するチタケというキノコとナスを煮て醤油・みりん・砂糖で味付けた「チタケとナスの汁」はそばツユとして利用される。

栃木県のJAなす南洋野菜部会が栽培しているヨーロッパ原産の黒ダイコン（からすダイコン）は、味噌煮、スープ、鍋などの材料として、またそばの薬味として使われるが、味噌仕立ての「からすダイコン汁」として郷土料理にもなっている。小江戸ブランドとして広めている栃木県の「宮ネギ」は、別名「だるまねぎ」として鍋物や汁物に使われる。栃木市西部の宮町を中心に江戸時代から栽培している栃木県の伝統野菜の一つである。江戸時代に栃木の商人が江戸の地頭役所に出向くときに持参したといわれているのは、味や香りが良いネギからといわれている。かつては、毎年の歳暮に、江戸へ送ったともいわれている。味噌仕立ての「宮ネギ汁」でも鍋の具、そばやうどんなどの薬味にも最適である。

食塩・醤油・味噌の特徴

❶食塩

栃木県には海がないので、海水を利用した栃木産の食塩はない。

❷醤油・味噌の特徴

 日光の「たまり醤油」は、日光の「たまり漬け」には欠かせない調味料である。代表的たまり漬けには、ラッキョウやダイコンがある。味噌に関しては、1625（寛永2）年に創業した青源味噌会社は、創業以来とろりとした天然醸造の白味噌を製造している。たまり醤油の製造に必要な味噌は、「日光味噌」の名で知られている。麹や大豆の粒を残した「つぶ味噌」、麹や大豆の粒を濾した「こし味噌」がある。

❸佐野ラーメンと地場の醤油

 佐野市の地域興しの食べ物として広まった。佐野ラーメンのダシは鶏ガラや豚の骨からとっているが、味付けには栃木県産の醤油を使うことが基本となっている。

1992年度・2012年度の食塩・醤油・味噌の購入量

▼宇都宮市の1世帯当たり食塩・醤油・味噌購入量（1992年度・2012年度）

年度	食塩（g）	醤油（mℓ）	味噌（g）
1992	2,577	9,828	12,085
2012	1,429	4,769	4,267

▼上記の1992年度購入量に対する2012年度購入量の割合（％）

食塩	醤油	味噌
55.4	48.5	35.3

 宇都宮市の1992年度の食塩や醤油の購入量については、関東地方内の水戸市、前橋市の購入量と比べると少ないが、味噌の購入量は多い。宇都宮市の1世帯当たりの食塩・醤油・味噌の購入量から栃木県のこれらの調味料の購入量を推察するのは、無理があるかもしれないが、栃木県の名産品である「たまり醤油」を製造するには、味噌が必須の原料であるので、栃木県内の味噌の家庭での購入量や利用量の増加に関係あると推測できる。

 1992年度のこれら調味料の購入量に対する2012年度の購入量は食塩は55.4％、醤油は48.5％であるのに対して、味噌は35.3％と大幅に減少している。味噌の購入量が少なくなった理由としては、かつては家庭で小規模に味噌漬けやたまり漬けを作っていたが、食生活の変化や健康上の問題で塩分摂取の減少にあることから、家庭での食塩、味噌、たまり醤油、醤油の使用量が少なくなったと考えられる。

地域の主な食材と汁物

海に面する地域のない内陸県であるから、食材の主体は農作物である。広い農地と豊かな水資源に恵まれ、東京都という大消費地が近いことから栽培している農産物の種類は多く、生産量も多い。

主な食材

❶伝統野菜・地野菜

ニラ、夕顔（→かんぴょう）、新里（にっさと）ネギ、宮ネギ、かき菜、コンニャク、トマト、中山カボチャ、水掛菜、トウガラシ

❷主な淡水魚

ヒメマス、ニジマス、イワナ、ヤマメ、アユ、ウグイなど

❸食肉類

和牛、乳牛

主な汁物と材料（具材）

汁　物	野菜類	粉物、豆類	魚介類、その他
たにしのすいつぼ			タニシ、麦味噌仕立て
呉汁	ネギ	大豆	味噌仕立て
けんちん汁	ダイコン、ニンジン、キノコ、ネギ、ゴボウ	豆腐、油揚げ	コンニャク、味噌仕立て
すいとん（法度汁）	ダイコン、ニンジン、ジャガイモ、サトイモ、キノコ	小麦粉（団子）	味噌仕立て
しもつかれ	ダイコン、ニンジン	大豆、油揚げ	塩ザケの頭、昆布、酒粕
からすだいこん汁	からすダイコン		麦味噌仕立ての汁
宮ネギ汁（鍋）	宮ネギ		麦味噌仕立て

郷土料理としての主な汁物

海に面している地域がないため、海産物を使った郷土料理の汁物は塩鮭を使った「しもつかれ」があるのみで、貝類では水田タニシの汁物がある。関東平野で収穫される小麦粉を中心とした汁物が多い。

- **けんちん汁** 栃木県の各地で、それぞれの地区の郷土料理として発達しているが、大田原市佐良土地区にある正覚山相院光丸山法輪寺の「光丸山大祭」には、精進料理として野菜やキノコを油で炒めた「けんちん汁」で、参詣客をもてなしている。
- **しもつかれ** 「すむつかれ」(酢憤)ともいわれる。その他の呼び名もある。鎌倉時代から今も作られている郷土料理である。語源は、強烈な酸味により、赤ん坊のむずかる(憤)に似ていることに由来するという説がある。2月の初午の時に、赤飯とともにわらづとに入れて、稲荷明神に供える。わらづとの中身は塩鮭の頭・煎り大豆・大根おろし(粗くおろした鬼おろし)・食酢の組み合わせである。正月の残りの塩鮭の頭、節分の煎り大豆の残り、ダイコン、ニンジン・油揚げ・昆布・酒粕を大鍋に入れて醤油・味噌・砂糖で味を調えて煮込んだものである。北関東の節約の心の入った郷土料理である。
- **ちけた汁** 栃木県の夏の味覚「ちけた」というキノコの味噌汁が、「しもつかれ」同様に栃木県の人々の自慢の郷土料理である。ちけたとナスを炒め、だし汁を加えて醤油・みりんで味を調えた汁。そばつゆとしても、利用されている。
- **宮ネギ汁** 別名ダルマネギともよばれている。栃木県の伝統野菜の一つ。栃木県西部を中心に栽培されている。味も香りもよく、味噌汁の具にも適している。
- **からすダイコンとブリの麦味噌煮** からすダイコンはJAなす南洋野菜部会で栽培しているヨーロッパ原産の黒ダイコン。那須烏山の地名と烏のように黒色なところから、からすダイコンの名がある。外皮は黒く、中身は白い辛味ダイコンの一種。からすダイコンとブリの麦味噌煮は、富山の「ブリ大根」のように相性の良いところから生まれた料理と思われる。

⑩ 群馬県

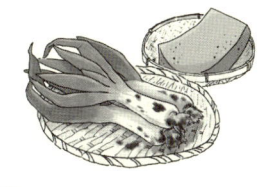

汁物と地域の食文化

　内陸性の気候で、県庁所在地の前橋の夏の気温は40℃近くに達することがある。赤城山や谷川岳などの山地の冬の降雪量は多く、平野部や乾燥しやすいことでも知られている。

　群馬県は、稲作に適さないため江戸時代から穀類としては小麦が中心の食生活であった。そのため、小麦の加工品の小麦粉を使ったうどんや団子などの郷土料理が多く、「おっきりこみ」は小麦粉の麺を入れた具だくさんの汁物である。味噌仕立てと醤油仕立てがある。かつては、家庭の夕食にはよく利用したものである。今でも、群馬県出身の人にはうどん好きが多い。水沢うどんや館林うどんなどが有名である。

　汁物に属するものとはいえないかもしれないが、塩味の小豆汁粉に小麦粉の団子を入れた「すすりだんご」がある。群馬県の家庭でつくるおやつのようなものである。

汁物の種類と特色

　群馬県の郷土料理としての汁物には、太目の手打ちうどんのようなものを入れた「おっきりこみ」、地元のコンニャクやネギ、シイタケ、サトイモを入れ、白玉粉で繭をイメージした形にして入れた味噌仕立ての「鏑汁」、崩した豆腐、ダイコン、ニンジンを入れる醤油仕立ての「けんちん汁」、地元のコンニャク、シイタケ、ネギの頭文字を取り出して料理の名にした味噌仕立ての「こしね汁」（学校給食用にアレンジしたものもある）、最近、田畑を荒らし問題になっているイノシシの「シシ鍋」（味噌仕立て）、小麦粉を使った伝統料理の「すいとん」（だんご汁）や「ねじっこ」（いずれも醤油仕立て）、秋の実りに感謝して作る「のっぺい汁」がある。名物のコンニャクは、田楽、和え物、刺身で食べられるが、すき焼きには下仁田ネギと下仁田コンニャクが利用されている。コンニャクの一種のしらたきを、

「にゅうめん」（しらたき入りにゅうめん）に入れる新しい料理もある。

食塩・醤油・味噌の特徴

❶食塩
海に面している県でないので、海水を利用した食塩は製造していない。

❷醤油・味噌の特徴
美智子皇后の実家である正田家（醤油醸造会社）の発祥の地であり、日本の醤油や味噌の食文化の伝承を守っている地域でもある。老舗の「正田醤油」は1873（明治6）年の創業である。その他、創業1832（天保3）年の「有田屋」という老舗もある。

味噌・醤油の醸造会社は「もろみ醤油」をつくり、ダイコンやゴボウの「もろみ漬け」も製造している。通販の醤油には、「青唐辛子醤油」がある。

1992年度・2012年度の食塩・醤油・味噌の購入量

▼前橋市の1世帯当たり食塩・醤油・味噌購入量（1992年度・2012年度）

年度	食塩（g）	醤油（mℓ）	味噌（g）
1992	2,992	12,074	7,482
2012	1,883	7,768	5,131

▼上記の1992年度購入量に対する2012年度購入量の割合（%）

食塩	醤油	味噌
63.0	64.3	68.6

前橋市の1世帯当たりの醤油の購入量については、1992年度も2012年度も宇都宮市、さいたま市、浦和市の1世帯当たりの購入量に比べて多い。2012年度の1世帯当たりの食塩・醤油・味噌の購入量は、20年前の1992年度のそれらに比べ、いずれの食品も60％台である。これは、宇都宮市の食塩の55.4％、醤油の48.5％、味噌の35.3％に比べると、減少率は大きくない。自治体の健康増進担当が食生活改善運動、講演、調理実習などで食塩の適正摂取量と生活習慣病の予防について活動しているが、小麦粉を主体とした食生活においては、うどんや団子の汁づくりに醤油を使うので、醤油の購入量は多くなってしまうとも推察できる。

地域の主な食材と汁物

　火山灰性の山地から河川沿いの低地まで畑作中心に、東京都という大消費地向けの各種野菜を生産している。火山性の山地は、稲作に適さなかったので、かつては小麦粉から作る麺類や団子が食生活の中心であった。郷土料理も小麦粉を使ったものが多い。麺類と淡水のコイ料理やフナ料理の組み合わせは、群馬県独特の食文化として残っている。

　現在でも「下仁田ネギ」で知られるように、ネギが主要な産物である。下仁田ネギは、江戸時代の殿様に献上したことから「殿様ねぎ」の別名もある。群馬県は、冬の収穫時期に合わせて「下仁田ねぎ」祭りを開催し、下仁田ネギのさらなるPRをし、下仁田ネギの振興を図るため、産地が抱える課題の改善と下仁田町の活性化に取り組んでいる。

主な食材

❶伝統野菜・地野菜

　下仁田ネギ、下植木ネギ、石倉ネギ、沼須ネギ、在来水ぶき、陣田ミョウガ、白ナス、上泉理想ダイコン、国分ニンジン、CO菜、宮内菜、宮崎菜、幅広インゲン、在来インゲン、下仁田コンニャク、その他（シイタケ、レタス、ヤマトイモ、ほうれん草、ニラなど）

❷主な淡水魚

　ニジマス（ギンヒカリ）、コイ、アユ

❸食肉類

　養豚や酪農が盛ん

主な汁物と材料（具材）

汁　物	野菜類	粉物、豆腐	魚介類、その他
つみっこ（おつみっこ汁）	ジャガイモ、ニンジン、サトイモ、ネギ、キノコ	小麦	味噌仕立て
すすり団子		小豆（→塩味の汁粉）、小麦粉（→団子）	

けんちん汁	ゴボウ、サトイモ、ニンジン、ネギ	かち栗、豆腐	コンニャク、醤油仕立て
のっぺい汁	ニンジン、ゴボウ、サトイモ、ネギ	かち栗、片栗粉、豆腐	煮干し、コンニャク、ちくわ、醤油仕立て
ねじっこ	サトイモ、ニンジン、ネギ		煮干し、醤油仕立て
鏑汁（かぶらじる）	ネギ、シイタケ、サトイモ（季節の野菜）	小麦粉（→団子→繭にみたてる）	醤油仕立て
しし鍋	ダイコン、シイタケ、ネギ	うどん	イノシシ肉、味噌仕立て
すみつかれ	ダイコン、ニンジン	油揚げ	サケの頭、醤油／味噌
おっきりこみ	季節の野菜	幅広うどん	味噌／醤油仕立て
尾島ヤマトイモの団子の澄まし汁	尾島産ヤマトイモ→団子		醤油仕立ての澄まし汁
十石味噌汁			麦味噌（上野村）

郷土料理としての主な汁物

かつての群馬県のどこの家庭でも、うどんを打ち、食卓にはうどんとコイの料理、野菜の天ぷらが用意されることが多かったようである。うどんを作るときには食塩を加えるが、冬は食塩を加えない「ほうとう」を作り、体が温まるような切り込むうどん（煮込みうどん）をつくったようである。群馬県の郷土料理の汁物には、小麦粉と野菜を材料としたものが多い。

- **おっきりこみ** 群馬県を代表とする郷土料理であるが、埼玉県にも同様な郷土料理がある。いずれも、海産物の入手の困難な地域であり、小麦や大豆、野菜類の栽培が盛んなので、これらを中心とした郷土料理が多い。手打ちの太麺と季節の野菜、サトイモ、ダイコンなどをたっぷりの汁で煮込んだ料理で、群馬県では「上州ほうとう」ともよんでいる。うどんを「切っては入れ、切っては入れ」て食べる様子から、「おっきりこみ」の呼び名がついたという。由来については、中国から伝来し京都の宮中で食べられていた料理で、12世紀に当時宮中に勤めていた新田義重が、覚えてきた麺料理を、上州に戻ってから好んで食べ、周囲の人々

に伝えたという説がある。
- **けんちん汁** 崩した豆腐とダイコン、ニンジン、ゴボウ、コンニャクなどを油で炒め、醤油味で調えた澄まし汁である。農家では、家屋を守ってくれるお稲荷様に、えびす講やお祭りに、けんちん汁を作って供える習慣が今でも残っている。農家の年中行事と密接に結びついている郷土料理である。
- **鏑汁** 世界遺産で有名になった富岡製糸工場で使う繭をイメージして、白玉粉を繭の団子にし、これを、コンニャク、ネギ、シイタケ、サトイモなどの季節の野菜を入れて煮込んだ汁物に浮かした郷土料理である。「鏑」は、荒船山に源を発し富岡市と甘楽郡を流れる鏑川の名に由来する。
- **こしね汁** 群馬県特産のコンニャクの「こ」、シイタケの「し」、ネギの「ね」の頭文字をとって名付けた郷土料理。地元の野菜が十分に摂れるように野菜を多くした味噌汁である。隠し味に豚肉や油揚げを入れて、やや滑らかな食感のものに仕上げている。学校給食には利用する郷土料理であるが、地元の野菜がたっぷり食べられるように切り方を工夫し、夏は白味噌を、冬は赤味噌を使うなどして、料理に変化を与えている。
- **のっぺい汁** 各地の「のっぺい汁」と同じように、秋の収穫に感謝する秋祭りに作る。赤飯、煮しめ、季節の野菜を使った「のっぺい汁」を作るのは、定番となっている。
- **すみつかれ** 2月の最初の午の日に節分の残りの豆、正月の残りの塩鮭の頭、鬼おろしにしたニンジンやダイコンで作る。邑楽、館林地区の郷土料理である。
- **すいとん（だんご汁）** 群馬県は、うどん、団子など小麦粉を使った郷土料理が多い。だんご汁は、寒い時に体の中から温まる汁物である。ダイコン、ニンジン、ハクサイ、ネギ、豚肉、油揚げなどを入れ、加熱し、沸騰したところに練った小麦粉をちぎって入れる醤油または味噌味の汁である。
- **ネギ汁** 群馬県の下仁田ネギは、栽培時に土を盛り上げ、白色部を多くしたネギである。根深ネギともよばれている。ネギのぶつ切りをだし汁で煮て、味噌で調味した味噌汁である。

⑪ 埼玉県

汁物と地域の食文化

　都心へ近い距離にあり、都心に通勤・通学する人が多く、東京の食文化の影響を受けている面が多い。山岳地帯の秩父には古くからの伝統料理を受け継いでいる地域があり、川越は小江戸として活性化に努めている。

　江戸時代中期から水稲の裏作としてクワイを栽培するなど、多様な伝統野菜が栽培されている。また、吸物に欠かせない「木の芽」の特産地でもある。昔から、水稲の裏作として小麦を栽培、製粉して小麦粉とし、日常食・行事食としてのうどん、ほうとう、団子は郷土料理として発達し、現在も残っている。

　稲作には適さない土地柄のため、小麦を栽培し小麦粉を応用した「粉もの文化」が発達している。夕食には、「おめん」または「めんこ」とよんでいる手打ちうどんを食べる地域もある。大釜で茹でた手打ちうどんを生醤油のタレで食べる「ずりあげ」は野菜をたっぷり入れた「切込み」（煮込みうどん）で食べる。小麦粉によるうどん料理が、埼玉県の郷土料理として定着している。うどん料理には「つゆ」が必要である。

　うどん料理は埼玉県内でも地域によって呼び名が違う。大里郡の岡部町の冬の麺は「にぼうと」という。ジャガイモ、ダイコン、ネギを加えて煮た煮汁を醤油仕立てにし、これに固めに作ったうどんを入れて煮る。岡部町の夏の麺は「うどん」といい、煮干しでとっただし汁を醤油仕立てとし、これにいろいろな薬味を入れて、冷たいうどんを付けて食べる。入間市の手打ちうどんのつゆも煮干しでとっただし汁を醤油仕立てとして、薬味の入れた麺つゆをつけて食べる。

汁物の種類と特色

　日常のさまざまな場面で作られるのが「田舎うどん」である。うどんの食べ方には「煮ぼうとう」（別名「おっきりこみ」、醤油仕立て）、「打ち入

れ」(汁は味噌と醤油で調味)、「手打ちうどん」(汁の調味は醤油だけの地域と味噌・醤油を合わせた地域がある)、「煮込みうどん」(醤油仕立て)などがある。入間市の郷土料理には野菜の煮えた味噌仕立ての汁の中に、水でゆるく練った小麦粉を杓子で入れて煮る「だんご汁」があり、川口市には豚肉・油揚げ・野菜類を煮込み、この中に軟らかめに練った小麦粉の生地をちぎって入れて煮込み、さらに小口切りのネギを入れた味噌仕立ての「衛生煮」がある。共同給食で使われることが多いようで、衛生面に配慮してつくらねばならないので、衛生煮の名がついたといわれている。

「つみっこ」は別名「すいとん」といわれ、季節の野菜を入れて煮込んだ醤油仕立ての汁に、小麦粉に水を加えて弾力のある生地にし、これを団子状にして、汁の中に入れて煮込む。郷土料理の汁物としては、小麦粉を主原料とし、味噌や醤油で調味した汁に入れて煮込んだものが多い。

夏の盆の料理に、うどんのつけ汁として出された汁を冷たいご飯にかけた「冷や汁」、冷たいつけ汁で、氷で冷やしたうどんを食べる「冷や汁うどん」もある。

秋から冬の季節には、秩父山系で捕獲したイノシシの肉を味噌仕立ての汁で煮込む「イノシシ鍋」が用意されている。野猪鍋、シシ鍋、山クジラ鍋、牡丹鍋の別名もある。

食塩・醤油・味噌の特徴

❶食塩

海に面していないので、海水を原料とした食塩はない。

❷醤油・味噌の特徴

埼玉県には、文政年代(1818～30)や1789(寛政元)年など、古くから創業した醤油会社が多い。醤油メーカーの蔵の中で日本古来の手法により発酵・熟成させた「手作り醤油」が多い。近年は、「もろみ醤油」が「もろみ漬け」に使われている。また、時代の流れに沿って「だし醤油」も作っている。秩父の水を使ったこだわり味噌に「秩父みそ」がある。

1992年度・2012年度の食塩・醤油・味噌の購入量

▼浦和市(当時、1992年度)とさいたま市(2012年度)の1世帯当たり食塩・醤油・味噌購入量

年度	食塩（g）	醤油（mℓ）	味噌（g）
1992	2,034	10,036	9,353
2012	1,507	4,452	5,617

▼浦和市(当時、1992年度)の食塩・醤油・味噌の購入量に対するさいたま市(2012年度)の購入量の割合(％)

食塩	醤油	味噌
74.1	43.1	60.1

　浦和市の1世帯当たりの1992年度の醤油購入量(10,036ml)は、うどんをよく食べる前橋市の1992年度の1世帯当たりの醤油購入量(12,074ml)と比較してみると、約83％であった。1世帯当たりの2012年度醤油購入量はさいたま市が4,452mlで、前橋市の7,768mlに対して約53％であった。埼玉県には小麦粉を使った郷土料理が多いから麺つゆに使う醤油の購入量は比較的多いが、日常食としてうどんを食べる群馬県のほうが醤油の購入量が多いと推測できる。

　埼玉県のうどんの食べ方の特徴は、太目のうどんに甘めの濃い醤油だし汁をかけて食べるようである。そのために、醤油の購入量は他の県に比べて比較的多くなるのかもしれない。生活習慣病が問題となってから、自治体の健康保健課や食生活改善グループの勉強会などにより、家庭での食塩の摂取量を少なくする食生活改善の結果が、2012年度の食塩・醤油・味噌の購入量の減少となったと考えられる。

地域の主な食材と汁物

　西部には秩父山地が、平野部は関東ローム層に覆われた丘陵・台地が、また利根川や荒川の流域は低地が広がっている。農業従事者は少なく、生産金額は多くないが、大消費地東京都に隣接し、野菜の供給地として重要な位置にある。郷土料理は多彩な伝統野菜と麺類が中心となっている。

主な食材

❶伝統野菜・地野菜

クワイ、埼玉青ナス、紅赤（サツマイモ）、岩槻ネギ、潮止晩ネギ、山東菜（ハクサイ）、べなか（ハクサイ）、深谷ネギ、ほうれん草、ブロッコリー、サトイモ、キュウリ、ナス、なばな、トマトなど

❷主な魚介類

ナマズ、モロコ（いずれも養殖）

主な汁物と材料（具材）

汁　物	野菜類	粉物、豆類	魚介類、その他
けんちん	ダイコン、ニンジン、サトイモ、ゴボウ、ネギ	豆腐、油揚げ	コンニャク、菜種油、味噌/醤油仕立て
湯豆腐	ネギ	豆腐	昆布（ダシ）、かつお節・醤油（つけ汁）
おっきりこみ	根菜類	幅広うどん	醤油仕立て
だんご汁	キノコ、ニンジン、ダイコン、ネギ	小麦粉（→団子）	味噌仕立て
衛生煮	ダイコン、ネギ	小麦粉（→団子）、油揚げ	豚肉、味噌仕立て
つみっこ（水団）	季節の野菜	小麦粉（→団子）	醤油仕立て
冷や汁（うどん）	大葉、キュウリ、ミョウガ	うどん	白ごま、味噌、砂糖、冷水
すったて（川島の呉汁）	夏（大葉、キュウリ、ミョウガ）冬（野菜、ジャガイモ）	呉汁	ゴマ、味噌
深谷ねぎ汁	深谷ネギ		味噌汁
鯉こく			コイ（角切り）、味噌仕立て

郷土料理としての主な汁物

秩父の山岳地帯には、春は山菜、秋はキノコに恵まれている。水田が少ないため稲作は難しいが、小麦、大豆、野菜が栽培されている。郷土料理

には、主材料に小麦粉を使った麺類と野菜類をたっぷり入れた汁物が多い。

- **おっきりこみ（煮ぼうとう）** 群馬県のおっきりこみと同じである。中国から京都へ伝わり、上州の新田義重が京都で覚えためん類が、ルーツといわれている。おっきりこみは、秩父や上州の郷土料理としてまとめられている資料が多いので、ルーツは同じと思われる。おっきりこみは、生地（麺帯）を幅広い麺にして、茹でないで野菜の入った汁の中に入れ、麺帯を作る時に使った打ち粉が、汁の中に溶け出してどろどろの汁になる。この煮込み（煮ぼうとう）は、粉のうま味も味わうことができ、粘りのある汁が体内に入ることにより、温まるという利点がある。

- **けんちん汁** もともとは、修行僧の精進料理であるから、各地の「えびす講」に作られるように、埼玉県の農家でも「えびす講」に作る。冬至など冬の物日に体を温める料理として作られる。

- **つみっこ（すいとん）** 一般には、「すいとん」といわれるもの。小麦粉に水を入れてある程度の硬さの生地を作り、これを指先でちぎりながら、野菜がたっぷり入った汁たっぷりの鍋に入れ、醤油で味を調える。

- **冷や汁と冷や汁うどん** 「冷や汁」は、秩父とその周辺の家庭料理として作られるが、ダイエットに良い食べ物として紹介されているのが「冷や汁うどん」である。夏バテで食欲のない時に、ご飯にかけて体力回復の期待のために作られた。旧家のお盆に親戚一同が集まった時、宴席の後にうどんのつけ汁として供されることもある。地元の野菜や豆腐、油揚げ、薬味を入れただし汁を味噌または醤油で味を調え、冷やしてご飯にかける。「冷や汁うどん」はごまみそ風味にし、薬味を入れて冷たくした麺つゆで、冷たいうどんを食べる。現代は、食品の流通が非常に良いので、魚の干物の焼いたものや刺身も利用して、栄養のバランスのよい冷や汁を作ることができる。

- **だんご汁** キノコや野菜がたっぷり入った味噌仕立ての汁に、水でゆるく練った小麦粉を汁杓子ですくって落とし、浮き上がるまで煮立たせた、入間地区の郷土料理である。晩秋の冷え込む夜は、全面に広がっている小麦粉の汁が体を温める効果が期待されている。

- **衛生煮** たんぱく質供給源の材料として豚肉や油揚げにダイコンを入れて煮込む。さらに、軟らかく練った小麦粉をちぎって入れた味噌汁である。学校給食などでの栄養、経済、衛生などの面でいろいろなことに留

意したところから、衛生煮の名がついた。
- **深谷ねぎ汁** 深谷ネギは、深谷市が千葉からネギを導入して栽培している。沖積地と赤城おろしの風が吹き付ける気候がネギの生育に適していた。深谷ネギは、土壌の中で成長した白い部分が多く、軟らかく甘味がある。「深谷ネギ汁」はネギの味噌汁のことで、シンプルな汁物でネギの風味が味わえる。
- **鯉こく** 筒切りしたコイを濃い味噌汁で煮込む。料理名は鯉濃醬(こいこくよう)を略した言葉に由来。料理法は苦玉を除いた内臓と筒切りした身肉は一緒に煮込む。うろこはついたまま煮込むのが特徴。

【コラム】伝統野菜と麺類中心の郷土料理が多い

埼玉県は多様な伝統野菜を栽培している地域である。越谷市特産のクワイは、稲作の裏作として栽培されたものである。海の魚とは無縁と思われる地域であるが、川口市は刺身のつまとして使われる「ハマボウフラ」を栽培している。吸物や焼き物に香気野菜として使われるサンショウの若芽「木の芽」の栽培も盛んである。伝統野菜の「埼玉青ナス」は上尾市や北本市で、明治期から栽培されている伝統野菜である。昔から、広く小麦を栽培している地域で、夕食や客へのもてなしに夏は冷たいうどん、冬は具が多く、汁の多いうどんを食べる。

⑫ 千葉県

汁物と地域の食文化

　海に囲まれているため、海の幸に起因する郷土料理が多いが、南安房市の千倉には料理の神様を祀る「高家(たかべ)神社」（創設1620［元和6］年）が、日本の魚料理の伝統を守っている。このような海の幸に恵まれている地域には、魚介類を使った汁物が郷土料理として受け継がれている。また、同じ汁物でも各家庭で味付けや作り方に特徴があった。

　千葉県を代表する魚の筆頭のイワシの料理や保存食は多い。肌寒い日の汁物にはイワシの「つみれ汁」（「つみ入れ」ともいわれている。イワシの団子の味噌汁や澄まし汁）がある。イワシの臭みを緩和するのにショウガ汁や味噌が使われる。鍋物の時期にはイワシ団子が鍋の具に使われることも多い。大手食品会社が加工する現代人の味覚に合うつみれが出回っているが、房総の家庭や漁師料理の店で食べる味は格別さを感じるだろう。

　千葉県内の各地域には地産地消を守る会があり、地域の農業体験や地産地消に伴う料理の普及も広まっている。佐倉市の「食と農を守るための会」があり、佐倉市栄町に伝わる「なまずのひっこかし」の料理づくりを体験させている。この汁物は、トウガンを使ったあんかけ風の汁物である。

　現在の船橋付近の漁師町は、江戸の「お菜浦(さいうら)」といわれ、イワシやサヨリの網漁業が盛んであった。明治時代から続けられているのり養殖で忙しく、「昼は梅干し、夜は菜っ葉汁」という質素な食事しかとれなかったようである。

汁物の種類と特色

　房総地区ではイワシやサンマを使った多くの種類の郷土料理があるが、代表的郷土料理としての汁物には「イワシ団子のつみれ汁」（イワシのすり身汁）がある。寒い時に体が温まり、素朴な味わいで、銚子一帯の日常食でもある。

千葉県の代表的農作物の落花生の原産地はブラジル・ペルー一帯といわれているが、日本へは宝永年間（1704～11）に中国から伝えられたものである。房総では1878（明治11）年頃から栽培が試みられている。印旛郡の郷土料理の「落花生のおつけ」は、水に浸しておいた落花生を翌日砕いて擦り、味噌汁に入れたものである。秋には大豆を水に浸し、すり鉢で擦り、水を加えて加熱して得た呉汁にネギやダイコンを入れ、味噌仕立てにした「呉汁」もある。

　近年、千葉市内の鮮魚店でみかける「ホンビノスガイ」は、20年前に海水と一緒にアメリカの船で日本まで運ばれてしまい、そのまま東京湾に住み着いてしまったものである。アサリよりも大きい二枚貝で、アサリの代わりに吸物や酒蒸しに使われている人気の貝である。まだ、郷土料理としては認められていないが、千葉沿岸の特産の貝で、「ホンビスノガイの吸物」だけでなくその他の料理が千葉市限定で食べられている。

食塩・醤油・味噌の特徴

❶食塩

　江戸時代から近代を通し、千葉県の行徳（現在の市川市行徳）は関東地方で最も大規模な製塩が行われていた。東京湾の海水、砂浜などの自然環境の汚染は製塩の条件に適さなくなり、現在では作っていない。江戸時代には、銚子も野田も醤油づくりに必要な食塩は、行徳の塩を使っていた。

❷醤油の特徴

　銚子の醤油づくりは、江戸時代の初期に紀州の湯浅から、漁船で銚子に港に運ばれたことから始まる。利根川流域は、醤油の原料となる大豆や小麦の栽培に適し、行徳の塩も入手しやすく、麹の生育に適した気温であることが、銚子の醤油づくりを盛んにした。さらに、江戸への海運の道である利根川を利用し、後に関東地区一帯に銚子の醤油が広がった。

　銚子の醤油は、千葉県の野田の濃口醤油へと展開し、野田の濃口醤油は関東を中心に普及したので、関東の醤油の特徴は濃口醤油となっている。現在も、千葉には大手の醤油醸造会社は数多くある。

❸味噌の特徴

　千葉県には大手の味噌醸造会社はないが「手作り味噌」を特徴としている味噌は多い。「手作り長熟味噌」（露崎農園）、「こうじやの手作り味噌」

「三五八漬け用味噌」（藤巻商店）などがある。

1992年度・2012年度の食塩・醤油・味噌の購入量

▼千葉市の1世帯当たり食塩・醤油・味噌購入量（1992年度・2012年度）

年度	食塩（g）	醤油（mℓ）	味噌（g）
1992	2,777	9,883	9,903
2012	2,165	4,765	8,279

▼上記の1992年度購入量に対する2012年度購入量の割合（%）

食塩	醤油	味噌
78.0	48.2	83.6

　2012年度の食塩、醤油、味噌の購入量は1992年度の購入量に比べ少なくなっているが、とくに醤油の購入量は半分以下になっている。このことは、自治体の健康関係部署や栄養や食生活改善の団体の減塩運動によるものと思われる。醤油の購入量の減少は、醤油の代わりに「だし醤油」を使い、醤油ベースの汁物料理を作らなくなったのではないかとも考えられる。

地域の主な食材と汁物

　東京湾に面する漁港には、かつて江戸前といわれた魚介類の一部が水揚げされ、太平洋に面する漁港には近海の魚や磯に棲息する魚介類だけでなく、銚子沖を回遊する海の幸が水揚げされた。現在も古くからの房総地区の魚食文化を継承している。

　古くは利根川を利用し、銚子や野田でつくった醤油を江戸へ運んだ。現在は、大消費地に近いことからさまざまな農作物を栽培し、さらには品種改良し、東京都の台所として重要なところとなっている。

　温暖な房総南部では伝統野菜のナバナが春の味覚として賞味されている。地域の代表的野菜の大浦ゴボウは太さ30cm、長さ1mの巨大なゴボウで、煮ると軟らかくなり、ダイコン、ひき肉、昆布との煮物がある。成田山新勝寺の精進料理のゴボウには、大浦ゴボウを使う。

主な食材

❶伝統野菜・地野菜

　だるまえんどう、黒川系寒咲花菜、早生一寸ソラマメ、房州中生カリフ

ラワー、坊主不知ネギ、はくらうり、大浦ゴボウ、陸ヒジキ（若芽ヒジキ）、トマト、キュウリ、カボチャ、ナス、シロウリ、ダイコン、ニンジン、カブ、ハクサイ、キャベツ、ナバナ、小松菜、ソラマメ

❷主な魚介類

イワシ、サンマ、サバ、スズキ、カツオ、キンメダイ、イセエビ、アワビ、サザエ、ヒジキ

主な汁物と材料（具材）

汁　物	野菜類	粉物、豆類	魚介類、その他
なまずの ひっこかし	ダイコン、ゴボウ、ニンジン、ネギ		ナマズ、味噌仕立て
だんご汁	ワケギ、ニラ、小松菜		イワシ、味噌/醤油仕立て
落花生のおつけ	アブラナ、小松菜	落花生	味噌仕立て
呉汁	ダイコン、山東菜、ネギ	大豆（→呉）	味噌汁
イワシの つみれ汁	ショウガ、ネギ、山椒、フキノトウ、ハクサイ、ニンジン	片栗粉または小麦粉	味噌/醤油仕立て
銚子釣り キンメダイ粗汁	ニンジン、ダイコン		キンメダイの粗、だし汁、味噌仕立て
イセエビ汁	カイワレ、ネギ		イセエビ、白味噌仕立て

郷土料理としての主な汁物

　太平洋に突き出ている房総半島は、利根川から九十九里浜、銚子、鴨川などにいたる。各地の漁港、富津・船橋など東京湾に面する各漁港に水揚げされる魚介類は種類が異なり、各地に自慢の郷土料理があるが、汁物は少ない。内陸部は小高い山と畑があり、コメや野菜を栽培している。全国で各自治体の研究機関が独自にコメの品種改良し、それぞれ自慢の銘柄も誕生しているが、千葉県も同様であり、各地域で郷土料理と同様に自慢している。

- **いわしのすり身汁**　いわしのだんご汁ともいわれる。イワシやサンマの水揚げ量が多い銚子一帯に伝えられている。寒い時に体が温まる素朴な

味わいがある。イワシの身は骨ごと叩き、ショウガ、山椒、フキノトウ、味噌（調味と臭みの緩和）を混ぜ、つなぎに小麦粉・かたくり粉・卵を加えてすり鉢ですり身を作り、団子を作る。ニンジン、ハクサイ、ネギを入れて煮立たせ、この中にすり身団子を入れて煮立てる。味付けは、醤油仕立ての澄まし汁でも味噌仕立てでもよい。

- **なまずのひこかし** 印旛(いんば)地域の冬の郷土料理で、昔から体に良いといわれているドジョウに食物繊維の多いダイコンやゴボウ、カロテンの多いニンジンなどと煮ることによって、栄養のバランスの良い汁物となっている。ドジョウを軟らかくなるまで煮て、胴の身を箸で挟んで落とす。この操作を「ひっこかし」といわれている。
- **落花生のおつけ** 「おつけ」は味噌汁に対する地元の呼び名。印旛郡八街(いんばぐんやちまた)地区の郷土料理。擦り潰した落花生に水を入れて加熱し、沸騰したら、小松菜かアブラナの刻んだものを入れる。冬の朝、「落花生のおつけ」をフウフウ吹きながらすすると、体が温まる。
- **呉汁** 呉汁は各地で作られている。印旛郡地区では、新しい大豆の収穫があった頃、大豆を一晩水に浸けてからすり鉢で擦り潰す。これに水を加え鍋に入れて、泡の立つまで加熱する。煮立ったら千六本切りに切ったダイコンを入れる。煮あがったら味噌を入れ、ネギや山東菜を入れる。同じ呉汁でも、地域によって使う材料が違うが、健康を考えたレシピである（呉汁は健康に良くても、原料が大豆なので大豆アレルギーのある人は飲用しないほうがよい）。
- **だんご汁** イワシの水揚げ量が多い九十九里地区の郷土料理である。九十九里には、イワシを使った郷土料理や加工品が多い。普通、四季を通して背黒イワシや中羽イワシを使う。頭部、内臓を除いたイワシは水でよく洗い、水分を切った後の肉身は、味噌と合わせてすり鉢で擦る。大鍋の湯を煮立て、すり身を親指大に丸めて鍋に入れる。ワケギ、小松菜を入れて醤油で味を調える。手間はかかるが、だんごの中の骨が分からない状態なので、子供の健康づくりに良い汁物である。
- **キンメダイの粗汁** 房総のキンメダイは、伊豆下田のキンメダイと並んで、その美味しさの評価は高い。頭部を使った粗汁の目玉の回りにあるゼラチン質の食感は、キンメダイの好きな人にとっては、見逃せない味である。濃い目で甘めの醤油味でも味噌味でも美味しい。

- **イセエビ汁** 三重県の伊勢地方だけでなく、房総のイセエビの美味しさは知られている。地元の人だけが食べられるイセエビの味噌汁が「イセエビ汁」である。姿形の良いイセエビは、首都圏で高級料理の材料となるが、角や脚の折れたものが地元の人たちの郷土料理に使われる。すなわち、角や脚の折れたイセエビはぶつ切りにし、味噌汁の具とする。イセエビから出るだし汁の成分（グリシンやベタイン）がうま味を付加する一品である。

【コラム】いやしい魚から健康食品に

千葉県は、イワシの水揚げが多く、イワシを使った郷土料理も多い。鮮度がよければ、刺身、酢の物、つみれ、塩焼き、目刺しなどで食べられる。さんが、なめろう、ゴマ酢漬けなど郷土料理もある。室町時代の『猿源氏草紙』によると和泉式部はイワシが大変好きで、イワシを食べた。ある日、内緒でイワシを食べたところ、夫の藤原保昌に、「下賤な魚を食べた」とたしなめられ、これに対して式部は「イワシは美味しい魚」であることを歌で答えた話は有名である。当時は、賤しい魚であったイワシは、現代では、良質なたんぱく質を含み、心臓病の予防によい EPA、DHA を含むことから重要な健康食品であることが科学的に立証されている。

⑬ 東京都

汁物と地域の食文化

　徳川幕府の成立によって天下の総城下町となった江戸には全国の諸大名をはじめ諸国の商人やその他諸々の人々が入り、武士、商人ばかりでなく各階層の人々の交流の場となった。諸国の料理や食材の交流の場となり、昔の東京の自然・風土を基礎に生まれた江戸の料理は、諸国の食材や料理をも参考にしつつ江戸独自の庶民の食文化として出来上がったといえよう。

　江戸時代、江戸町民だけではなく、江戸で暮らす地方からの単身赴任の武士や独身の武士の食生活に、東京湾の魚介類（江戸前の魚）や近郊の野菜類（江戸の伝統野菜）が貢献した。現在も東京の台所を賑やかにしており、江戸の料理が伝えられている。

　江戸時代の代表的な江戸料理としては、そば、天ぷら、おでんなどが挙げられる。いずれも、そばつゆ、天つゆ、おでんの汁など、主として醤油仕立ての汁が必要である。それぞれの「つゆ」のベースになっているのが「かつお節やサバ節などの節類のだし」「昆布のだし」「しいたけのだし」といった「だし」と、千葉県の銚子や野田から運ばれた「醤油」で、必須食材となっている。成田空港が開港されてから、「日本に来ると醤油の匂いがする」と言った外国人がいたという噂を聞いたことがあるが、銚子や野田から思い出された風評かもしれない。

　東京都大島町の「えんばい汁」は、アジに塩をかけて叩いて出てきた液体を布でろ過したものか、大島で作っている「くさや」の塩汁をろ過したものを調味料として使った汁物である。

　東京の郷土料理や伝統料理では「汁物」と名のつく料理は見当たらないが、「だし」と醤油は汁には欠かせないものとなっている。世界文化遺産としての日本料理に欠かせないのが「だし」のうま味にあるといわれている。そのうま味の食材の利用法には、京料理と江戸料理にやや違いがあることも世界文化遺産としての和食の意味が含まれているのかもしれない。

現在も奥多摩地方には、小麦粉の団子を入れた「だんご汁」や太麺を入れた「のしこみ」がある。

汁物の種類と特色

東京都の代表的料理として、天ぷら、ウナギかば焼き、すき焼き、江戸前鮨が挙げられるが、鍋物を汁物とするなら、すき焼きも汁物のカテゴリーに入る。すし店では、仕入れた材料により澄まし汁や粗汁などを提供するが、郷土料理としての汁物が出ることはない。

「ちゃんこ料理」は、明治時代の末に、旧両国国技館完成の頃、名横綱常陸山の人気で出羽の海部屋への入門者が多く、一人ひとりに食事の膳を配るには時間がないことから、一つの鍋をみんなで囲んで食べる形式が考え出された料理といわれている。「ちゃんこ鍋」には、ちり鍋風のものと寄せ鍋風のものがある。いずれも、だし汁に材料として魚介類、鶏肉や野菜を入れて煮込んだ鍋で、味噌味、醤油味、塩味などがある。加熱しながら食べるので、また栄養のバランスもとれているので、力士の健康に良い鍋である。

「すき焼き」も大勢で鍋を囲み団欒して食べる卓袱料理と南蛮料理の影響を受けて発達したものといわれている。もともとは、野外で捕らえた獲物を、農機具の鋤（すき）の上にのせて焼いた料理から発達したものである。関東のすき焼きは、明治時代のはじめに考案された「牛鍋」が進化したものであるともいわれている。東京風は、すき焼き鍋で牛肉を焼き、これに長ネギ、焼き豆腐、タマネギ、シイタケ、春菊・ハクサイなどを加えて、割り下またはすき焼き用のだし汁で煮込む料理である。

東京都区内や周辺の地域には、古くからその地で生活する人が少なくなり、郷土料理の継承もみられなくなった。ただし、東京都の伝統野菜が鍋物の具材に使われているところは多く、地産地消の点から見直されている。伊豆七島の島嶼地区には、郷土料理や伝統野菜が受け継がれていることが多い。伊豆大島の郷土料理の「塩梅汁（えんばいじる）」は、ムロアジを内臓ごと塩漬けにして調味液をつくり、この液でサトイモ・アシタバを煮込んだ汁物である。ムロアジまるごとを塩漬けしてできた調味液は伊豆諸島で作られている「くさや」のつけ汁の「くさや汁」となる。

食塩・醤油・味噌の特徴

❶食塩の特徴

　東京都の食塩は、伊豆七島で外洋の水を汲み上げて、平釜で煮詰めて作っているものが多い。「小笠原の塩」「ひんぎゃの塩」（青ヶ島）、「海の精あらしお」（伊豆大島）、「ピュアボニンソルト」（小笠原諸島）、「しほ・海の馨」（伊豆大島）、「深層海塩　ハマネ」（伊豆大島）などがある。

❷醤油・味噌の特徴

　東京都区内では、醤油・味噌の醸造に適した水の確保が難しいので、東京の醤油・味噌を醸造する蔵は多摩地区に集中している。東京都区内に流通している醤油は、野田にある大手メーカーのもののほか、昔からある千葉県や都区内にある小規模な醸造会社の醤油や味噌が流通している。都区内の味噌醸造会社は、小規模で手づくり感を強調した味噌が多い。最近は、「だし醤油」や「つゆの素」などの昆布だしやかつお節だしを入れた醤油も作られている。

1992年度・2012年度の食塩・醤油・味噌の購入量

▼東京都23区内の1世帯当たり食塩・醤油・味噌購入量（1992年度・2012年度）

年度	食塩（g）	醤油（mℓ）	味噌（g）
1992	2,553	8,756	8,477
2012	1,510	5,122	4,876

▼上記の1992年度購入量に対する2012年度購入量の割合（％）

食塩	醤油	味噌
59.1	58.5	57.5

　東京都区内の2012年度の食塩・醤油・味噌の購入量は1992年度のそれらの購入量に比べ、いずれの食品も60％弱となっている。自治体の健康増進担当の指導や栄養士会、食育における塩分摂取の減少のアドバイスや調理実習などの訓練の結果、塩分を含むそれぞれの購入量を満遍なく少なくしたと推定できる。23区外の地域では、2012年度の醤油の購入量が、1992年度の半分になっているところもある。

東京都区内の家庭では、自家用に漬物を作ることが少なくなったことが食塩の購入量の減少に、うどんやそばの汁の塩分濃度の減少が醤油の購入量の減少に、また家庭の味噌汁の塩分濃度の減少や具だくさんの味噌汁が味噌の購入量の減少に、それぞれ関連していると考えられる。

  地域の主な食材と汁物

　東京は都市化が進んで飢餓時の農作物も栽培できなくなり、河川や河口、東京湾の汚染によって、かつては東京都民の重要なたんぱく質源であった魚介類の生息数や種類が激減してしまった。そのため、自然環境の回復・地産地消・食の安全性が注目されるようになり、江戸野菜の復活や「江戸前」の食材の消費回復にも取り組まれるようになった。

主な食材

❶伝統野菜・地野菜

　江戸野菜（千住ネギ、滝川ゴボウ、金町小カブ、東京独活、大蔵ダイコン、練馬ダイコン、亀戸ダイコン、小松菜、馬込三寸ニンジン、品川大カブ、谷中ショウガ、目黒のタケノコ、馬込半白キュウリ、シントリなど）、のらぼう菜、アシタバ、小笠原カボチャ、高倉ダイコン・東光寺ダイコン。その他にJA東京中央会が栽培を奨励している東京都内の野菜、島嶼特産の野菜がある。

❷主な水揚げ魚介類

　かつての江戸ものではアサリ、アナゴ、ハゼを除いては、水揚げの期待はできない。島嶼部ではカツオ、キンメダイ、カジキ、トビウオ、サバ、アジなど。

主な汁物と材料（具材）

汁　物	野菜類	粉物、豆類	魚介類、その他
すき焼き	ネギ、ハクサイ	焼き豆腐	牛肉、糸コンニャク、砂糖/醤油/みりん/酒
すいとん	ネギ	小麦粉(→団子)	鶏肉、醤油/塩

煮だんご	カボチャ、サトイモ、ジャガイモ、ネギ、ニンジン、ダイコン、ハクサイ、ナス	小麦粉、小豆	サバ・マグロ(缶詰)、煮干し、醤油仕立て
ちゃんこ鍋	ネギ、シイタケ、ハクサイ、その他	焼き豆腐	魚介類、肉類、竹輪、その他、酢醤油仕立て
ねぎま汁	ネギ、薬味		マグロ(トロ)、醤油仕立て
小松菜汁	小松菜		味噌汁
ダイコン汁	ダイコン		味噌汁
豆腐汁	ネギ	豆腐	味噌汁
油揚げ汁	ネギ	油揚げ	味噌汁

郷土料理としての主な汁物

東京都の郷土料理は、江戸時代から明治初期にかけて確立した伝統料理となっているすし、天ぷら、ウナギのかば焼き、ドジョウの柳川鍋、すき焼き(牛鍋)などがあり、当時は庶民の食べ物だったものが、現在は高級料理となったものが多い。東京の都市化、文化文明の発達は、東京湾を汚染し、江戸前の魚介類が消えてしまった。近年、地産地消が注目され江戸野菜や島嶼の農畜産物も見直しされてきているが、汁物に関する郷土料理は少ない。

- **ちゃんこ鍋** 相撲社会では人気の鍋料理である。本来、相撲部屋では、力士(ちゃんこ番)の作る手料理である。相撲部屋によって、材料や作り方に違いがあるが、いろいろな食材を食べることができるので、栄養のバランスのとれた食べ方ができる鍋料理といえる。もともとは、相撲部屋では鍋料理はなかったが、明治末に横綱常陸山以降に鍋料理が取り入れられた。一度に、簡単に大量に、多彩な食材を加熱調理するので、食中毒の原因となる細菌を殺菌できるし、寄生虫は死滅するので、衛生上も安全な料理であることで、相撲部屋では人気であった。ちゃんこ鍋には、水炊き(ちり鍋)、だし汁あるいはスープ炊き(鶏のそっぷ炊き)、塩炊き(寄せ鍋)、味噌炊き風の系統に分けられている。「ちゃんこ」の語源は、江戸時代初期に中国から伝来した鍋の唐音が転訛したものとい

う説、「中国」を指すチャンと、中国語で「鍋」を指すコ（クオ）の組み合わされたものなど諸説がある。

- **どじょう汁**　収穫の終わった後に、野菜と一緒に煮込むどじょう汁を作る地域があるが、東京のどじょう汁は、ゴボウ・ダイコンを入れた味噌仕立てである。ドジョウは生命力が強く、ビタミン類やたんぱく質、脂肪を多く含むことから精のつく食べ物として、江戸時代から利用されていた郷土料理である。
- **すき焼き**　すき焼きの作り方は、関東と関西では違いがある。関東のすき焼きの起源は、横浜で生まれた牛鍋料理にあるといわれている。その形を残しているのは1867（明治元）年から今でも営業している「太田なわのれん」の味噌仕立てのタレで作るすき焼きである。現在の東京のすき焼きは、牛肉や野菜類を割り下（醤油やみりん、その他の調味料で調製したすき焼きのタレ）で調味して食べる。牛肉以外の野菜その他の具（焼き豆腐、白滝など）は、家庭によって、料理店によってさまざまである。
- **ねぎま鍋**　江戸っ子の好みの鍋料理だった。江戸時代中期の文化・文政から天保年間（1804～43）頃に、当時は「イヌも食わぬ」といわれた安価なマグロの脂肪の多い部分（今ではトロという部分）を角切りにし、ぶつ切りの長ネギを入れて、醤油と酒で調味しながら食べる。昔は、魚市場で働く人たちは、安くて新鮮なマグロの脂の多い部分を持ち帰り、家庭料理の材料としていた。
- **おでん**　東京風のおでんは、大阪では「関東炊き」とよんでいる。昆布とかつお節のだし汁に醤油、酒、みりんなどを加えて調味し、ダイコン、コンニャク、豆腐、がんもどき、はんぺん、ちくわぶ、薩摩揚げなど安価な食材を煮ながら食べるという、家庭では鍋物の一種である。
- **たたき汁**　サンマ、タカベ、カマスなど手に入る魚の頭、内臓、ウロコを除いた身をまな板にのせ、出刃包丁で叩く。塩、味噌を入れて混ぜて味を調え、適当な大きさに丸め、沸騰した醤油味のだし汁へ入れる。団子が浮き上がったら、そうめんを入れて茹で、最後にアシタバを入れて仕上げる。大島の郷土料理である。

⑭ 神奈川県

汁物と地域の食文化

　箱根や丹沢のような山地、江の島・鎌倉から小田原に沿った湘南地域、東京湾や相模湾に面する三浦半島がある。山菜の山地もあれば、三浦半島のように魚介類にも野菜類にも恵まれている地域がある。湘南地区の小田原は、古くから蒲鉾や梅干しの生産地で、箱根山から下山してきた人々（かつては武士や商人）に梅干しや蒲鉾などの魚介類の加工品を提供していた。魚介類の水揚げ量が多いので、各家庭や集まりではアジ、イワシのつみれ汁を食べた。冬の寒ブリの季節には、ぶりの粗汁や粗煮の利用が多い。

　山梨県に接近している地域では家族間の交流が親密で、食材や料理の交換も頻繁に行われている。昼には、お互いに持ち込んだ料理で、囲炉裏を囲み団欒の時間を作っている。

　江戸時代の終わりから明治時代に向かって導入した文明開化の影響を受け、中華街を中心に日本語、オランダ語、英語、中国語の入り混じった貿易地域として発達した。そのため、料理もいろいろな国の料理が入ってきているに違いない。昔のラーメンの形は知らないが、日本人向けのラーメンという汁物となった。日本料理にはないフカヒレスープは、味付けばかりでなくその食感に、多くの人ははじめて食べた時に驚いたと思われる。今でこそ驚きはしないが、明治時代に中華風スープという汁物を経験した人は、世界の料理は違うということに目覚めたに違いない。

汁物の種類と特色

　鎌倉市の建長寺は、「けんちん汁」（「建長寺汁」の別名もある）の発祥の地といわれている。筆者の知人で建長寺派の小さな寺「禅居院」の住職（田原知三氏）の話によると、建長寺の修行僧のための食事をつくる典座が、食材がない時に、「使い残した豆腐・コンニャクの他、ニンジン、ダイコン、サトイモを水で綺麗にし、細かく切ってゴマ油や菜種油で炒めてから煮込

み、最後に味噌や醤油仕立ての汁物にしたものである」と説明してくれた。精進料理なので、かつお節や煮干しのだし汁が使えず、シイタケ、昆布などのだし汁か野菜だしを使った。鎌倉は三浦半島の三浦ダイコン、カボチャなどの入手が容易だったので、鎌倉の各寺院の精進料理の材料に使われたと思われる。

東京湾、太平洋、相模湾に面している三浦半島や、相模湾に面する湘南各地の各漁港には新鮮な魚介類が水揚げされる。各漁港に近い漁師の家庭では、郷土料理としては継承されていないが、独自の魚介類の粗汁を食べていることは想像できる。

丹沢山系などの山間部の温泉地区では、捕獲した野生のイノシシを利用した「イノシシ鍋」がある。足柄地区の祭りなどでは、各地区で大きな鍋でイノシシ鍋を作り、地域の人々が互いに分け合うこともある。大山の山頂には「大山阿夫利神社」が祭られている。大山詣でには、丹沢山系の清水で栽培された大豆から作る豆腐料理がある。この中に「豆腐の味噌汁」や「湯豆腐」がある。

明治の初めの文明開化とともに「食肉禁止」が解禁されると、生まれたのが「牛鍋」である。当時の牛鍋の名残が感じられるのは、明治の初めに創業した横浜の「太田なわのれん」のすき焼きは、味噌味のすき焼きで、牛肉はさいころ型に切ってある。

横浜の中華街の中華料理店で提供される数々の汁物は日本料理ではないが、日本人の味覚に新しい感覚を与えた料理となっている。たとえば、フカヒレスープ、卵スープ、コーンスープなどがある。

食塩・醤油・味噌の特徴

❶食塩の特徴

かつては、旧日本専売公社が小田原近郊の海浜地区で食塩をつくっていたが、現在は神奈川県産の食塩はない。

❷醤油の特徴

相模川、中津川の上流や中流は、発酵に必要な水が潤沢なため醤油・味噌の醸造会社が集中している。その中で、横浜市神奈川区で古くからの伝統のある製法を受け継いでいるのが横浜醤油という小規模の会社である。時代の流れに沿って「食べる醤油」「醤油麹」「醤油麹＋マヨネーズ」（ド

レッシング）なども開発している。
❸味噌の特徴
　丹沢山系の水は、日本酒、味噌や醤油の発酵食品の製造に適している。味噌の製造は厚木・相模原・伊勢原の各地に集中している。「横浜こうじ味噌」「江戸甘味噌」などは、古くからつくられている。

1992年度・2012年度の食塩・醤油・味噌の購入量

▼横浜市の1世帯当たり食塩・醤油・味噌購入量（1992年度・2012年度）

年度	食塩（g）	醤油（mℓ）	味噌（g）
1992	2,287	9,925	8,329
2012	1,498	6,187	6,924

▼上記の1992年度購入量に対する2012年度購入量の割合（％）

食塩	醤油	味噌
65.5	62.3	83.1

　横浜市の1世帯当たりの1992年度の食塩・醤油・味噌購入量に対する2012年度の購入量は東京都区内の購入量に比べて減少率は少ない。とくに、2012年度の味噌購入量の割合は1992年度に比べて83.1％であった。このことは、自治体や食改善団体などによる減塩運動は、味噌の購入量に大きく影響していない。おそらく、毎日、一度は味噌汁を喫食しているのではないかと推定している。

　家庭での麺類のだし醤油は、めん類に添付されているだし醤油や市販のだし醤油を使用しているので、「醤油」のカテゴリーでは、2012年度の購入量が減少していると思われる。食塩の購入量の減少は、自家製の食塩だけを使った漬物を作らなくなったことが要因の一つと考えられる。

地域の主な食材と汁物

　三浦半島や湘南地区の漁港には、東京湾の入口海域、太平洋の沖合、相模湾などの豊富な魚介類が水揚げされる。温暖な三浦半島の内陸部は農作物に適している。気候温暖な湘南地区は、丹沢へ続く平地での農作物の栽培に適している。

主な食材

❶伝統野菜・地野菜

三浦ダイコン、大山菜（大山そだち）、湘南（千住系のネギ）、神奈川ブランド農作物（からし菜、トウガン、キャベツ、津久井大豆（→味噌・醤油・豆腐）、カブ、ダイコン、小松菜、鎌倉野菜）

❷主な水揚げ魚介類

カジキ、マグロ類、アジ、サバ、養殖（ワカメ、ハマチ）

主な汁物と材料（具材）

汁　物	野菜類	粉物、豆類	魚介類、その他
ちゃうろ	ニンジン、タマネギ、ジャガイモ		アイナメ、醤油仕立て
建長寺汁（けんちん汁）	季節の野菜、青菜		ゴマ油、醤油仕立て
ごった煮	ダイコン、ゴボウ、ニンニク、サトイモ	油揚げ、豆腐	油脂、醤油仕立て
牡丹鍋（イノシシ鍋）	ダイコン、ニンジン、ゴボウ、シイタケ、ネギ、セリ、三つ葉		コンニャク、イノシシ肉、味噌仕立て
牛鍋	ネギ、春菊		シラタキ、味噌仕立て
三浦ダイコン汁	三浦ダイコン		味噌汁
三浦キャベツ汁	キャベツ		味噌汁
伊勢原大山豆腐汁		豆腐	

郷土料理としての主な汁物

三浦半島や湘南地区の海産物に恵まれた地域では、海産物を利用した郷土料理や伝統食品が発達している。

平地では伝統野菜も栽培されているが、鎌倉・湘南地区の農家が丁寧に栽培した野菜の評価も高い。一方、丹沢山系の麓の田畑で栽培した野菜や大豆は、豆腐を利用した郷土料理、丹沢山系で捕獲したイノシシの鍋に使われている。伝統食品の「小田原蒲鉾」は天明年間（1781～89）に作ら

れるようになった。小田原の梅干しは、北条早雲（1432〜1519）が小田原・蘇我での梅の栽培を奨励したのがはじまりである。

- **イノシシ鍋**　丹沢山系で捕獲されたイノシシを使って、東丹沢の七沢温泉旅館の冬の定番料理としてイノシシ鍋が提供されている。現在も足柄など丹沢山系の近くの市町村の祭りの時には、味噌仕立てのイノシシ鍋を参加者に無料で提供している。イノシシ肉をネギ、白菜、サトイモなど地元の季節の野菜とともに、味噌味に仕上げる鍋である。
- **けんちん汁**　各地で祭りや収穫の祝いの時などにけんちん汁を作る。けんちん汁のルーツは鎌倉の建長寺の禅僧のために作られた食事で、「建長寺汁」が「けんちん汁」なったという説、中国から帰国した禅僧が伝えた普茶料理の一つで「巻織（ケンチェン）」（豆もやしをごま油で炒め、塩・醤油で味を調えたもの）の汁物という説がある。寺院の料理担当者・典座がゴマ油で炒め、風味を良くし、栄養のバランスの良い汁物として、考案された汁物である。精進料理の一つなので、動物性の食品は使わず、野菜、高野豆腐および加工品を使い、味付けは味噌または醤油であり、だし汁はシイタケや野菜のダシである。けんちん汁に使う材料からでも十分にうま味成分が汁の中に入るので、特別にだし汁を使わなくてもよい。
- **牛鍋**　横浜に最初に牛鍋が現れたのは、1862（文久2）年に「伊勢熊」という居酒屋で牛肉の煮込みを出したところ大盛況であった。これが、最初の牛肉屋の登場といわれている。牛鍋をより一層美味しくした味噌味の牛鍋屋（今はすき焼きやといっている）が「太田なわのれん」である。
- **サンマーメン**　ラーメンブームになってからは、神奈川県の郷土料理として紹介されることが多い。多摩川と大井川の海沿いのエリアだけのめん類である。以前は東京都内の中華料理店で見かけたこともあったが、ラーメン専門店の独自の主張が強くなったのか、レシピからは消えてしまった。
- **ちゃうろ**　三浦半島の郷土料理で、「ちゃろう」は三浦半島の地域の方言のようである。アイナメのウロコ、内臓を除いたものを、そのまま鍋に入れ、ニンジン、タマネギ、ジャガイモなどと、水を入れて煮込み、味は醤油で付けたものである。寒い時に、熱い汁をご飯とともに食べる。

⑮ 新潟県

汁物と地域の食文化

　新潟県から富山県、石川県、福井県にいたる変化の多い海岸線の沿岸域は、暖流と寒流が交錯していて多種多様な魚種が水揚げされ、ノロゲンゲのような珍しい深海魚も漁獲される。ウニやナマコの産地も多い。

　一方、北陸地方の山間部では、北海道産の魚介類の干物が重要なたんぱく質源であり、米どころといわれている新潟県でも、山菜や日本そばが重要なご馳走の山岳地域もある。現在の新潟の一次産業を支えているのは、日本海での漁業と信濃川や阿賀野川を擁した越後平野の稲作である。

　海産物を利用した郷土料理は多く、わっぱ煮、タラの卵の子、つな膾、棒ダラ、ニシンやサケの漬物やすしなどがある。「鯨汁」は、蒸し暑い新潟の夏をのりきるために生まれた郷土料理である。塩鯨（クジラの皮下脂肪層の塩漬け）に含まれる脂肪との相性の良いナスが出回るころから作られる家庭料理である。魚介類の汁物には、「イカの塩辛汁」「タラ汁」「三平汁」「サケの粕汁」など北海道の食文化に似た汁物がある。

　その他、干しずいきの粕汁、豆腐汁などは新潟の山岳地域の郷土料理である。日本海から離れた地域では、織物に使う海藻のフノリを入れた「へぎそば」を利用する。醤油仕立ての汁で食べるが、フノリを加えることにより生まれる弾力性と滑らかさは絶品である。福井のほうでも作っている。

汁物の種類と特色

　三面川で漁獲したサケを「塩引き」にした村上市の特産品は、長期間低温で熟成した塩引きなので、スーパーの魚売り場の「塩鮭」や「新巻鮭」と比べると、塩引きの塩分とうま味も甘味が調和し、熟成したうま味とすぐに分かる。この塩引き料理は100種ほどはあるといわれているが、「頭と骨を使った粗汁」は、味噌仕立てにつくる家庭料理である。

　漁師が佐渡沖のスケトウタラ（スケトウダラ）漁の時につくる船上料理

が「スケトの沖汁」である。船上で使うスケトウダラは海水で洗ってからネギを入れて煮込み、味噌で調味した汁物である。

新潟の野菜やキノコを入れたけんちん汁風のものは「けんちょん汁」といい、練り製品を入れるのが特徴である。ウサギの肉をけんちん汁の中に入れて煮込んだ汁物が「深雪汁」で、冬に体を温める効果があるといわれている。

食塩・醤油・味噌の特徴

❶食塩の特徴

岩船郡山北町の海や貝類の棲息する透明な海水を汲み上げて平釜でゆっくり加熱した「海の磯塩」や「白いダイヤ」、ホンダワラを海水に浸してから天日で乾燥し、これに何回も沸騰した海水をかけてつくる「藻塩」などがある。米麹と塩を天日乾燥した「塩麹」もある。

❷醤油・味噌の特徴

味噌・醤油の醸造は、1820（文政3）年に創業の㈱吉文、1906（明治39）年創業の兼山醤油㈱、1913（大正2）年創業の石山味噌醤油㈱など、古くから醤油・味噌醸造が行われている。新潟県内の醤油・味噌の発酵や熟成は長い時間をかけているので、アミノカルボニル反応により赤系の色が濃く出るので、赤色系の醤油・味噌が多い。越後・佐渡味噌は越後麹味噌ともいわれ、コクのある赤色系の辛口味噌として知られている。

1992年度・2012年度の食塩・醤油・味噌の購入量

▼新潟市の1世帯当たり食塩・醤油・味噌購入量（1992年度・2012年度）

年度	食塩（g）	醤油（mℓ）	味噌（g）
1992	4,087	11,188	12,158
2012	2,896	5,422	6,238

▼上記の1992年度購入量に対する2012年度購入量の割合（％）

食塩	醤油	味噌
70.1	48.5	51.3

新潟の特産品の塩引き鮭は、内臓を除いたサケに食塩をたっぷり塗り込むようにして塩を浸透させて、家庭の涼しいところに吊り下げて熟成させてつくる。室温が高くなったなどの家屋の環境、家族構成などから、家庭

での塩引き鮭づくりが少なくなったことが、2012年度の食塩購入量の減少の一因とも考えられる。

2012年度の醤油の購入量の減少は、だし醤油や購入した麺類についてくるだし醤油などにより、伝統的な濃口醤油の購入を控えるようになったと考えられる。全国的な健康のための減塩運動は、家庭での味噌汁の食塩濃度を低く抑える傾向をもたらし、味噌の使用量が減少した結果、購入量も少なくなったと推察できる。

地域の主な食材と汁物

平野が広く、雪解け水が豊富で、農業の中心は稲作である。質の優秀な銘柄米「コシヒカリ」の生産量も多い。とくに、魚沼産米の評価は高い。地域特有の野菜ブランドの認定を行い、伝統野菜・地野菜の普及にも取り組んでいる。

日本海の魚介類も豊富に水揚げされる。とくに、三面川で漁獲されるサケの「塩引き」は、現在広く流通しているうす塩のサケにはないうま味がある。

主な食材

❶伝統野菜・地野菜

アブラナ科の野菜（女池菜、長岡菜、大崎菜、五月菜、城之古菜、大月菜）、ナス類（中島巾着、魚沼巾着、十日市ナス、梨ナスまたは黒十全、鉛筆ナス、久保ナス、白ナス）、甘露・鶴の子（マクワウリ）、八幡いも、ウリ類（こひめうり、本かたうり、高田しろうり、米山しろうり）、ネギ類（居宿の葉ネギ、砂ネギ、千本ネギ、五千石ネギ）、枝豆（黒埼茶まめ、ゆうなよ、肴豆、刈羽豆、越後娘、一人娘）、三仏生トマト、刈羽節成キュウリ、曽根ニンジン、小池ゴボウ、種芋原かんらん、八色シイタケ、その他、新潟県の指定野菜

❷主な水揚げ魚介類

サバ、アジ、ホッケ、イカ、ヒラメ、アワビ、海藻類

主な汁物と材料（具材）

汁物	野菜類	粉物、豆類	魚介類、その他
のっぺい汁	サトイモ、ダイコン、ニンジン、ゴボウシイタケ、ネギ	豆腐、油揚げ	イクラ、コンニャク、鶏肉、醤油仕立て
深雪汁（ウサギ肉を使ったけんちん汁）	ダイコン、ニンジン、ゴボウ、シイタケ、キクラゲ	豆腐	ウサギ肉、味噌仕立て
けんちょん汁（けんちん汁）	秋の野菜類、キノコ	豆腐	練り製品、味噌仕立て
夕顔の鯨汁	夕顔、ナス、ジャガイモ		塩鯨、味噌仕立て
砂ネギ汁	砂ネギ		
千本ネギ汁	千本ネギ		
わっぱ汁	長ネギ		魚介類、だし汁、味噌仕立て海藻
巾着ナス汁	長岡巾着茄子		味噌汁
越の丸汁	丸ナス（十全ナス）		味噌汁
スケト汁	ネギ		スケソウダラ

郷土料理としての主な汁物

　新潟の農業は、新潟平野を中心に育まれてきている。米どころ新潟の米を使った郷土料理には、彼岸に作るおはぎ、月遅れの端午の節供に作る笹団子、三角餅は、今では行事とは関係なく首都圏の百貨店の催事場で見かけることが多い。しかし、郷土料理の汁物は少ない。

　佐渡は小さな島だが海産物に恵まれ、コメは国中平野で生産できる。佐渡にもマダラ、イカ、ワカメなどを使った郷土料理が多い。マダラの卵巣、村上の塩引き、寒ブリなどの海産物を使った多くの郷土料理がある。

- **けんちょん汁**　けんちん汁に似ている。主として秋の収穫のお祝いに作る。材料の特徴は、秋に採集したキノコや収穫した野菜や芋類を使う。新潟は練り製品の生産量が多いためか、具材に練り製品を使うのが特徴である。
- **のっぺい汁**　のっぺい汁は島根県の津和野地方から各地に伝わったとい

われている。新潟県の「のっぺい汁」も津和野地方から伝わったようである。ほとんどの地方では、春の神社の祭りに作り、神に供え、その後で親族や関係者が供食するしきたりとなっている。野菜、鶏肉、油揚げ、豆腐などの具材をたっぷりの汁で煮込み、小麦粉やかたくり粉でとろみをつけて温かいうちに食べるが、夏に作る新潟の「のっぺい汁」は、冷やして食べるのが特徴である。具材として加えたサトイモのもつ粘性物（ガラクタン）の力により、とろみのついた汁物である。最後に、イクラをのせるのも、三面川のサケが重要な役目をしているのである。

- **深雪汁（みゆきしる）**　魚沼・守門村の名物のウサギ肉を使ったけんちん汁。別名「マタギ汁」という。若木をかじるウサギを狩り、その肉をけんちん汁に入れて、ご馳走として近隣の人や友人・知人にふるまわれたといわれている。現在は、ウサギの肉が手に入らないから、代わりに鶏肉を用いている。
- **夕顔の鯨汁**　クジラの脂身（皮の下にある厚い脂肪層）に、黒い皮を付けて塩蔵したものが塩鯨である。鯨汁に用いると脂肪が溶け出て滑らかな食感がある。鯨汁は全国各地で、正月または2月の行事に作るところが多いようである。「夕顔の鯨汁」は「塩鯨の脂身と夕顔を組み合わせた味噌汁」である。夏に、日本海に面した地域では、スタミナ料理としてしばしば作る。福島県の会津の鯨汁も新潟から伝わった鯨汁であるとのこと。鯨汁がスタミナ料理として発達したのは、先人が、クジラの脂肪が体に良いことを経験して生まれたようである。だし汁に、短冊に切った塩鯨、ジャガイモ、タマネギ、コンニャク、夕顔の皮と中の綿のようなところを除いた果肉の短冊切りしたものを、鍋に入れて煮込み、火が通ったら味噌で調味し、ネギのみじん切りを散らす。
- **わっぱ汁**　佐渡では、秋田杉で作った「わっぱ」にご飯や惣菜、味噌汁を入れる。わっぱに味噌汁を入れておき、食べる時に熱した石を入れる。熱々の味噌汁ができる。
- **スケトの沖汁**　本来は漁師の船上でつくる素朴で豪快な料理。佐渡沖でとれたスケソウダラ（スケトウダラ）をぶつ切りにし、海水で洗い、ネギを加えた味噌または塩で仕立てる鍋料である。
- **巾着ナス汁**　長岡巾着ナスの味噌汁。
- **越の丸汁**　丸ナス（十全ナス）の味噌汁。

⑯ 富山県

汁物と地域の食文化

　富山県は、江戸時代から明治時代にかけて活躍した日本海の貿易船の北前船の寄港地であったことから、北海道の産物と富山の産物の交易が盛んになった。現在も、富山は日本中の最も昆布の利用の多い地域となっている。富山県の沿岸は、70種類以上の豊富な資源が存在しているので、県民の食生活は質素のようにみえるが、豊富な食材を生かした料理をつくり上げている。

　汁物には、地元の魚介類を活かした「タラ汁」「ワタリガニの味噌汁」がある。これらの汁物は昆布だしの味は、素材のうま味を活かすために薄味の昆布だしに調製されている。甘みのあるシラエビ（シロエビ）、甘エビ（ホッコクアカエビ）、バイガイ、ノトゲンゲなどのもつ上品な甘みを生かした「地魚の澄まし汁」は、家庭の自慢料理の一つである。北海道の食文化とのつながりはサケ・タラ・ニシンなどを使った三平汁にある。

　富山県民が自慢する立山連峰の山地で捕獲したクマの肉を使って、「熊汁」として提供する民宿兼食堂もある。

汁物の種類と特色

　農林水産省選定の「郷土料理百選」に富山県の郷土料理が108品種も記載されている。新潟県の34品種、石川県の61品種、福井県の34品種に比べると非常に多い。富山県人は古くから親鸞（しんらん）の影響により伝統的な価値観を重要視するといわれているので、郷土料理も大切に継承しているためとも思われる。

　100品種以上の郷土料理の中で、汁物には「カニの味噌汁」「かぶす汁」「ゲンゲの澄まし汁」「呉汁」「たら汁」「団子入りきのこ汁」「のっぺい汁」がある。

　富山県の方言の「きときと」は「新鮮な」という意味である。たしかに、

富山県は、新鮮な魚介類が流通しているところである。氷見や新湊には大きな漁港があり、冬はブリやズワイガニの水揚げで賑わう。新湊の魚市場にはズワイガニが水揚げされる。地元の人々にはズワイガニの小形の雌のセイコガニをよく食べる。その「セイコガニの味噌汁」は大型の雄とは違って安価なので気楽に食べられる。ワタリガニの味噌仕立ての汁が「かぶす汁」である。

深海魚のノロゲンゲの表面は粘質物で覆われているので、取り扱いが難しく、料理の種類も限られている。「ゲンゲの澄まし汁」は、上品な澄まし汁である。冬には、大豆を一晩水に浸して擦り潰した呉に、煮立っただし汁を加え、味噌で調味し、豆腐とネギを入れたものが呉汁で、体を温める冬の汁物である。

富山県の沖ではマダラやスケトウダラが漁獲するので、これらをぶつ切りにし、醤油や味噌仕立てで煮込む「たら汁」がある。ゴボウやネギも入れてよく煮込み香辛料の山椒を散らして食べる。北海道へ出稼ぎに行き、覚えてきた塩味の「三平汁」が魚津市の一部の惣菜になっている。

食塩・醤油・味噌の特徴

❶食塩の特徴

富山県沖の海洋深層水を原料とした「ブルーソルト」がある。

❷醤油・味噌の特徴

醤油は豆醤油を醸造している会社が、味噌については、米味噌を醸造している会社が多い。富山県の米味噌は富山産の大豆と北陸産のコメを利用した米麹を使用している。富山県の醤油には「混合醤油」が多い。混合醤油とは、醸造した醤油にグリシンやベタインなどの甘味を示すアミノ酸を加え、やや甘味のある醤油である。

1992年度・2012年度の食塩・醤油・味噌の購入量

▼富山市の1世帯当たり食塩・醤油・味噌購入量（1992年度・2012年度）

年度	食塩（g）	醤油（mℓ）	味噌（g）
1992	4,456	12,329	11,654
2012	1,309	5,179	5,002

▼上記の1992年度購入量に対する 2012年度購入量の割合（%）

食塩	醤油	味噌
29.4	42.0	42.9

　1992年度の食塩・醤油・味噌の購入量に対する2012年度の購入量は著しく減少している。これは、近年の食生活における加工食品、調理済み食品の利用、外食が増えたことによる家庭での購入量が減少しているためで、実際の食生活の調査では、塩分摂取は多く、ミネラルや食物繊維の摂取量が少ない。

　食物繊維を含む食材に野菜や海藻がある。富山県の人々は昆布料理が得意であり、各家庭の自慢の料理をつくることでよく知られていたが、最近は自宅で昆布料理を作らなくなり、野菜の漬物も作らなくなったことが、食塩や醤油の購入量の減少の一因となっていると推察する。

地域の主な食材と汁物

　農業はコメが中心であるが、富山県の平野は砂質と砂利質で水の保持が悪いので、単位面積当たりの収穫量は思わしくない。富山湾の天然の海の幸に恵まれている。伝統食品の「かぶらずし」「ますずし」などはよく知られている。

主な食材

❶伝統野菜・地野菜

　真黒ナス、利賀カブ、平野ダイコン、草島ネギ、富山大カブ、どっこ（太キュウリ）、五箇山カブ、五箇山ウリ、五箇山カボチャ、銀泉まくわ（マクワウリ）、かもり（トウガンの一種）、ズイキ、その他（富山県が推奨する農産物）

❷主な水揚げ魚介類

　ブリ（幼魚のフクラギ、寒ブリ）、ホタルイカ、スルメイカ、ベニズワイガニ、アマエビ、ゲンゲ（深海魚）

主な汁物と材料（具材）

汁物	野菜類	粉物、豆類	魚介類、その他
カニの味噌汁	刻みネギ		ベニズワイガニ、昆布（だし）、味噌仕立て
かぶす汁	刻みネギ		ワタリガニ、味噌仕立て
ゲンゲの澄まし汁			ゲンゲ、昆布（だし）、塩で味を調える
呉汁		呉（大豆）、豆腐	ダシ汁、味噌仕立て
タラ汁	ダイコン、ジャガイモ、季節の野菜		マダラの身肉、味噌仕立て
ダンゴ入りきのこ汁	キノコ（シメジ、マイタケ）、ニンジン、ハクサイ、サトイモ、刻みネギ	油揚げ、小麦粉（→団子）	醤油/塩で味付け
にざい	ダイコン、ニンジン、サトイモ、ゴボウ	小豆、油揚げ	砂糖/醤油で煮含める
のっぺい汁	ダイコン、サトイモ、ニンジン	水溶き片栗粉	コンニャク、栗、ギンナン、塩/醤油で味付ける
三日だんご汁	ゴボウ、ズイキ		かつお節（だし）、味噌仕立て

郷土料理としての主な汁物

　富山湾に流れる河川からの栄養源の流入、富山湾近海の複雑な大陸棚は、数々の魚介類に恵まれ、魚介類を中心とした郷土料理や伝統食品が多く存在している。五箇山の山菜料理、雪国の生活の知恵として工夫した野菜の越冬用の保存法など、郷土料理や伝統食品は野菜や山菜にも残されている。

- **カニの味噌汁**　富山の家庭では、冬の味噌汁の具には、ベニズワイガニ（ズワイガニのメス）を用いる。ベニズワイガニが富山の各地の漁港に水揚げされると、茹でたベニズワイガニを魚市場で買い求める。脚には身が少なく食べにくいので、味噌汁の具にしてだし汁の美味しさを楽し

むか、少ない脚の身や胴の身を食べる。
- **かぶす汁** ワタリガニや魚の味噌汁である。湯の中にワタリガニと魚を入れて加熱し、アクを除いてから味噌で味を調え、カニのダシの美味しさと魚の身の美味しさを楽しむ。カニや魚のダシが出ているので、スープが美味しい。氷見地区の漁師料理で、ワタリガニといろいろな魚が丼いっぱいに盛られる。「鼻にかぶる」くらい盛るが転じて「かぶす」とよぶようになった。
- **ゲンゲの澄まし汁** ゲンゲは「幻魚」の字があてられる他、ズワイガニ漁のときに一緒に漁獲されるので「げのげ」と雑魚として取り扱われていた魚である。北陸の海で漁獲されるものはノロゲンゲという細長く、体は粘質物でおおわれている深海の魚である。大量に水揚げされたときには、一塩の干物にする。新鮮なものはぶつ切りにして昆布だし汁の澄まし汁の具にするか、味噌汁の具にする。粘質物が健康に良いのではないかと注目している人もいる。
- **呉汁** 体が温まる冬の汁物として、各地で作られる。大豆を擦り潰して、煮出しただし汁に入れて、味噌で味を調えてから豆腐を加え、ネギを散らす単純な呉汁である。他の地域の呉汁は、ダイコン、キノコなどいろいろな材料を入れるが、富山の呉汁は豆腐だけというシンプルな形である。大豆アレルギーの人は飲用しないこと。
- **タラ汁** 冬の富山の海では、マダラが漁獲される。北海道でも青森でもマダラは余すところなく料理に使われる。マダラは鮮度低下が速いから、素早く鮮度の良いうちにぶつ切りし、味噌仕立ての汁に入れて煮込む素朴な郷土料理である。マダラを捌くには肝臓を取り除いて冷蔵庫で保管する。マダラはぶつ切りにし、あく抜き用のササガキゴボウと煮てアクを除く。大鍋に湯を沸かし少しの味噌を入れ、次にマダラのぶつ切りと肝臓を入れ、アクを取りながら煮る。最後に残りの味噌とゴボウを入れて味を調える。
- **だんご入りきのこ汁** だんご用の粉に熱湯を注ぎ、練って、棒状にのばして、小さく分けてだんごを作る。だんごは熱湯に入れ、浮き上がったら取り出し、冷水にとる。だし汁にだんご、ゴボウ、白菜、ニンジン、油揚げ、サトイモを入れて煮込む。煮立ったらキノコを加え、醤油やみりんで味を調えた郷土料理。食材豊富な富山の地産地消から考えられた

汁物である。
- **のっぺい汁** 各地と同じように、恵比寿講の料理の一つ。ダイコン、ニンジン、コンニャク、サトイモ、ギンナン、クリをだし汁で煮て、醤油で味を調え、水溶き片栗粉でとろみをつけた郷土料理。
- **三日だんご汁** 餅粉を熱湯でこねて、耳たぶくらいの硬さにして、団子状に丸める。だし汁でゴボウを煮る。ゴボウが軟らかくなったら団子、ズイキ、油揚げを入れ、味噌で味を調え、最後に三つ葉と削り節を散らす。産後3日目に、産婦を元気にするための料理。このことから「三日だんご汁」の名がある。

【コラム】地元では生食しないホタルイカ

初夏が近づくと、富山湾のホタルイカ漁で賑わう。夜間の富山湾でみられるホタルイカの発する光は幻想的である。ホタルイカは、茹でて酢味噌で食べるのが一般的である。ところが、観光客は、ホタルイカの刺身と称して生食することもある。ホタルイカの内臓には寄生虫のアニサキスが存在しているので、生食で摂取したアニサキスにより腹痛を伴うことがある。地元の人々は、決して生食しないのである。塩辛（赤づくり、黒作り）、沖漬けのように食塩や醤油で処理したものは、アニサキスは死滅しているので安心できる。

⑰ 石川県

汁物と地域の食文化

　能登地方の景観は世界農業遺産に認定されている。その自然・文化・景観は世界的に評価されている。各漁港には、新鮮な魚介類が水揚げされ、漁業関係の家庭では独自の魚介類料理と粗汁などを楽しんでいることが想像できる。石川県の県庁所在地の金沢市は多様な食文化を受け入れ、金沢独自の食文化をつくり上げてきた。

　石川県の地理的特徴の能登半島の沿岸は漁港が多い。日本海に棲息する魚介類や岩礁に棲息しているナマコは、その生殖巣は高級な「このこ」「干したクチコ」に加工され、高級珍味として市販されている。石川県は「フグの肝臓の糠漬け」などの珍味がある。

　富山県と同様に、岩ノリ、ウニ、甘エビなどが出回ると、これらと「能登の塩」の天然塩で調味した澄まし汁を家庭で作る。

　石川県の代表的郷土料理「治部煮」は、江戸時代前期の『料理物語』(1643年)にも紹介されているカモの肉を使った金沢独特の汁物のような煮物である。魚介類の豊富な金沢には、「ぶりの粕汁」「アマダイの澄まし汁」がある。汁物でも具材の魚介類のうま味を優しく味わう料理である。

　白山地域は、地域の生活文化が保存されている地域として「サントリー地域文化賞」を受賞している。冬はクマ料理やイノシシ料理、春は山菜料理などの伝統料理を守っている。雪の中で遊んでいる元気な子供には、「うさぎ汁」が配られるとのことである。

汁物の種類と特色

　ビタミンB_1の供給源として、小豆を煮詰め黒砂糖で甘くした「あずき汁」がある。昔からおしゃれな感覚を持つ金沢の料理らしいといわれている「じぶ煮（治部煮）」、ブリをぶつ切りにし、溶かした粕と一緒に煮て、最後に醤油で味を調える「ぶりの粕汁」、三枚におろしたアマダイを身肉が崩れ

ないようにして食塩仕立ての「アマダイの澄まし汁」などもある。塩干しのイナダを食材にした「日の出汁」は、塩干しイナダの身肉が鶴肉に似ていることから、江戸時代には、長寿の祝い事に作った椀物である。

食塩・醤油・味噌の特徴

❶食塩の特徴

能登半島の珠洲市の海岸の塩田で、奥能登揚げ浜塩、輪島の沖合の舳倉島の沿岸の海水で作る「わじまの塩」などがある。能登沖の海水はマグネシウム塩の含有量が多いのが特徴である。

❷醤油・味噌の特徴

古くから、金沢市では大野町を中心に、能登半島の七尾市、小松市に醤油・味噌の醸造会社が多い。加賀の醤油は丸大豆醤油が多く、加賀の味噌は米味噌が多い。

1992年度・2012年度の食塩・醤油・味噌の購入量

▼金沢市の1世帯当たり食塩・醤油・味噌購入量（1992年度・2012年度）

年度	食塩（g）	醤油（mℓ）	味噌（g）
1992	3,635	14,370	9,475
2012	2,405	6,258	6,398

▼上記の1992年度購入量に対する2012年度購入量の割合（％）

食塩	醤油	味噌
66.1	43.5	67.5

2012年度の醤油の購入量は1992年度の購入量に比べ43.5％に減少しているのは、めん類やすし類をデパートで購入すると醤油がついてくること、めん類は麺専門店やレストランで食べれば、醤油を購入する必要がないことなどが、醤油の購入量が減少した一因であると思われる。

金沢市民は、東京都やさいたま市、名古屋などの大都市圏に次いで、外食が好きな市民と推察されている。このことは、食塩・醤油・味噌の購入量の減少と関連があるように思われる。かつては、金沢市はいわしの糠漬けや加賀野菜の漬物など家庭での漬物づくりが多かったが、近年は、食塩摂取を控えめにするなどの健康問題と少子化に伴い家族の人数が少なくなったことが、食塩・味噌の購入量の減少を招いたとも考えられる。

地域の主な食材と汁物

　金沢市周辺の平野部には農作物が栽培され、日本海や沿岸部で漁獲された魚介類は能登半島の各漁港や金沢に水揚げされる。かつて、京都の文化の影響を受けた金沢には独自の食文化もある。金沢市の近江市場は、金沢市民の台所であると同時に金沢市を中心とした食文化を知るためには興味ある市場であるといえよう。

　日本海に突き出ている能登半島の外洋を回遊するマダラ、ブリ、ズワイガニ、アマエビ（ホッコクアカエビ）、静かな内海や磯に棲息するナマコ、磯魚、海藻など郷土料理の材料となるものが多い。加賀の山や田畑に栽培されている野菜類には、伝統野菜としての「加賀野菜」がある。

主な食材

❶伝統野菜・地野菜

　加賀野菜（二塚カラシナ、源助ダイコン、金沢青カブラ、加賀太キュウリ、へた紫ナス、ミョウガ、金時草、シイタケ、金糸ウリ、ワラビ、打木赤皮（あかかわ）甘栗（あまぐり）カボチャ、五郎サツマイモ、加賀レンコン、諸江セリ、加賀つる豆、金沢一本太ネギ、タケノコ、その他（金沢市農産物ブランド協会推奨の農産物））

❷主な水揚げ魚介類

　スルメイカ、イワシ、アジ、サバ、ブリ、サンマ、カレイ、サヨリ、アマエビ、ベニズワイガニ

❸食肉類

　能登牛

主な汁物と材料（具材）

汁　物	野菜類	粉物、豆類	魚介類、その他
治部煮	シイタケ、ゴボウ、タケノコ、春菊、セリ、白ユリ、マツタケ、ワサビ / 柚子を添える	片栗粉	小鳥または鶏肉、加賀麩、醤油 / 味噌 / みりん / 砂糖で調味
あずき汁		小豆	黒砂糖

かじめ汁			カジメ（海藻）、味噌汁
ブリの日の出汁	ダイコンおろし、京菜	片栗粉	塩引きイナダの頭部
カニみそ汁	刻みネギ		ベニズワイガニ、味噌仕立て
加賀野菜ミョウガ汁	ミョウガ		味噌汁

郷土料理としての主な汁物

石川県は加賀藩の前田家の影響を受けた洗練され料理と、自然の食材に恵まれた郷土料理や伝統食品は多いが、汁物はそれほど多くない。

- **あずき汁** 昔から小豆は脚気の予防に必要なビタミンB_1を多く含むことが知られている。ビタミンB_1は、体内で糖を円滑に代謝させるのに不可欠な成分なので、毎日不足なく摂ることが必要である。鍋に小豆と水を入れて煮詰め、煮汁を濾して、最後に黒砂糖を加えて混ぜたものである（カボチャの煮物に、煮置きした小豆を入れる石川県の郷土料理がある。カボチャの甘味と煮小豆を、美味しくし、小豆の風味がカボチャの味を引き立ててくれる郷土料理である）。

- **みごろくの吸物** 「みごろく」には「水魚」をあてているが、体の表面に粘質物をもつ深海魚のゲンゲ（ノロゲンゲ）である。ぶつ切りにして、酒、みりん、醤油の煮汁で煮つけ、だし汁に入れて吸物にする。七味唐辛子で味のアクセントをつけるのが加賀風料理である。

- **治部煮** 金沢の代表的料理である。この料理の名称については、①秀吉の文禄の役のときの兵糧奉行・岡崎治部右衛門が、朝鮮から覚えてきた陣中料理とする説、②煮るときにジブジブと音をたてるからとの説、③キリシタンの宣教師などが考案・宣伝した、などの諸説がある。岡田哲編の『日本の味探究事典』（1996年）には、江戸時代前期の『料理物語』（1643［寛永20］年）に、「鴨の皮をジブジブ煮ることを"じぶと"とあらわしている」と記載されている。じぶ椀という浅い広口の独特の椀に盛りつけることから「じぶ煮」という名がついたとも伝えられている。鴨肉を使う料理だが、現在は鶏肉が多い。鶏肉のうま味を逃がさないように、片栗粉でまぶして煮るのが特徴である。その他の材料には、シイ

タケ、ゴボウ、タケノコ、春菊、セリ、ユリ根、マツタケ、すだれ麩を入れ、煮出し汁と醤油ベースの味で味を調えたもので、柚子やワサビを添える。

- **日の出汁**　鶴もどき、イナダの鶴もどきともいう。金沢名物のブリ（イナダ）の塩干しを食材とし、鶴の肉の味を出した吸物である。江戸時代の朝廷や幕府の祝い事には、鶴は長寿を保つ瑞鳥（めでたいことが起こる前兆の鳥）として、鶴料理が供された。一般庶民には鶴の肉は高くて手に入らないから、少し身肉の色が白いイナダで鶴もどきを作り、汁物の具にした。鶴の目出度さを表し、「日の出汁」とした。塩蔵のイナダから塩抜きしたイナダの身肉を薄く削ぎ切りし、片栗粉をまぶし、熱湯を通す。これを、味噌とおろしダイコンで調味した汁に入れ、さらに京菜を入れ、朱塗りの椀に盛る。
- **ぶりの粕汁**　金沢市の郷土料理。ブリの粗に熱湯をかけて霜降りにしてから鍋に入れ、これに熱い湯で溶かした粕を入れ、醤油で味を調えて煮込んだ汁物である。野菜ではゴボウや葱があう。ブリも酒粕も冬の食べ物で、寒い日に体を温める料理である。
- **アマダイの澄まし汁**　アマダイは、北陸の漁港での水揚げが多いアマダイを2枚におろしぶつ切りし、片栗粉をまぶし、熱湯に入れてひきあげる。その汁に塩を加えて澄まし汁の汁とする。椀に魚の身を入れ、澄まし汁を注ぐだけの料理である。
- **うさぎ汁**　白峰村の特別な料理である。野ウサギが捕獲できた時に、肉だけを取り出し、たたきひき肉状にしてから肉団子を作る。ウサギの肉団子、ゴボウ、打ち豆を味噌味の汁で煮る。冬の農家の料理である。
- **かじめ汁**　能登の磯で採集できるカジメの味噌汁。能登の海は汚染されていないから、美味しい海藻が採集できる。新鮮な海藻を利用して、不足しがちな食物繊維を取り入れるようにすることが望まれる。

⑱ 福井県

汁物と地域の食文化

　福井県はズワイガニをはじめとする海産物の豊富な地域である。地元に水揚げされるズワイガニを使ったカニの鍋、カニの味噌汁は、カニのもつ本来のうま味を利用した汁物である。地元の人は、商品にならないカニは、日常の食事に利用している。福井産のカラスミ（ボラの卵巣のカラスミ）とウニの塩辛（越中ウニの塩ウニ）は、汁物とは関係がないが、全国的に有名な珍味として貴重にされている。

　曹洞宗の大本山、永平寺の精進料理は現在、日本の料理の世界でも注目されている。それは、料理の美味しさだけでなく、食材の選択、レシピ作成に健康面が配慮され、現代人の求めている健康食と共通するところがあるからであろう。精進料理の「一汁三菜」の「一汁」の具も一日の生活に必要なものであるからである。

　京都の文化の影響を受け、永平寺の精進料理や質素な生活は、福井県民の日常生活に影響を及ぼしている。

　福井の農家では、収穫に合わせた行事を行い、収穫した農作物を利用した行事食が多い。厳しい寒さの日に、昆布だし汁の豆腐をご飯にかける「ぼっかけ」は、豆腐だけでなく、花かつお（削り節）、ダイコン、さらしネギなどをのせる。

　福井の山地域ではそばを食べる。だし昆布はそば汁には欠かせないが、福井県は、「高級出汁昆布」の生産地である。そのそばツユに昆布だしは欠かせない。そばを食べるときに辛味ダイコンを使うことが多く、さらには出汁豆腐を惣菜に食べる地域もある。

汁物の種類と特色

　福井県はズワイガニ（越前ガニ）の水揚げ量の多い県であるから、鍋物の具にズワイガニを入れる。福井県も富山県や石川県と同様に、ズワイガ

ニの雌をセイコガニといい、身肉をほぐして二杯酢や三杯酢で食べる。とくに越前町と坂井市三国町のセイコガニを1匹まるごと味噌汁に入れた「カニ汁」「セイコ汁」は人気がある。

福井県の人々は永平寺の教えの影響を受けているらしく、精進料理に使う大豆の料理として「打ち豆汁」がある。これは、潰した大豆を入れた味噌汁であり、大豆の他に野菜類（カブ、ニンジン、ダイコンなど）、油揚げも入れる。

福井県の沿岸では海藻（とくにフノリ）がとれ、めん類に入れたフノリそばがある。海藻の芽の部分を使った「めかぶの味噌汁」も郷土料理に挙げられている。福井県だけでなく、北陸地方は食材が多い地域であるが、郷土料理としての汁物は少ない。

食塩・醤油・味噌の特徴

❶食塩
福井県で生産している食塩はない。

❷醤油の特徴
一般家庭で使う醤油の醸造会社は天保年間から大正年間にかけて創業されている。北海道十勝産の大豆を原料としている醤油が多い。また、福井県は昔からウニの産地として知られているためか、ウニを原料とした魚醤油のようなもので「雲丹醤油」がある。

❸味噌の特徴
1831（天保2）年に創業した味噌醸造会社の米五味噌は、大本山永平寺御用達として、永平寺でも使われていた。福井県の味噌は、福井産の「コシヒカリ」を原料とした米味噌が多い。

1992年度・2012年度の食塩・醤油・味噌の購入量

▼福井市の1世帯当たり食塩・醤油・味噌購入量（1992年度・2012年度）味噌購入量

年度	食塩（g）	醤油（mℓ）	味噌（g）
1992	4,088	12,156	9,259
2012	2,370	4,871	4,839

▼上記の1992年度購入量に対する2012年度購入量の割合（％）

食塩	醤油	味噌
58.0	40.0	49.0

　1992年度の食塩・醤油・味噌の購入量に対して2012年度の購入量は食塩が58％に減少し、醤油は40％にも減少している。味噌は約50％に減少している。自治体の健康増進や食生活改善運動により、摂取食塩量の減少についてのガイダンスの効果もある。また、1992年度から2012年度までの20年間に食生活の様式が変わり、高齢化に伴い宅配弁当、調理済み総菜利用、レトルト食品や加工食品の利用によって、家庭での調理の機会も少なくなっているので、家庭での食塩・醤油・味噌の購入量が減少している一因となっていると思われる。とくに、高齢者が郷土料理や漬物を継承する家庭が少なくなることは、食塩・醤油・味噌の購入量を少なくする要因でもある。

　家庭での食塩・醤油・味噌の購入量が少なくなることは、塩分の摂取量も少なくなり生活習慣病の予防によいと考えられるが、調理済み惣菜、宅配弁当、持ち帰り食品、加工食品などの塩分濃度が高いので、塩分摂取量は多くなっている。

地域の主な食材と汁物

　農業の中心はコメで、「コシヒカリ」の発祥の地として知られている。奥越地方は、一日の寒暖の差が大きく、これが甘味のあるサトイモができる一因といわれている。大野市が中心の田畑は、焼畑農耕で福井県特産の野菜を栽培している。漁業関係では古くから若狭湾のサバやカレイは京都の料理の食材として運ばれている。

　福井県の冬の味覚は、ズワイガニ、甘エビ、若狭ガレイであることはよく知られているが、伝統食品にはサバの糠味噌漬けの「へしこ」、焼きサバなどサバを材料とした郷土料理もある。京都の郷土料理「鯖寿司」のサバは若狭湾の中心地・小浜から鯖街道を通り京都に運ばれたものであった。厳しい気候風土に対する心構えと永平寺の教えが、地域の人々に浸透しているのか食材を大切にする心が、郷土料理の中にみられる。

主な食材

❶伝統野菜・地野菜

穴馬カブラ、河内赤カブ、勝山みず菜、古田刈カブ、山内カブラ、真菜、四月菜、越前白茎ゴボウ、花ラッキョウ、大野サトイモ、谷田部ネギ、かわずウリ、板垣ダイコン、木田ちりめん、吉川ナス

❷主な水揚げ魚介類

サバ、若狭ガレイ、越前ウニ、越前ガニ（ズワイガニ）、若狭グジ（アマダイ）、若狭フグ（トラフグ）

主な汁物と材料（具材）

汁　物	野菜類	粉物、豆類	魚介類、その他
打ち豆のおつけ	サトイモ、ダイコン葉、カブ、ニンジン	打ち豆（大豆をつぶしたもの）	味噌仕立て
おつけだんご	ネギ、カブ、イモ	うるち米の粉、もち米の粉	味噌仕立て
越前ガニの鍋	ハクサイ、長ネギ、シイタケ	豆腐	ボイルズワイガニ、塩味
谷田部ネギ汁	谷田部ネギ		味噌汁
カブ雑煮	カブ、カブの葉	煮込み餅	だし汁（赤味噌仕立て）、かつお節・柚子（添え物）
吉川ナス汁	吉川ナス		味噌汁
おぼろ昆布汁		梅肉（添え物）	太白おぼろ昆布、醤油仕立ての澄まし汁
板垣ダイコン汁			
なまぐさ汁			焼きサバ（ほぐす）、澄まし汁
カニ汁	ネギ		セイコガニ（一匹まるごと）、味噌仕立て

郷土料理としての主な汁物

海の幸に恵まれているので、魚介類を材料とした郷土料理と伝統食品は多い。

- **越前ガニ鍋**　日本海の代表的カニは、福井県沖の海底の質の良いところに棲息しているズワイガニは、福井では越前ガニとよんでいる。塩ゆでして二杯酢や三杯酢、または鍋の具にするズワイガニは大きい雄である。メスは小さくセイコガニ、香箱（こうばこ）とよばれている。越前ガニの鍋は、昆布だし汁を鍋に入れ、そこに、生または塩ゆでの越前ガニの脚や胴を入れて煮る。白菜やネギなど季節の野菜も煮る。煮上がったものは、特製の汁かポン酢醤油などで食べる。煮汁にはカニや野菜のうま味成分が溶け込んでいるから、具材を食べた後は煮汁を使って、雑炊や煮込みうどんで食べるのもよい。
- **魚介汁**　福井沖で獲れる新鮮な魚介を大鍋で煮込み、醤油または味噌味で食べる。海の幸に恵まれた地域でしかできない豪華な汁物である。魚ばなれが問題になっているこの頃、大きな鍋で身近な魚の鍋料理や汁物を作り、地元の大人も子供も一緒になる時間を作り、食べながら海や魚介類の知識を広め、精通するよい機会となるであろう。
- **鯛まま**　三国地方はズワイガニをはじめ多種多様な魚介類が水揚げされる地点である。その三国町の漁師たちが、釣り上げたばかりのマダイを刺し身にし、粗はぶつ切りにして味噌汁の具か熱い番茶をかけて豪快に食べたことから「鯛まま」の呼び名がついた。
- **芽かぶの味噌汁**　芽かぶは、ワカメの岩への付着器の近くの部位である。これを食べやすい大きさや形に切って味噌汁の具にする。芽かぶには、フコイダンなどの機能性物質を含むので、大いに利用すべき部位である。
- **ぼっかけ**　昆布だし汁で作った豆腐汁を、ご飯にかけ、薬味におろしダイコン、さらしネギ、花かつおを添える。寒い時に、体を温める郷土料理である。福井は豆腐を利用する地域であるので、生活の知恵から生み出された郷土料理であろう。
- **打ち豆のおつけ**　「おつけ」は「おみおつけ」すなわち味噌汁が転訛した言葉。坂井町の味噌汁には、必ず「打ち豆」を入れ、うま味を出す。季節によって具材となる野菜は違うが、打ち豆を入れることにより生臭みの消えた味噌汁となる。打ち豆そのものは大豆だから、加熱すれば大豆のうま味が味噌汁に溶け出し、また大豆たんぱく質が摂取できる。ただし、大豆アレルギーの人は気をつけること。

⑲ 山梨県

汁物と地域の食文化

　山梨県と静岡県の両県に属する富士山には、神仏への信仰を起源として、火山との共生を重視し、山麓の湧水などに感謝する伝統が育まれてきた。古くから富士山とその信仰を契機として生み出された文化と芸術の源泉であることから、2013（平成25）年6月に世界遺産（文化遺産）に登録された。NHKの朝ドラの『花子とアン』が加わり山梨県はこれまで以上に注目されている。

　山梨県を囲む富士山の他に、南アルプス、八ヶ岳などの名だたる山々を水源とする恵まれた名水の恩恵によるところが多い。すなわち、山地の多い土地のため小麦が作られていたが、その小麦を粉状にした小麦粉に名水を加えて捏ねて、ほうとう、みみ、おつけだんご、吉田うどんなどが汁物の郷土料理となっている。

　ブドウ、モモなどの果樹の生産の盛んな山梨県の全面積の80%は山岳地帯である。古くから甲斐の国とよばれているが、その語源は山峡の「狭（やすかい）」に由来していて、四方が山々に囲まれている意味がある。

　甲斐の国を守っていた武田信玄（1521〜73）は、甲斐国の国主として内政にも心を配った。戦国時代の郷土食の「ほうとう」は、今なお伝えられている。山梨県は耕地面積に恵まれない狭隘（きょうあい）な盆地で、主食のコメが県内では賄えないために、代用の食材として小麦、大麦、トウモロコシ、ソバなどの雑穀類を利用し、また、ジャガイモ、サツマイモ、カボチャなども利用した。代表的な郷土料理の「ほうとう」は、小麦粉から作る甲州独特の麺類であるが、カボチャやその他の野菜を加えた味噌仕立ての「煮込みうどん」のようなものである。栄養分を取り入れる汁物の一種でもあった。

汁物の種類と特色

「ほうとう」には煮干しのだし汁を使うものもある。具材はカボチャを使うものが多いが、その他に野菜を使うもの、油揚げを入れるものなどがある。煮干しでとっただし汁の中に、サトイモ、ニンジン、ダイコン、カボチャを入れて煮込んだところに、名水で練った小麦粉の生地を麺棒で延ばしたのし板を太目に切った麺を加え、味噌仕立てで煮込んだ「のしこみ」というものもある。「吉田うどん」には、シンプルなかけうどんや馬肉を甘辛く煮た「肉うどん」がある。淡水のタニシを使った「たにし汁」（つぼ汁）、野菜を使ったものでは「古屋タマネギ汁」「山梨ナス汁」「道志村クレソン汁」などがある。

身延町の「のしこみ」は、コメの節約のために、一年中夕食のためにたくさん作る味噌汁のようなものである。夕食に残ったものは、翌日の朝食の時に、煮返しして食べる。大鍋に煮干しでとっただし汁を入れ、これに季節の野菜やキノコを入れて作る。

鰺沢町の正月は、小麦粉を薄く延ばした箕というワンタンの皮のようなものと、野菜類を入れた「みみ」という味噌汁を作る。「み」は穀物の実とごみを風で選別する農機具の意味で、元旦の正月に食べる。

食塩・醤油・味噌の特徴

❶食塩

海に面している地域のない山梨県には、製塩の原料となる海水がないので、山梨県産の食塩はない。

❷醤油の特徴

山梨県内の醤油・味噌の醸造会社の中で、最も古い会社の創業は1872（明治5）年である。「テンヨしょうゆ」の名で現在でも流通している。現在も山梨県内には15～16社の醤油や味噌の醸造会社がある。

❸味噌の特徴

「甲州みそ」は、山梨県の伝統的食文化を受け継いだ味噌といわれている。山梨県の代表的郷土料理の「ほうとう」の汁には欠かせない味噌となっている。特徴は米麹を使った味噌と麦麹を使った味噌の「合わせ味噌」である。

1992年度・2012年度の食塩・醤油・味噌の購入量

▼甲府市の1世帯当たり食塩・醤油・味噌購入量(1992年度・2012年度)

年度	食塩(g)	醤油(mℓ)	味噌(g)
1992	2,937	9,674	8,216
2012	2,370	4,342	6,237

▼上記の1992年度購入量に対する2012年度購入量の割合(%)

食塩	醤油	味噌
79.8	44.9	75.9

　甲府市の1世帯当たりの食塩・醤油・味噌の購入量は、甲信地方の長野県のそれと比較すると少ない傾向がみられる。全体的には、自治体の健康増進指導、食生活改善団体の塩分摂取を少なくする運動などの結果、食塩・醤油・味噌の使用量が減少し購入量の減少にも表れていると思われる。

　2012年度の醤油の購入量が1992年度の購入量に対して約45%であることは、だし醤油や「めんつゆ」などの購入が影響していると考えられる。

　味噌の購入量については、山梨県の郷土料理の「ほうとう」は味噌仕立てであるから、各家庭で味噌は欠かせない調味料である。しかし、近年はほうとうを外食として利用したり、調理済みのほうとうに「ほうとう用だし味噌」がついているので、家庭で味噌仕立ての汁を作らなくてもよくなった。2012年度の味噌の購入量が1992年度のそれよりも減少している一要因と考えられる。

地域の主な食材と汁物

　内陸県の農産物の生産地は甲府盆地である。甲府盆地は、土壌の水はけが良く、日照も良く、朝晩の気温差が大きいことから果実類の栽培には良い。野菜類の栽培は富士山や八ヶ岳の麓が主体である。

主な食材

❶伝統野菜・地野菜

　あけぼの大豆、長禅寺菜(からし菜)、鳴沢菜、大野菜、茂蔵ウリ、おちあいいも(ジャガイモ)、つやいも、大塚ニンジン、長カブ、水掛菜、その他(山梨県農産物販売強化対策協議会推奨農作物)、キャベツ・クレ

ソン（八ヶ岳、富士山の麓）
❷食肉類
　養鶏

主な汁物と材料（具材）

汁　物	野菜類	粉物、豆類	魚介類、その他
ほうとう	ジャガイモ、カボチャ、サヤインゲン、タマネギ、キノコ	小麦粉→麺	煮干し（ダシ）、味噌仕立て、菜種油
小豆ぼうとう		小麦粉→麺、小豆	調味（砂糖／塩）
のしこみ	サトイモ、ダイコン、ニンジン、ハクサイ、ネギ、キノコ	小麦粉→麺	味噌仕立て
吉田うどん	キャベツ	小麦粉→麺	「かけうどん」「馬肉を入れた肉うどん」
とろろ汁	ナガイモまたは山芋、ネギ		だし汁（かつお節）、添え物（削り節、のり）、卵の黄身、醤油仕出し
たにし汁（つぼ汁）	タニシ		味噌汁
古屋タマネギ汁	タマネギ	豆腐	味噌汁
道志村クレソン汁	クレソン		
山梨ナス汁	ナス		味噌汁
しし汁	ダイコン、ニンジン、ネギ	豆腐	イノシシ肉、味噌仕立て

郷土料理としての主な汁物

　山岳地帯で占められている山梨県の食生活は、コメの栽培が難しく、江戸時代までの主食は雑穀が中心であった。畑作は小麦やトウモロコシであったが、小麦は年貢として納めていたので、小麦粉で作る「ほうとう」が食べられるようになったのは、明治以降であった。したがって、小麦粉の郷土料理が発達したのは、明治以降であるといえる。

- **ほうとう** 「ほうとう」の名は、清少納言の「枕草子」（平安中期）の一文にある「はうちうたう」が由来ではないかといわれている。また、「ほうとう」の名の由来は烹飩（煮うどん）から転じたとの説もある。コメの収穫の少ない山梨県では、県下一円で食べられている郷土料理である。カボチャの出始める秋から3月頃までカボチャを入れたほうとうを食べると、風邪をひかないとの言い伝えが守られているようで、いつほうとうを食べてもカボチャが入っている。一般的なほうとうの作り方は、カボチャ、サトイモ、ダイコン、ニンジンなどの季節の野菜を刻んで煮た、味噌仕立ての汁に、幅広の小麦粉の生麺を入れ、ゆっくりと煮込み、とろりと仕上げた煮込みうどんである。一般に、うどんの生地は小麦粉に水と食塩を入れて捏ねてつくるが、ほうとうの生地は食塩を入れないで作る。
- **かぼちゃほうとう** 具材に使う季節の野菜の中で、カボチャを基本として使ったほうとう。
- **小豆ぼうとう** 生めんを小豆の汁粉に入れた郷土料理。北杜市の三輪神社では、毎年7月30日に、農作業の節目を祝す「若神子のドンドン火祭り」が開催される。この時に、「小豆ぼうとう」が参詣の人々に振る舞われる。
- **手打ちうどん** 稲作に適さない山梨県では、古くから人々の間で伝えられてきた代表的郷土料理である。富士山、南アルプス、八ヶ岳などの山々からの豊富な名水のおかげで、風味の良いうどんやほうとうができる。うどんの具材は、好みにより天ぷら、油揚げ、蒲鉾などさまざまである。
- **吉田のうどん** 富士山の湧水を使って混捏し、硬く太いうどんが「吉田うどん」の特徴である。醤油と味噌の合わせ汁で食べる。
- **みみ** 鰍沢町の郷土料理。秋の収穫に感謝し、穀物をふるう箕の中に、山や畑で採れたたくさんの食材を入れて神に供えた。箕は大切な農具だったので、ほうとうの生地を箕の形に作ったのが「みみ」で、これをほうとうと同じように煮込んだ料理。
- **とろろ汁** 秋に収穫したナガイモを春先まで保存して使う。だし汁の中に、擦りおろしたヤマイモを入れ、醤油で味を調え、削り節や刻みネギ、のりを散らす。普通は麦飯にかけて食べるが、客には卵の黄身をのせる。

⑳ 長野県

汁物と地域の食文化

　標高1,350メートルの長野県でも、熱帯性の作物であるコメが栽培されている。現在のようにコメの栽培が可能になったのは、江戸時代から第二次世界大戦終了までと長い年月の研究の結果である。稲作が難しい信州は、ヒエ、キビ、ソバが主食であった。空気の清涼な高原地帯は、ソバの栽培に適し、「信州そば」というブランド品を作り上げ、代表的な郷土料理となっている。信州の家庭で作る手打ちそばは、家族そろって団欒しながら食べるのが信州地方の当然の食習慣だった。手打ちそばに野沢菜は、信州のそばを食べるときの組み合わせであった。

　佐久市を中心に、昔からの動物性の栄養源としてフナが欠かせなかった。また、諏訪市を中心には動物性の栄養源としてフナを利用した。コイの「こいこく」、フナの「ふなこく」は、信州みそを上手に使った汁物である。ふなこくやこいこくで信州そばを食べるのも信州風の食スタイルといえる。

　長野県飯山市の地域では、そばツユは、味噌漬けのダイコンを細かく刻み、これを煮出してから絞った汁も混ぜるという珍しいものである。

　長野県の郷土料理には、サザ虫の佃煮があるが、主に保存食とするので、汁物には利用しないようである。長野県の馬肉料理はよく知られている。馬肉を使った、「汁」と名の付く料理はないが、さくら鍋がある。「さくら」の名の由来は、サクラの花の咲くころの馬は、乾草を冬の間中たっぷり食べた馬の肉は非常に美味しいことにある、との説がある。

汁物の種類と特色

　長野県は、そばと漬物の食文化に特徴があると知られている。毎年度、長野市の食塩の購入量は甲信地区の甲府市、東海地区の各県に比べて多いことは、食塩は各家庭で作る漬物に欠かせないからである。長野県は、ソバの栽培条件に適していることから良質のソバが生産され、「そば切り」

の文字は江戸時代宝永期に見られたとの記録があると伝えられている（嘉慶年間［1387～88］に創建した大桑村定勝寺の寺普請）。

汁の中に麺類を入れたものも汁物のカテゴリーに入れると、「信州そば」のほか、小麦粉の麺類もこの仲間に含まれる。信州そばは、信州高原の寒冷な気候と痩せた地質の戸隠・乗鞍・松本のものが良質で、名産となっている。信州のそば切りの食べ方には、辛味ダイコンや味噌仕立てのタレを付ける食べ方、「煮かけそば」がある。きしめんの形で食べる地域もある。小麦粉を使った「おはっと」（太く大きい味噌仕立て）、「ほうとう」（味噌／醤油仕立て）、「お煮かけ」（細めのうどんで、醤油仕立て）などは汁の多い麺類といえる。夕食には「おつめり」といって水団のような汁物を作る地域もある。

長野県の千曲川を中心にフナやコイの養殖が盛んである。客が来るとフナを筒切りにするか、小さいフナは1尾まるごと味噌仕立ての「ふなこく」にする。コイは筒切りにして「こいこく」（千曲川鯉コク）にする。

野菜を使った汁物には、「すきん汁」「八ヶ岳ダイコン汁」「八ヶ岳ハクサイ汁」「川上キャベツ汁」などがある。

食塩・醤油・味噌の特徴

❶食塩

海に面している地域がないから、製塩の原料となる海水がないので、長野県産の食塩はない。

❷醤油の特徴

「信州むらさき」ともいわれ、信濃川の源流から取水した天然水で仕込むのが特徴である。長野の夏は暑く、冬は寒く、また朝と夜の大きな気温差という気候が醤油醸造の長期間熟成を可能にし、一般の醤油より色は薄いがまろやかな味の醤油である。

❸味噌の特徴

信州味噌といわれる味噌は、米麹と大豆で作る米味噌で、色は淡く辛口（塩分濃度が11～12％）である。

1992年度・2012年度の食塩・醤油・味噌の購入量

▼長野市の1世帯当たり食塩・醤油・味噌購入量（1992年度・2012年度）

年度	食塩（g）	醤油（mℓ）	味噌（g）
1992	6,402	11,382	14,177
2012	3,096	6,356	8,924

▼上記の1992年度購入量に対する2012年度購入量の割合（%）

食塩	醤油	味噌
48.4	55.8	60.8

　長野県は県全体として、また各自治体の健康増進の運動と食生活改善グループの協力により、一人当たりの毎日の塩分摂取量が減少し、高血圧などの生活習慣病に悩んでいる県民が少なくなり、長寿の人が急増したことで知られている。それでも、1992年度の長野市の食塩の購入量は6,402gであり、これに対し甲府市のそれは2,937gと少ない。2012年度の長野市の1世帯当たりの食塩の購入量は3,096gであり、これに対し甲府市のそれは2,370gである。日常の食塩やその他の塩分を含む調味料の購入量と喫食する量には差があることが推測できる。

　野沢菜をはじめとするすんき漬けなどの家庭での漬物作りが盛んであった。漬物は大小の違いはあるが、会社での大量生産により、家庭では作らなくなったので、家庭の食塩購入量が減少したと思われる。醤油については昆布、シイタケ、カツオのだし汁を入れた醤油が流通するようになり、本来の醤油の購入量が減少したと推測している。長野県は、味噌汁のほかコイこくやフナこくなどで味噌の使う機会は多いが、県全体の食塩摂取の減少の取り組みは、味噌の使用量を少なくした料理に転換していることも考えられる。

地域の主な食材と汁物

　野菜と果物の生産量の多い地域である。その理由は、冷涼な気候、地形の高低による気温の差、日照時間の長さ、山岳地帯に水源のある良質な水の豊富さなどが挙げられる。伝統野菜として知られている野沢菜の漬物とそば・小麦の食文化は、江戸時代から継承されている。

主な食材

❶伝統野菜・地野菜

松本一本太ネギ、王滝カブ、稲核菜(カブ菜の仲間)、野沢菜、羽広菜(カブ菜の仲間)、木曾菜(漬菜)、八町キュウリ、開田カブ、諏訪紅カブ、赤根ダイコン、雪菜(アブラナ科)、沼目しろうり、ねずみダイコン(辛味ダイコン)、親田辛味ダイコン、灰原辛味ダイコン、たたらダイコン、切葉松本地ダイコン、はくれい茸、ワサビ、ジャガイモ

❷主な魚

ワカサギ

❸食肉類

牛肉(地域ブランド)

主な汁物と材料(具材)

汁 物	野菜類	粉物、豆類	魚介類、その他
鯉こく (千曲川コイこく)	山椒		千曲川鯉、調味(味噌/砂糖/みりん)
おのっぺ汁	ダイコン、ニンジン、ゴボウ、ジャガイモ、干瓢、サトイモ、冬菜	凍み豆腐	竹輪、昆布(だし)、味噌味お澄まし汁
おつめり	季節の野菜	小麦粉(→団子)	味噌仕立て
鮒こく			鮒、調味(酒/味噌/砂糖)
すんき汁	すんき菜の漬物		味噌汁
八が岳ダイコン汁	八が岳ダイコン		味噌汁
八が岳ハクサイ汁	八が岳ハクサイ		味噌汁
川上キャベツ汁	川上キャベツ		味噌汁

郷土料理としての主な汁物

飛騨・木曾・赤石の3山脈が南北に延びている高原地である。長野県の

食生活は、昔から川や湖の淡水魚は重要な動物性たんぱく質供給源であり、平地がないので植物性の食材は、山菜やキノコに依存してきた。そのために、郷土料理には川魚や山菜・キノコを食材としたものが多い。特別な郷土料理は、信州の各地で昆虫やその幼虫を食用としていることである。

- **鯉こく** コイを輪切りにして、信州味噌で調味し、時間をかけて煮込んだ料理である。コイは清水で泥を吐かせてから味噌で煮る。味噌が臭みを緩和する働きがあるからコイを食べる良い方法である。長野で使う有名なコイは、佐久コイである。佐久コイの養殖は江戸中期から行われている。千曲川の清流が、コイの飼育に適している。佐久のコイは、主として水田で養殖している。田植えの後に幼魚を放ち、9月に池に移してから2～3年の間、養殖したのが食べごろの大きさになる。

- **すんき汁** 「すんき」は、「すんき漬け」のことで、木曽地方に伝わる伝統的なカブナの漬物である。日干して保存しておいたすんき漬けを種として、新しいカブナを漬ける。保存しておいたすんき漬けは、乳酸菌が存在しているので、その乳酸菌を利用した発酵食品である。すんき漬けは、乳酸菌が生育しているのでほかの雑菌は生育ができないので、腐敗することがなく、保存できる。このすんき漬けを細かく切って味噌汁に入れたのが「すんき汁」である。味噌もすんき漬けも発酵食品で、両者とも乳酸菌が存在しているので健康に良い汁物であり、食欲増進効果もある。

- **鮒こく** 諏訪地方の郷土料理で、来客の時に作る。大きいフナは筒切りにし、小さいフナは1尾まるごと味噌汁で煮込む郷土料理である。味を調えるには砂糖や酒も使う。フナの特徴的成分は、脂溶性ビタミン類が多いことである。フナはコイと違い養殖ものはなく、天然ものの比重が大きい。したがって、汚れている川や湖沼のフナには寄生虫が存在していることが多い。汚染している川や湖沼のフナはもちろん清流のフナでも必ず加熱することによって、寄生虫による健康障害が起こらない。味噌とともに煮るのは、フナのもつ泥臭さや生臭さを緩和するための方法となっている。

- **おのっぺ汁** 諏訪地方の「のっぺい汁」のことである。年取りの日や寒い日に作る実（具）のたくさん入った汁物である。のっぺい汁が、各地で祭りや恵比寿講などに作られることに似ている。ダイコン、ニンジン、

ゴボウ、ジャガイモ、かんぴょう、サトイモ、冬の野菜、凍み豆腐、昆布などを入れて、ことこと煮込んだものである。調味には「すまし」という「味噌を煮たてて濾したもの」を使う。
- **おつめり** 一般には「すいとん」といわれるものである。ただし、小麦粉は軟らかい生地とし、平らに延ばしてちぎり、野菜たっぷりの汁に入れる。すいとんの形が整っていないのが特徴である。

【コラム】薬味の性質

長野県の郷土料理といえばそば切りである。そばを食べるのに薬味を使う。そば用の薬味にはだいこんおろし、刻みねぎ、すりおろしたワサビなどがある。これらの薬味の辛味成分は、刻んだり擦りおろすことによって発現する。その理由は、食材の中に存在している間は、辛味はないが、擦りおろしたり、刻むことにより、加水分解酵素が酸素に触れて活性化し辛味成分の前駆体が辛味成分を生成するからである。ダイコンやネギに含む辛味成分の前駆体は、加水分解酵素によりアリルイソチオシアネートという辛味成分を生成する。ワサビに含まれる辛味成分の前駆体は配糖体として存在している。ワサビをサメ皮のおろし器で回すように擦ると、ミロシナーゼという酵素により辛味のアリルイソチオシアネートとブドウ糖が生成される。したがって、擦りおろしたワサビは、辛味の中にまろやかな甘味を感じるのである。ただし、食酢や醤油に溶かすと辛味の効果は弱くなる。

㉑ 岐阜県

汁物と地域の食文化

　岐阜県は、日本の東西の文化が混在し、東の食文化と西の食文化とが分かれる地域といわれている。

　飛騨山脈・飛騨高地・両白山地の山々に水源のある美濃平野を流れる木曽三川は、岐阜の各地域には独特の食文化を生み出してきている。岐阜県をPRするキャッチフレーズ「清流の国ぎふ」では、岐阜県を取り囲む山々にある水源が大役を果たしている。飛騨高山の麓に近い郡上八幡（現在は郡上市）を訪れた人は、水の綺麗さにびっくりしている。

　海に面している地域のない県であるが、奥美濃から流出する長良川にはアユをはじめとし多種類の川魚が棲息している。長良川の鵜飼いは、『大宝令』（701年）、『古事記』（712年）、『日本書紀』（720年）などにも記されている漁獲法である。料理の種類には刺身、吸物、姿ずし、塩焼きのほかにもたくさんある。汁物としてはアユの「吸物」がある。南濃から中濃にかけての低地にはフナやコイ、ナマズなどが多い。海津町には「こい汁」（鯉汁＝コイの味噌汁のようなもの）が郷土料理として存在している。

　岐阜はサトイモを利用する地域である。サトイモの粉ともち米の粉を混ぜてつくる団子を味噌汁に入れた「だんご汁」がある。名月の日に食べる習慣がある。大豆から豆乳をつくり、これに水を加えて加熱し、香ばしい香りをした「どぶ汁」（別名「すりたて汁」）がある。

汁物の種類と特色

　岐阜の郷土料理の汁物については、岐阜県が発行している「ぎふのお母さんの味」では、長良川の名物である「鮎ぞうすい」がある。鮎料理の締めを飾る料理として提供されるが、あっさりしたアユのうま味が醤油や塩で引き立つのが醍醐味となっている。

　芋名月（旧暦の8月15日の中秋の名月）には、サトイモ、インゲンの

汁の中に、小麦粉や米粉のだんごを落とした「だんご汁」を、サトイモと一緒にお月様に供えた。陶器の町の土岐にちなんで陶器を利用した新しい汁物も生まれている。

その他、飛騨の秋縞ササゲの「秋縞ささげ汁」や、「徳田ねぎ汁」「鮒味噌汁」、味噌仕立ての「鯉汁」などもある。太目に切ったそばをドジョウと見立てたかけそばは「どじょう汁」といわれている。

食塩・醤油・味噌の特徴

❶食塩
富山からぶり街道で運ばれる塩ブリは、富山で塩蔵されたもので、岐阜では製塩はされていない。

❷醤油
醤油の醸造や消費は岐阜県は、愛知県や三重県と同じく「たまり醤油」が多い。醤油や味噌の醸造には長良川の伏流水を仕込み水として、大豆と小麦を原料として使われている。

❸味噌
飛騨高山の朴葉(ほうば)味噌は、ご飯や酒の友として利用される調味味噌である。飛騨味噌や岐阜味噌のブランド味噌も飛騨の自然水を仕込み水として利用している。郡上八幡の綺麗な水を利用して醸造したのが「郡上の地味噌」というブランド味噌である。飛騨高山の山車のデザインが印刷された「高山味噌」は、醸造や熟成にはクラシック音楽を聞かせるというユニークな味噌である。

1992年度・2012年度の食塩・醤油・味噌の購入量

▼岐阜市の1世帯当たり食塩・醤油・味噌購入量(1992年度・2012年度)

年度	食塩(g)	醤油(mℓ)	味噌(g)
1992	2,321	1,0915	9,183
2012	1,757	6,180	7,007

▼上記の1992年度購入量に対する2012年度購入量の割合（％）

食塩	醤油	味噌
75.7	56.6	76.3

　岐阜県の伝統野菜である守口ダイコンの奈良漬け、飛騨の赤かぶの塩漬けまたは糠漬けを作り続けている家庭があるので、2012年度の1世帯での食塩の購入量は1992年度に比べて75.7％に留まっている。醤油についてはだし醤油やタレなどを購入するようになったために、2012年度の購入量は、1992年度の購入量に比較すると56.6％まで減少している。

　2012年度の食塩・醤油・味噌の購入量は、20年前の1992年度と比べると相当量減少している。これは、他の都道府県庁所在地と同様に、食生活の内容ではなく、調理済み食品、冷凍食品、インスタント食品、加工食品などの利用度や外食の機会の増加が大きくなったことに一因があると思われる。食塩・醤油・味噌の購入量が減っても加工食品や調理済み食品の利用は、食塩の摂取量を多くしている。

地域の主な食材と汁物

　飛騨山脈・飛騨山地・両白山系の高冷地は、水はけが良いので野菜類の栽培が行われているが、山麓地帯では飛騨牛が飼育されている。これらの山岳地帯を水源とする長良・木曾・揖斐の3つの河川が流れる南部の濃尾平野は、コメの栽培に適している。飛騨・美濃の伝統野菜は、この地域の食文化の形成に貢献している。

　岐阜には3大河川が流れているので、コイ、フナ、アユなどの淡水魚の料理が発達している。

主な食材

❶伝統野菜・地野菜

　真桑うり、ちょろぎ、守口ダイコン、飛騨紅カブ、白大カブ、飛騨一本太カブ、宿儺カボチャ、十六ササゲ、白石千石豆、菊芋、秋縞ササゲ、菊ゴボウ、ゴボウアザミ、木曾紫カブ、藤九郎ギンナン、ほうれん草、トマト、徳田ネギ

❷主な魚介類

　アユ、アマゴ、ニジマス

❸食肉類
肉牛（飛騨牛）

主な汁物と材料（具材）

汁　物	野菜類	粉物、豆類	魚介類、その他
こい汁（鯉の吸物）		豆腐	鯉、調味（味噌／砂糖）
こくしょ	サトイモ、ダイコン、ニンジン、ゴボウ、シイタケ	油揚げ、豆腐	コンニャク、昆布、調味（たまり）
にんじん汁	ニンジン、ダイコン、サトイモ	小豆	コンニャク、煮干し（だし）、味噌仕立て
じゅんさいの澄まし汁	ジュンサイ		かつお節だし、醤油仕立て
よもぎうどん		ヨモギの新芽と葉を練り込んだ麺	麺つゆ（醤油／みりん／だし汁）
秋縞ささげ汁	秋縞ササゲ		
徳田ねぎ汁	徳田ネギ		八丁味噌の味噌汁
鮒味噌汁	薬味（臭みを緩和）		マブナ（筒切りにして焼く）、味噌汁

郷土料理としての主な汁物

　飛騨高地、飛騨山脈に並ぶ山間部、平野の多い美濃地区に分けられる。飛騨は、富山からのぶり街道に伴う郷土料理、美濃は木曾、長良、揖斐の3大河川を擁した「三野」に発達した川魚や農作物を材料とした郷土料理がある。

- だんご汁　岐阜の芋名月（中秋の名月。普通はお月様にサトイモを供える）には、サトイモ、インゲンの汁の中に小麦粉と米粉で作った団子を落としてだんご汁としサトイモと一緒にお月様に供えた。明治時代は、麦7分、米3分のご飯が主食であった。コメがなかったので雑穀を食べることが多かった。収穫の少ない明治時代は、先に、雑穀の粉で作った団子の入った味噌汁を飲んで腹を膨らませてから、少量の米のご飯を食

べたそうだ。

- **とうがん汁** 古くからの郷土料理であるが、いつ頃から、どんな目的で作られるようになったかは明らかでない。生活習慣病の予防に、岐阜県栄養士会は、エネルギーの少ない食材のトウガンを使った郷土料理のとうがん汁に注目している。淡白な味のトウガンを、やや濃い目のだし汁で、軟らかくなるまでゆっくり煮込んだ汁物である。熱々のとうがん汁は体を温めるのに良い汁物である。

- **ぼたん鍋** 岐阜県は山が多いから、古くから、山間の旅館では野生のイノシシを捕獲し、イノシシ肉を煮込んだ鍋を提供している。イノシシの肉は鮮やかな赤い色で、煮込むと縮れて牡丹の花のようになることから牡丹鍋ともいわれている。

- **こい汁** コイの粗や頭を使った味噌汁である。本来は、コイの身肉を取った残りものの利用として考えられた料理である。ほとんどの魚の美味しいところは、頭部、目の周りのゼラチン質、ほほ肉であるように、淡水魚のコイの場合も頭部の目の周りは美味しく、その食べ方として味噌汁の中に入れて食べた。味噌は、コイの泥臭さや生臭さを緩和する働きがある。こい汁は、多少濃い目に味付け、少量の砂糖を入れるのが特徴である

- **こくしょ** 恵那市地域の郷土料理である。「こくしょ」の名は、濃漿（濃い味噌汁）に由来する。サトイモ、ダイコン、ニンジン、ゴボウ、コンニャクなどを小さな角切り（または乱切り）にし、油揚げ、シイタケも小さく切って、たまり醤油で調味した汁で煮る。煮立ったら豆腐を入れる。お祝い事や葬儀に作るが、普通の日の食事の惣菜にも作る。葬儀など不祝儀の時は、赤色のものは使用しない。昆布は「喜ぶ」につながるので赤いニンジンと結び昆布は使わない。

- **にんじん汁** 恵那市地区の冬に作る郷土料理である。大鍋にたくさんのニンジンなどを煮ながら大勢で食べる「にんじん汁」といっても、ニンジンを必ず入れるとは限らない。季節の野菜や使わないで残っている野菜でもよい。家にあるダイコン、サトイモ、コンニャクなどの食材に、煮干しと小豆を入れ、味噌で味付けしたものである。煮込むほどに美味しくなる汁物である。

- **じゅんさいの澄まし汁** かつては、北海道から九州に分布していたジュ

ンサイは、現在の主な産地は秋田県(三種町)である。時々、学校給食で「じゅんさい汁」を提供している自治体もある。岐阜の恵那市の「じゅんさいの澄まし汁」に使うジュンサイは、恵那地区で秋田県の白神山の水源か三種町の沼から譲り受けた種苗を生育させたもののようである。春先に鎌で集めた軟らかい葉は水洗いし、醤油で味を調え、かつお節のだし汁で煮た澄まし汁である。

【コラム】川魚料理が発達

岐阜県内は長良・木曽・揖斐の三河川が流れているので、川魚料理の発達している地域である。代表的なアユ料理には塩焼き、刺身(背ごし)、吸物、姿ずし、煮びたし、甘露煮、田楽、フライなどがあるが、アユ料理の締めは、あゆぞうすいである。薬味にはさらしねぎとゆずの千きりを加え、川魚特有の臭いをマスキングし、爽やかな臭いのぞうすいにして食べる。長良川のアユの鵜飼いや塩焼きは、奈良時代からの伝統漁法であり、食べ方である。

22 静岡県

汁物と地域の食文化

　伊豆半島、駿河湾を擁する静岡県は、新鮮な海の資源に恵まれ、家庭料理には、新鮮な素材を活かした料理が主体となる。静岡県は、東海道を橋渡しに関東の食文化と関西の食文化の交流地となっている。駿河湾、遠州灘に面する平野部は気候温暖で、四季の味覚にあふれている。富士山から裾野への傾斜地には耕地が多く野菜や茶を中心に栽培されている。

　静岡県の北部は富士山と赤石山脈を抱え、南部は太平洋に面し海岸線が長い。とくに伊豆半島は気候は温暖で、海の幸、里の幸、山の幸に恵まれている。現在でも気候的に住みやすい地域として静岡が挙げられる。徳川家康が隠居生活に静岡（駿河）を選んだほど、住みやすい地域である。

　静岡県の相模湾の沖合は、黒潮にのって回遊する魚介類が豊富である。イセエビやタカアシガニの味噌汁は、汁物として逸品である。ワタリガニの味噌汁は「がずうの味噌汁」として松崎地域の郷土料理となっている。郷土料理としての魚介類の味噌汁には「川ノリ」や磯で獲れる「ツボメ」「亀の手」などの味噌汁もある。伊豆の天城山で捕獲されたイノシシの肉を使ったマタギ料理の「イノシシ鍋」は、古くから利用された汁物であり鍋物である。

　富士高原を開拓して発展した酪農や農業も、静岡の味覚をつくりあげている。山地で栽培しているソバは、そば切りとし、シイタケからとったダシを使ったそば汁で食べる。焼津や田子はかつお節の生産地であるが、山地でのかつお節の利用には年月がかかったのかもしれない。

汁物の種類と特色

　静岡県は伊豆半島と富士山の麓では、毎日入手できる食材が違う。伊豆半島は沿岸の魚介類、磯の魚介類に恵まれているので、魚介類を中心とする郷土料理が多く、富士山の麓では農作物や飼育している家畜・家禽を利

用した郷土料理が多い。汁物としては、伊豆の山々や富士山系の山々で捕獲したイノシシの「イノシシ鍋」、江戸初期から繁盛しているという「丸子のとろろ汁」、御前崎の漁師料理のカツオの「ガワ」、呉汁を利用した「野菜呉汁」や、「チイ茸味噌汁」、ダイコン汁、ナス汁、伊豆半島の「イセエビの味噌汁」「タカアシガニの味噌汁」などがある。

食塩・醤油・味噌の特徴

❶食塩の特徴

海岸線が長いので製塩工場も多い。「西伊豆戸田塩（へだ）」「太陽と風の塩／西伊豆の塩」など、満潮時の海水を汲み上げて製塩している。

❷醤油の特徴

富士山麓の豊富な湧水、澄んだ空気という環境で、じっくり醸造させて作る。甘露醤油は、刺身、豆腐、すしのつけ醤油として使われている。「刺身たまり醤油」を製造している会社もある。

❸味噌の特徴

古くからの金山寺味噌の発祥の地で、径山寺味噌とも書く。おかずや酒の友として利用されている。「相白味噌（あいじろみそ）」は静岡県を中心に作られている味噌で、関西の白味噌と信州の淡色の辛味噌の中間の味噌である。

1992年度・2012年度の食塩・醤油・味噌の購入量

▼静岡市の1世帯当たり食塩・醤油・味噌購入量（1992年度・2012年度）

年度	食塩（g）	醤油（mℓ）	味噌（g）
1992	3,162	1,2069	1,1824
2012	1,866	5,841	6,930

▼上記の1992年度購入量に対する2012年度購入量の割合（％）

食塩	醤油	味噌
59.0	48.3	58.6

静岡市を含め静岡県全体として医師会、大学病院、公立病院が積極的に減塩の指導をしているためか、2012年度の食塩・醤油・味噌の購入量は20年前の1992年度の購入量に比べて食塩と味噌は約60％に、醤油は約50％に減少している。醤油については、だし醤油やタレの利用による購入量の減少も考えられる。汁物の具には、野菜や魚介類を入れたものが多いが、

魚介類やかつお節のダシを利用して、食塩や味噌の利用を減らしていることも推察できる。

地域の主な食材と汁物

富士山の麓や牧之原・愛鷹山(あしたかやま)の台地など傾斜地の耕作が多い。温暖で日照時間が長く農業では野菜と茶を中心に栽培している。伊豆の清流の地域で栽培した沢ワサビは、静岡県の特産である。太平洋の遠州灘、岩礁や磯の多い伊豆、駿河湾、浜名湖など好漁場が多い。伊豆の山間のイノシシは、昔からマタギ料理として利用されていた。

主な食材

❶伝統野菜・地野菜

葉しょうが、芽キャベツ、海老芋、ワサビ、折戸(おりと)ナス、箱根ダイコン、水掛菜、駒越・三保えだまめ、タマネギ、レタス、ネギ、サツマイモ、ダイコン、ほうれん草

❷主な水揚げ魚介類

マグロ・カツオ（焼津漁港）、イワシ、アジ、サバ、シラス、サクラエビ、タカアシガニ、ニジマス（富士山麓）

主な汁物と材料（具材）

汁 物	野菜類	粉物、豆類	魚介類、その他
がずうの味噌汁			カニの味噌汁
とろろ汁	ヤマノイモ		サバ（トロロと一緒にすりあげる）、味噌仕立て
イノシシ鍋	ダイコン、三つ葉、シイタケ	豆腐	味噌仕立て
がわ料理	タマネギ、キュウリ、大葉、ショウガ、梅干し、万能ネギ、カイワレダイコン		カツオ（その他の鮮魚）、味噌仕立て
サバ汁	ネギ	豆腐	サバ、だし汁、味噌仕立て

野菜呉汁	季節の野菜		味噌仕立て
チチ茸汁	チチタケ、ナス		油で炒めて醤油味
ダイコン汁	ダイコン		
ナス汁	ナス		

郷土料理としての主な汁物

- **がわ料理** 漁師がつくる郷土料理。鮮度の良い魚を叩いて水に入れ、漬物、しそ、梅干、ショウガ、野菜などの具材を入れた後、味噌を溶き、さらに水を入れて出来上がり。御前崎の漁港には大量のカツオが水揚げされる。したがって、御前崎の漁師の「がわ料理」の魚には新鮮なカツオを使う。魚はカツオの刺身、野菜はタマネギ、キュウリ、大葉、ショウガ、梅干、万能ネギ、カイワレ大根をみじん切りして加える。

- **とろろ汁** 旧東海道の丸子(鞠子)のとろろ汁は、江戸時代から芭蕉の俳句や、『東海道中膝栗毛』の中で弥次さんと喜多さんの会話の中で紹介されている。とろろ汁の作り方は、調理の前に自然薯の表面を軽く焼き、表面の鬚根を取り除き、酢水に漬けてアクを抜きをしてから、擦りおろす。すり鉢で丁寧に擦り、だし汁でのばし、卵を入れ、白味噌で味を調える。

- **しし鍋** 伊豆・天城の温泉旅館では、古くからイノシシ肉の「しし鍋」を提供していたことで有名である。最近は、野生のイノシシによる農作物の被害がひどく、イノシシの有効利用を研究しているようである。丹波篠山、静岡の天城山、岐阜の郡上は、イノシシの3大産地といわれていたが、各地域でイノシシやシカによる農作物の被害が大きくなり、被害防御対策とともにイノシシ肉とシカ肉の有効利用が研究されているのが現実である。しし鍋は、味噌仕立ての鍋で、イノシシ肉をダイコン、ニンジン、ネギ、シイタケ、豆腐、ゴボウ、コンニャクなどと一緒に煮込む。野生のイノシシ肉には、寄生虫や食中毒菌の存在が問題になることが多いので、必ず鍋料理のように加熱して食べること。

- **がずうの味噌汁** 「がずう」はカニの一種だが学名は不明。伊豆半島の松崎地区の郷土料理。水を入れた鍋にぶつ切りした生の「がずう」を殻のままぶつ切りして入れる。アクを除いて味噌汁に仕上げる。ズワイガ

ニやワタリガニも素材として使われる。カニのダシが出て美味しい味噌汁である。この地方ではタカアシガニの味噌汁は名物である。
- **サバ汁** 沼津や焼津にはマサバが水揚げされる。このマサバを利用して、この地方で作られる郷土料理である。サバの身を庖丁で叩き、団子状にする。沸騰しただし汁にサバの団子を落とし、アクを除き、豆腐、刻みネギを入れ、味噌と醤油で味を調えたもの。マグロやカツオなど高級魚の入手できる地域であるが、安価な食材で健康に留意した汁物として「静岡県健康づくり食生活推進協議会」が薦めている郷土料理である。
- **チチ茸汁** チョウジチチタケとカラマツチチタケがあり、美味しいダシが出るので味噌汁に使われる。
- **イセエビの味噌汁** 伊豆半島の下田・松崎地区の家庭料理である。イセエビをぶつ切りし、味噌汁の具にする豪華な家庭料理である。

23 愛知県

汁物と地域の食文化

　愛知県は、上方（京都、大阪）と江戸（東京）の両方の文化を導入しやすい地理的位置にある。しかし愛知県で江戸の文化らしい文化が栄えたのは、江戸時代もずっと遅く、田沼時代（1772〜87）以降であった。それまでは、愛知県を含む東海地方は上方文化の影響が強かった。現在では、関西向けのものと関東向けのものを開発する基準として、名古屋での評価を参考とする食品もあるといわれている。

　愛知県の八丁味噌は、大豆（大豆麹）と塩だけから作る独特の味噌で、一般に作られる大豆・塩・米麹を原料としたものとは異なる。八丁味噌を使う味噌汁の場合には、昆布やかつお節、煮干しなどからのダシを使わずに、八丁味噌の製造過程の中で生成される大豆由来のうま味成分がダシとなっている。愛知県が作り上げた八丁味噌は、愛知県の郷土料理には欠かせない。郷土料理の「煮込みうどん」の麺つゆには、味噌だまり（八丁味噌のたまり醤油）を使う。

　立田村の汁物には、コイの頭も入れた味噌の濃い味の「鯉こく」があり、南知多地区の学校給食では、郷土料理の「ひきずり」（鶏肉のすき焼き）が出される。

汁物の種類と特色

　木曽川・揖斐川・長良川で形成された濃尾平野はコメやムギの栽培に適しているので米味噌や麦味噌が発達し、愛知県の汁物の郷土料理を作るのに貢献している。徳川家康が三河武士の兵糧用として作った「豆味噌」は、三河地方の味噌汁に欠かせない。

　汁物としては、たまり醤油仕立ての「ハクサイ汁」「法正寺ねぎ汁」、伝統野菜の越津ネギの「越津ネギ汁」「刈谷ダイコン」、漁師料理の「ニシ汁」、知多半島の郷土料理の「ねかぶ汁」、八丁味噌を使った「煮味噌」や「味

噌煮込みうどん」、たまり醤油味の水団とサトイモなどを入れた「だんご汁」などがある。

醤油・味噌の特徴

❶醤油の特徴

　東海地方での醤油といえば、「たまり醤油」をさすことが多い。たまり醤油は「尾張たまり」といい、知多半島での生産が多い。また、大豆のうま味が濃縮した濃厚なコクのある「濃口醤油」がある。

　「白醤油」は、もともとは金山寺味噌の上澄み液を白醤油として流通していた。原料には小麦が多く、色素は淡色であるのが特徴である。

❷味噌の特徴

　徳川家康の時代に兵糧として作られた豆味噌は、後に民間用に改良された。色は濃く、八丁味噌、三州味噌、三河味噌などがある。夏の熟成期間は6か月、冬の熟成期間は1年間が普通である。昆布だしやかつお節だしを入れた赤だし味噌（赤みそ）という。「尾張赤だし」などがある。

1992年度・2012年度の食塩・醤油・味噌の購入量

▼名古屋市の1世帯当たり食塩・醤油・味噌購入量（1992年度・2012年度）

年度	食塩（g）	醤油（mℓ）	味噌（g）
1992	2,074	10,803	8,738
2012	1,701	5,674	5,375

▼上記の1992年度購入量に対する2012年度購入量の割合（%）

食塩	醤油	味噌
82.0	52.5	61.5

　名古屋市の味噌の購入量は、東海地方の中では多い。これは、名物のうどんを食べる汁に、醤油を使うよりも、味噌を使った煮込みうどんとして食べる機会が多いからかもしれない。

　2012年度の醤油や味噌の購入量が1992年度の購入量に比べて約50〜60%に減少しているのは、外食や加工食品、調理済み食品などを利用する機会が増えているので、家庭で醤油や味噌を使わなくてもよいものが多くなったからであろう。

地域の主な食材と汁物

　愛知県の地形は、台地状で広いことが農作物の栽培に適している。伊勢湾に面した肥沃な濃尾平野は、豊富な農産物の産地である。その上、気候が温暖なため野菜類の栽培に適し、名古屋周辺では明治時代にはキャベツやトマトの栽培が行われている。養鶏が盛んで「養鶏王国」と称されるほどである。同時にウズラの飼育も盛んな地域でもある。とくに、銘柄鶏「名古屋コーチン」の評価は高い。

　伊勢湾や三河湾には、木曾・揖斐・長良の三大河川から栄養豊富な水が流入するので、魚介類が豊富である。

　かつては、平野を流れる大小の河川はフナ、モロコ、ハエなどは、重要な動物性たんぱく質供給源であった。

主な食材

❶伝統野菜・地野菜

　宮重ダイコン、方領ダイコン、守口ダイコン、尾張大カブ、八事五寸ニンジン、碧南鮮紅五寸ニンジン、木之山五寸ニンジン、愛知本長ナス、八名丸サトイモ、青大キュウリ、愛知縮緬カボチャ、野崎２号ハクサイ、野崎中生キャベツ、餅菜、大高菜、まつな、治郎丸ほうれん草、愛知白早生タマネギ、養父早生タマネギ、知多（黄早生）３号タマネギ、越津ネギ、法正寺ネギ、愛知早生フキ、渥美白花絹サヤエンドウ、十六ササゲ、姫ササゲ（黒種十六ササゲ）、白花千石（白花つるなし千石、フジ豆）、ギンナン、落ウリ、金俵マクワ、早生カリモリ、早生トウガン、カリフラワー、ブロッコリー、大葉、トウガン、三つ葉、タマネギ、キャベツ、つま菊

❷主な水揚げ魚介類

　イワシ、シラス、イカナゴ、カレイ、アサリ、ハマグリ、養殖物（ノリ、ウナギ）

❸調味料

　岡崎の八丁味噌

❹食肉類

　鶏（特に名古屋コーチン）と鶏卵、ウズラとウズラの卵、三州牛

主な汁物と材料（具材）

汁　物	野菜類	粉物、豆類	魚介類、その他
鯉こく			コイのぶつ切り、味噌
ひきずり	ネギ、ハクサイ、ほうれん草		イワシの身肉、醤油仕立て
だんご汁	サトイモ、ダイコン、ニンジン、ハクサイ	小麦粉（→団子）油揚げ	ちくわ、たまり醤油仕立て
白菜汁	ハクサイ、サトイモ、生姜	油揚げ	たまり醤油仕立て
煮味噌	ダイコン、ニンジン、サトイモ、ネギ		八丁味噌、コンニャク、ダシ汁、味噌、サラダ油、砂糖
法正寺ネギ汁	法正寺ネギ		味噌汁
越津ネギ汁	越津ネギ		味噌汁
刈谷ダイコン汁	刈谷ダイコン		味噌汁
ニシ汁			イボニシ、豆味噌
ねかぶ汁			ワカメの根（ねかぶ）、イワシの焼き干しのだし汁（熱いのをかける）

郷土料理としての主な汁物

　名古屋は織田信長、豊臣秀吉、徳川家康の三大英雄の影響を受けているためか、食文化も関西とも関東とも違うところがあるように思える。よく知られている名古屋の食べ物には、名古屋コーチン、きしめんの郷土料理がある。

- **きしめん**　めん類の分類からは「ひらめん」に属し、「ひもかわ」ともいわれる。江戸中期の『料理山海郷』（1750年）に、「きしめんは、うどん粉に塩を加えずにこね、普通に踏んで薄く打つ。幅5分（1.5cm）くらいの短冊に切り、汁で加減する」と書かれている。製造法からは「ほうとう」や「すいとん」の仲間である。名古屋の「味噌煮込みうどん」にも使われる。きしめんの呼び名の由来には諸説がある。①殿様に献上

する雉の肉入りの雉鍋が訛ったもの、②紀州の人が、茹でやすく平たい麺に仕上げたところから紀州麺の訛ったもの、③碁石状の生地を延ばしたからなどがある。一般的な名古屋風の「きしめん料理」は、「味噌煮込みうどん」かカツオだし汁の温かい麺つゆで食べる。すなわち、カツオだし汁を利かした淡口醬油で仕上げた温かい汁に、茹で麺、雉肉の代わりに油揚げを入れ、青菜（ほうれん草や小松菜）を入れ、花かつお（削り節）をたっぷりのせて食べる。最近の嗜好の変化で、地元での消費が減っているようである。

- **ぼら雑炊**　ボラとネギを入れて炊き上げた雑炊に似た炊き込みご飯。農家の寄合の席には必ず供された。

- **味噌煮込みうどん**　尾張地方の郷土料理。土鍋にコシ（弾力性）の強い手打ちうどんと、豆味噌、鴨肉（または鶏肉）、油揚げ、卵、ネギなどを入れ、麺が好みの軟らかさになるまで煮込む。豆味噌が味噌味をつけると同時にダシともなっている。

- **にし汁**　伊勢湾の知多半島の篠島周辺の磯で獲れるニシ貝の味噌汁。篠島は、伊勢神宮に献上するマダイやアワビを漁獲している漁師が多い。ニシ汁は、漁師が仕事帰りに磯に付着しているニシ貝を家庭に持ち帰り、殻付きのまま擦り潰し、焼いたマダイの身と焼き味噌を入れ、さらに細かく擦り潰して冷水を入れて飲む冷や汁である。なお、篠島のマダイは毎年、御幣鯛として伊勢神宮へ奉納されている。

- **ねかぶ汁**　春のワカメの最盛期に、海から刈り上げたワカメの根のところの味噌汁。刈り上げたときは褐色だが、茹でると鮮やかな緑色に変わる。独特のねばりがあるが、ワカメのもつ粘質物はフコイダンなどの機能性成分である。これを味噌汁に入れ、磯の香りを楽しみながらいただく。

- **煮味噌**　愛知県の八丁味噌は、岡崎八丁ともいわれる豆味噌である。もともとは、徳川家康ゆかりの岡崎城から、西に八丁離れた額田郡八町村八丁で作られるようなったのが始まりなので、「八丁味噌」とよばれる所以である。三河地方の「煮味噌」は、ネギ、サトイモ、ダイコン、ゴボウ、ニンジン、油揚げ、コンニャクを細かく刻み八丁味噌とともに煮込む。

- **鯉こく**　海部地区では、結婚式の披露宴の御開きの膳に、お赤飯と「鯉

こく」を供する習慣が残っている。「コイのあらい」用に身を取った後の粗（骨のついたまま）の味噌仕立ての汁を供することもある。昔からコイの生命力が抜群であることから、縁起物として供されていたようである。コイの内臓だけを取り除き、ぶつ切りにし、頭も一緒に使った味噌汁である。

- **ひきずり**　南知多地区の郷土料理で、冬に体を温めるために作るイワシの鍋物である。イワシを手で捌き、頭、骨、内臓を除き、きれいにする。これを根深ネギ、白菜、ほうれん草、豆腐などと一緒に煮る。家族で鍋を囲んで煮ながら食べる。
- **だんご汁**　豊橋地区の郷土料理で、野菜の入ったすいとん。小麦粉の団子の他に、サトイモ、ダイコン、ニンジン、白菜、油揚げ、豊橋名産の竹輪など季節のものや地元の食材を入れて煮込み、熱々のものを食べる。
- **白菜汁**　豊橋地区の郷土料理。白菜（3cm幅に切る）、サトイモ、油揚げ（短冊に切る）などを鍋に入れて煮込み、たまり醤油で味を調えたもの。ショウガの搾り汁を入れるのが特徴である。
- **若鶏とダイコンのスープ**　JA愛知中央会が推奨する家庭料理。愛知県は養鶏が盛んであるところから考えられた汁物である。下茹でしたダイコン、霜降りにした鶏肉、ネギを弱火で煮詰めたスープで、味付けは鶏ガラスープを使う。

㉔ 三重県

汁物と地域の食文化

　三重県は、江戸時代までの伊勢、志摩、伊賀の国に熊野の一部が含まれている。伊勢、志摩、熊野は、伊勢湾、熊野灘に面しているので海の幸に恵まれ、沿岸漁業も盛んである。海の幸を利用した料理は多い。桑名のハマグリや伊勢の沿岸のシラウオ漁は昔から知られている。伊勢湾に流入している多数の河川は美味しい「桑名のハマグリ」の生産地であり、将軍家にも献上された。季節になれば、各地で作られる「ハマグリの潮汁」は、ここ伊勢湾では格別に美味しい汁物であった。

　イセエビは、伊勢湾の代表的エビで、その立派な形、美しい外観の色は、伊勢神宮の立派な神饌となっている。ハレの日には、1尾まるごとの「イセエビ味噌仕立ての汁物」は、料理そのものの外観だけでなく味も良い。伊勢湾ではタビエビ、クツエビなども獲れ、汁物の具にもする。

　伊勢・志摩の磯に自生している亀の手、フジツボ、シッタカ貝などを材料として無造作に作られる味噌仕立ての「磯の貝の味噌汁」は、漁師の家庭では、今でも受け継がれている。素朴で、野趣に富んだ料理に、尾鷲地方の定置網で獲れた魚を使う「大敷料理」、鳥羽の潮がひいたときに竿を立てて囲いをつくり、その中で跳ねている魚を使った「楯干し汁」がある。伊勢地方の一向宗の伊勢講の時に供される「御講汁(おこうしる)」は、精進料理の一品でダイコン、豆腐、油揚げなどを入れたお粥である。

汁物の種類と特色

　熊野灘の海の幸に恵まれている三重の郷土料理は、魚介類を使ったものが多い。また、太陽を神格化した天照大御神を祀る伊勢神宮(正式には「伊勢」はつかないといわれている)には、神饌として奉納される魚介類や農作物が多いことから、それらの食材の郷土料理も多い。

　郷土料理の中の汁物には、定置網で漁獲した魚を利用した漁師料理の味

噌汁の「大敷き汁」、淡水魚のコイの「鯉こく」、山間部で捕獲したイノシシの「しし鍋」、松阪牛の「すき焼き」、ヤマイモ（伊勢いも）の摺ったものを澄まし汁に流し入れた「伊勢芋落とし汁」、マコモタケと水団の入った「マコモひっつみ汁」、熊野灘の沖合で漁獲したカツオの粗の味噌仕立て「カツオの粗汁」、伊勢講の時に供されるダイコンのみそ汁でダイコンを鼈甲色になるまで煮た「御講汁」などがある。また、古くから濃尾平野を流れてきた三大河川の河口に当たる桑名がハマグリ産地であることは古くから有名で、数々のハマグリ料理のある中で、汁物として「ハマグリの吸物」がある。

食塩・醤油・味噌の特徴

❶食塩の特徴

「岩戸の塩」は、伊勢神宮のみそぎ浜として知られている二見ヶ浦の近くから汲み取った海水で作ったものである。「真珠の塩」は、熊野灘のリアス式海岸の五ヶ所湾の入口の相賀浦で汲み取った海水で作っている。

❷醤油の特徴

伊勢平野の中京地区に接しているので、味の濃厚な「たまり醤油」が使われている。京風料理を好む人や料理店では、淡口醤油を使うところもある。関東の濃口醤油も利用されている。「伊勢醤油」は大豆だけで仕込む伝統的な醸造法で作る「たまり醤油」である。脂肪の少ないサンマを深層水塩だけで漬け込む「サンマ醤油」もある。

❸味噌の特徴

豆味噌（八丁味噌）の利用が多い。甘みのある麦味噌も利用されている。

1992年度・2012年度の食塩・醤油・味噌の購入量

▼津市の1世帯当たり食塩・醤油・味噌購入量（1992年度・2012年度）

年度	食塩（g）	醤油（mℓ）	味噌（g）
1992	2,666	11,966	9,156
2012	1,888	6,364	4,235

▼上記の1992年度購入量に対する 2012年度購入量の割合（％）

食塩	醤油	味噌
70.8	53.2	46.2

　津市の2012年度の食塩・醤油・味噌の購入量が20年前の1992年度の購入量に比べれば、減少している。生活習慣病の予防のための塩分摂取の減少も一因があると思うが、市販の加工食品、調理済み食品、冷凍食品、宅配料理、弁当などを利用するとき、味付けしてあるか、ソースや醤油が付いているので、家庭に用意してある食塩、醤油、味噌などの調味料を使わなくてもよい機会が多くなったことも大きく影響していると思われる。とくに、共働きなど忙しい家庭では、家庭で料理することなく、家族で外食する機会が増え、市販の惣菜で食事をしてしまうことが多くなったことも考えられる。

　食塩の利用については、梅の産地の和歌山に近いことから、梅干しなどの漬物を作るための食塩の購入量も関係しているようである。

地域の主な食材と汁物

　三重県は、大阪市や京都市などの大消費地に近く、気候に恵まれた地の利を活かし、農業は発達してきている。コメ（伊賀コシヒカリ）、野菜類の他、熊野灘が温暖で傾斜のある地形なので太陽光線の恵みを受けやすいことからかんきつ類もブランド果物を生み出している。熊野灘、伊勢湾の漁港には黒潮の海流にのってくるカツオやマグロも水揚げされる。

　志摩半島の周囲の島々のマダイ、イセエビ、アワビなどは伊勢神宮への奉納のために用意されるものもある。内陸部には、近江商人によってもたらされた松阪牛、伊賀牛、伊賀コンニャクなど郷土料理の素材が多い。

主な食材

❶伝統野菜・地野菜
　伊勢いも、三重ナバナ、赤ズイキ、朝熊小菜、松阪赤菜

❷主な水揚げ魚介類
　（黒潮）カツオ、マグロ類、ブリなど。（伊勢湾）イワシ、シラス、イカナゴ、カレイ、アサリ、イセエビ、ヒジキなど。桑名のハマグリ。志摩半島のアワビ、サザエなど。

❸食肉類

松阪牛

主な汁物と材料（具材）

汁　物	野菜類	粉物、豆類	魚介類、その他
お講じる	ダイコン		味噌汁
伊勢芋落とし汁	三つ葉	山芋（擦りおろして澄まし汁へ）	だし汁、淡口醤油（澄まし汁）
マコモのひっつみ汁	マコモ、トウガン、ニンジン、ゴボウ、ネギ、干しシイタケ	乾燥大豆（水で戻す）	だし昆布
カツオ粗汁			カツオの粗、味噌仕立て
ハマグリ吸物			ハマグリ（桑名）、潮汁

郷土料理としての主な汁物

- **大敷き汁**　定置網（大敷き）で漁獲した魚を具にした味噌汁の漁師料理である。新鮮なサバ、イカ、ソウダガツオ、アジが入り、美味しい味噌汁である。お目出度いときには、イセエビを使うこともある。
- **キュウリの冷や汁**　農作業を終えた暑い日に、簡単に作れる冷えた汁物として利用される。現在も伊賀地方の上野地区では食べられている。温かいだし汁に味噌を入れて溶かし、冷ましておく。薄味の食塩水に薄くスライスしたキュウリを入れておく。すり鉢にゴマを入れて擦り、そこに味噌の入っただし汁を入れてよく混合し、この中に薬味とキュウリを水気を搾り取って加え、氷を入れて冷やす。これを熱々の麦ご飯にかけ、薬味をのせて食べる。味噌の香り、ゴマの香ばしさ、薬味の爽やかさと、冷たさで、暑さがしのげるご飯となる。
- **しし鍋**　山間のイノシシ肉を使った家庭の鍋料理。味噌仕立ての鍋にするが、味付けは各家庭によって異なる。
- **僧兵鍋**　湯の山温泉を中心に、天台宗の三岳寺の僧兵たちがスタミナ源として僧兵鍋を食べたと伝えられている。豚骨のだし汁の中にダイコン、

ニンジン、ゴボウ、サトイモ、タケノコ、シイタケなどの季節の野菜、イノシシ肉を入れて煮込む、味噌仕立ての鍋である。
- **マンボウ料理** 東紀州では、マンボウが水揚げされると、刺身や酢味噌でも食べるが、すき焼き風にしても食べる。材料や作り方は牛肉のすき焼きと同じで、牛肉の代わりにマンボウの白身を使う料理。
- **まこもひっつみ汁** 菰野町では、マコモダケ（別名ハナガツミ）がたくさんとれ、その利用法として考えられたのが「マコモひっつみ汁」である。昆布やシイタケからとっただし汁にマコモダケ、鶏肉、季節の野菜、大豆（水戻し）などを入れて煮込む。ひっつみ（すなわち小麦粉の団子）は、最後に熱い汁の中に落とす。味付けは醤油仕立て。寒い日の屋外でも大勢で食べれば、体が温まる料理。
- **伊勢芋の落とし汁** 多気町が原産といわれる伊勢芋の擦りおろしを澄まし汁に落としたもの。伊勢芋のきめ細かさと強いねばりが、しっかりした団子になる。味噌仕立ての家庭もある。伊勢芋の特徴は、料理の過程でも、料理の後に放置していても褐色に変わらないことである。ポリフェノール含量が少ないか、含んでいないからである。
- **御講汁** 御講とは、一向宗の報恩講（伊勢講）のことで、この時にダイコン・豆腐・油揚げを容器に入れ、蒸らしながら煮込む操作を3日間繰り返し続ける。ダイコンは鼈甲色に変わり、味もしみこむ。甘味とコクのあるダイコンが出来上がる。精進料理で、そのまま汁として利用する場合と、ご飯にかけて食べる場合がある。

㉕ 滋賀県

汁物と地域の食文化

　昔の近江の国で、近江商人は全国各地に出かけため、近江商人により影響を受けた食文化が多い。県の中央にある琵琶湖の淡水魚は鮒ずしをはじめとし、コイ、フナ、その他の淡水魚を中心とした郷土料理は多い。

　滋賀で生まれた人にとっては、琵琶湖はかけがえのない大きな存在である。琵琶湖とその周辺の田畑、琵琶湖を囲む山地は、生きていくために必要な食材を供給してくれる恵みが豊富なところである。日本の発酵食文化の一つの形である「鮒ずし」は、琵琶湖周辺の生み出した独特の保存食で、コメを乳酸発酵してつくる。調味料の味噌や醤油とは違った発酵形式である。

　琵琶湖周辺で生活している人たちは、琵琶湖に棲息する小魚・小エビを煮つけ、佃煮などの保存食として利用している。アユ、ビワマス、コイ、フナのようなやや中型のものは、刺身にするものもあるが、素焼き、馴れずし、甘露煮などにして楽しんでいる。

　日野村蓮花寺のドジョウでは、「どじょう汁」と「五葉汁」がある。琵琶湖ではマシジミとセタシジミが棲息し、琵琶湖周辺の住人の朝食には、味噌仕立てのシジミ汁が提供されることが多い。近江八幡の沖ノ島の郷土料理に、関東風すき焼きを思わせる「じゅんじゅん」という汁物がある。この「じゅんじゅん」の具にはナマズやイサザを使う場合もある。「じゅんじゅん」の名の由来は、湖北町や湖岸地域の「美味しい」という意味にある。近江八幡には、琵琶湖に冬に飛来するカモの「鴨すき」がある。鍋物でもあるが、最後にうどんを入れて汁まで賞味するためか、汁物のカテゴリーに入れられている。

汁物の種類と特色

　琵琶湖の幸に由来する郷土料理が多く、周辺の農地には伝統野菜が栽培

されている。琵琶湖のゲンゴロウブナの馴れずしは日本のすしのルーツで、奈良時代からつくられていたといわれている。琵琶湖のモロコ、ゴリなどの他に小魚や川エビは保存食の佃煮に加工される。伝統食品は塩漬けにして保存される。

汁物の郷土料理には、琵琶湖のシジミ料理の中の「シジミのみそ汁」、伝統野菜のツルカブラの「つるかぶら汁」や、「枝豆汁」「鮎河菜汁」、白身で引き締まった身肉の「ギギのみそ汁」、琵琶湖周辺の小川のドジョウを使った「ドジョウのみそ汁」、冬にシベリアから飛来するカモの「鴨鍋」、神崎郡のゴマとナスのみそ汁「泥亀汁」がある。東浅井郡の「お講汁」は、だし汁は使わず、カボチャやサトイモ、ダイコンの季節の野菜のダシを活用した汁物である。鮒ずしの頭を入れた味噌汁は「酢入り汁」といわれる郷土料理である。

食塩・醤油・味噌の特徴

❶食塩
製塩の原料となる海水を汲み上げる海浜を有していない。

❷醤油の特徴
野洲川の伏流水を仕込み水として醸造している。古い会社は1885（明治8）年に創業している。濃口たまり醤油を醸造している会社もある。

❸味噌の特徴
「白味噌」は「西京味噌」の名でも知られて、滋賀県では自慢の味噌の一つである。味噌漬け専用の白味噌として「白荒味噌」というものもある。

1992年度・2012年度の食塩・醤油・味噌の購入量

▼大津市の1世帯当たり食塩・醤油・味噌購入量（1992年度・2012年度）

年度	食塩（g）	醤油（mℓ）	味噌（g）
1992	2,489	11,108	6,258
2012	1,930	6,194	3,211

▼上記の1992年度購入量に対する2012年度購入量の割合（％）

食塩	醤油	味噌
77.5	55.8	51.3

琵琶湖のフナ、イサザ、小アユなどの小魚やスジエビ、シジミなどは飴

煮や佃煮にし、紅赤かぶ漬けのように食塩を使う。鮒味噌やハスの魚田などのように味噌を使う料理を家庭でもつくる場合、下ごしらえに食塩を使うので、醤油や味噌の購入量が少なくなっている。

このように、塩漬けや佃煮は家庭でも作るのためか、大津市の食塩や醤油の購入量が1992年度も2012年度も他の都道府県所在地に比べてやや多い傾向がみられる。

近年の食生活の中で、2012年度の食塩の購入量のそれほど多く減少せず、1992年度の購入量に比べ77.5％に留まっている。醤油や味噌の購入量の減少の要因は、外食の機会が増えた家庭が多くなったこと、仕事が忙しい人や共働きの人が調理のための時間のとれなくなり、宅配弁当やデパートなどの既製の弁当を利用する家庭も多くなったことなどがある。

地域の主な食材と汁物

琵琶湖の幸に由来する郷土料理が多い。古くから「近江米」が知られていたように、農業の中心は稲作であった。琵琶湖に棲息する淡水魚は、伝統料理や郷土料理として重要であった。

主な食材

❶伝統野菜・地野菜

水口干瓢、佐治カボチャ、甲津原ミョウガ、杉谷ナス、下田ナス、高月丸ナス、笠原ショウガ、坂本の食用菊、伊吹ダイコン、山田ダイコン、ニンジン菜、日野菜、秦荘ヤマイモ、安曇川の万木カブ、余呉の山カブラ、豊浦ネギ、へいやトウガラシ、その他（滋賀県環境こだわり農業農産物）

❷主な水揚げ魚介類

小アユ、ワカサギ、ニゴロブナ、ビワマス、イサザ、ホンモロコ、セタシジミ、スジエビ

❸食肉類

近江牛、鴨

主な汁物と材料（具材）

汁　物	野菜類	粉物、豆類	魚介類、その他
ウナギ／イサザのじゅんじゅん（鍋物）	ネギ		ウナギ(またはコイ、ナマズ、イサザ、マス)、淡口醤油
鴨すき	ゴボウ、ネギ	餅	調味；砂糖／醤油
泥亀汁	ナス	白がゆ、飯	ゴマ、味噌仕立て
御講汁	カボチャ、サトイモ、ダイコン、ニンジン、カブ		味噌仕立て
八杯汁	ゴボウ	豆腐	昆布（ダシ）、醤油仕立て
ギギの味噌汁			ギギ、味噌汁（溶き卵を流す）
つりかぶら汁	聖護院かぶ	豆腐	すりご、煮干し（ダシ）、味噌仕立て
枝豆汁（打ち豆汁）	サトイモ、干しズイキ	大豆、油揚げ	味噌仕立て
セタシジミ汁	刻み青ネギ		セタシジミ、赤味噌
鮎河菜汁	鮎河菜		味噌汁
すいり汁			鮒ずしの頭を入れた味噌汁
切干大根の味噌汁	切り干し大根、サトイモ		だし汁、味噌仕立て

郷土料理としての主な汁物

- **じゅんじゅん**　滋賀県の湖北地方や琵琶湖沿岸地区では、醤油と砂糖、みりんを使い、すき焼き風に味付けした鍋料理である。すき焼きの材料は牛肉と野菜類（地域や家庭によってさまざま）、豆腐などであるが、「じゅんじゅん」の場合は川魚や鴨肉を使う。かつて、琵琶湖の漁師たちは琵琶湖で獲れるウナギをすき焼き風にして食べた。この時の音が「ちゅんちゅん」とか「じゅんじゅん」と聞こえることから「じゅんじゅん」の名がついたという。現在は近江八幡、沖島の郷土料理として受け継がれている。

- **シジミ汁** 琵琶湖の瀬田川ではセタシジミが獲れる。マシジミよりも風味が良いとの評価がある。一般には、味噌汁の具として食する。
- **せんべい汁** 大津市の小麦せんべいを具にした鍋。
- **打ち豆汁** 琵琶湖の湖北地方、伊香郡などの冬の積雪量の多い地域の家庭料理。浄土真宗の宗祖とされる親鸞の法要である報恩講の御講汁として用意するもの。乾燥した大豆は水に入れて戻してから、すり鉢で擦り、油揚げ、サトイモ、豆腐、シイタケと一緒にだし汁に入れて弱火で煮込む。味噌仕立てにして食べる。大豆のたんぱく質の供給と野菜類からの食物繊維、ビタミン、ミネラルなどの供給によい汁物である。
- **つりかぶらの味噌汁** 聖護院カブ、豆腐を具にした味噌汁で、だし汁は煮干しでとり、味噌仕立てにする。最後にすりゴマを散らす。地野菜を利用した味噌汁である。
- **「どじょう汁」と「五葉汁」** 日野町蓮花寺には、「どじょう祭り」がある。田圃の水路などのドジョウだけでは祭用には不足するので、市販のドジョウを購入し、大鍋で炊いて、参詣者に分ける。白髭神社では、「五葉汁」を用意する。
- **どじょう鍋** 高島市方面の郷土料理。あく抜きしたササガキゴボウと三枚におろしたドジョウを醤油、砂糖とともに煮る。最後に、青ネギと溶き卵を流し込み、ふたして火を止める。
- **おとしいも** ヤマイモをすり鉢の周りで擦りおろしたものを、沸騰した味噌汁または澄まし汁に、スプーンで形を作り落とす。加熱して浮き上がったら火を止める。

㉖ 京都府

汁物と地域の食文化

　京料理の源流は、神饌と精進料理にあると考えられている。現在の京都市は盆地の中にあり、海産物の入手が困難だった。そのために、京都の魚介類は江戸時代の交易船の北前船が運んでくる北海道の海産物や福井県の若狭湾の魚介類を入手し、利用した。仏教の教えにより食肉の文化の発達は遅かったが、山の幸は丹波で生産されたものを利用した。野菜の入手が難しいので、京都の地質や気候にあった京野菜を生み出し、京野菜の名の伝統野菜の種類は多い。庶民の料理「おばんざい」から推測すると、京都の料理は食材を無駄にしていないものが多い。このことは、精進料理の精神に似ているようなところがある。また、保存食を開発する技は優れていて、京野菜を漬物にして保存し、長期間大切に利用している背景を察することができる。

　「おばんざい」でも毎月の食材を工夫したものがある。正月の「京雑煮」は白味噌仕立て。その中に入る具は、焼かない丸餅、ダイコン、親芋、小芋、昆布、アワビ、ナマコなど。それらを溶け込むようにこってりとしたものである。京都の「京菜と鯨の鍋」は、大阪のクジラのハリハリ鍋に似たものであり、伊根町地区のオコゼを三枚におろした吸物「オコゼの吸物」は、ユネスコの世界文化財に申請するほどの魅力ある料理といわれている。

　京都が政治の中心であった平安時代に、外国の文化や宗教の関わりで生まれ、受け継がれている郷土料理や伝統料理は多い。現在の舞鶴、山陰との交通が便利になっているから、昔のように、京都料理に必要な魚介類を福井県から運んでこなくてもよい環境ではあるが、京料理には昔からの慣習とこだわりを誇示しているところが残っている。京料理の伝統を守るには必要なことかもしれない。山国の京都は京都の気候風土に適して栽培した京野菜も京都の郷土料理の発達に貢献している。

汁物の種類と特色

　京都盆地の郷土料理には、平安時代の貴族や寺院の精進料理の影響を受けているものが多いが、「おばんざい」という日常食にみられるように、安い食材の性質を活かした料理、食材を無駄のないように大切に使った料理であるとともに、食材同士の組み合わせやダシを使って、一手間も二手間も加えて美味しい料理に仕上げたものが多い。

　汁物の仲間となる郷土料理には、長岡京市特産のナス・カボチャ・小豆を味噌と醤油で味付けした「いとこ汁」、イノシシの「牡丹鍋」、京都の名物のタケノコ、木の芽、ワカメを具にした白だし仕立ての「若竹汁」、鶏肉や豚肉と野菜を入れた「京のっぺい汁」、鮮魚の入手の難しい京都でのマダラの肝や白子を入れた「たら汁」、京水菜を入れた「京水菜汁」、水菜、壬生菜、クジラの薄切り肉の「京菜と鯨の鍋」（別名「ハリハリ鍋」）、オコゼのぶつ切りを入れた澄まし汁の「オコゼの吸い物」、小豆、サトイモなど秋の野菜を塩味の汁で煮込み、そこに小麦粉の団子を落とした「いとこ煮」などがある。

食塩・醤油・味噌の特徴

❶食塩の特徴
　京都府竹野郡網野町で作っている「翁之塩」がある。

❷醤油の特徴
　伏見の酒と同じ系列の水を仕込み水としている醤油の醸造会社が多い。刺身用、濃口醤油、もろみ（「京もろみ」）、「熟成醤油」「都淡口醤油」などがある。とくに、都淡口醤油は京料理の煮物、吸物、だし巻き卵などに適している。

❸味噌の特徴
　西京味噌、胡麻味噌などは天保年間（1830〜44）に作られている。京都・大原の鴨川の源流の流れる山間部でつくっている「大原の味噌庵」の手づくり白味噌は、京都料理に欠かせない。

1992年度・2012年度の食塩・醤油・味噌の購入量

▼京都市の1世帯当たり食塩・醤油・味噌購入量（1992年度・2012年度）

年度	食塩（g）	醤油（mℓ）	味噌（g）
1992	2,255	9,992	5,602
2012	1,137	6,987	4,519

▼上記の1992年度購入量に対する2012年度購入量の割合（％）

食塩	醤油	味噌
50.4	69.9	80.6

　京都市の1世帯当たりの食塩・醤油・味噌の購入量は、1992年度も2012年度も近畿地方では比較的多い。家庭で料理する機会が多いと思われる。健康増進のための塩分摂取を少なめにしていることも感じられる。家庭で野菜の塩漬けを作る機会が減少したこと、外食や持ち帰り総菜などの利用が多くなり、家庭の味付けが不必要になったことが、2012年度の食塩や醤油の購入量を少なくしている一因とも考えられる。

　2012年度の味噌の購入量は1992年度に比べて80.6％であることは、家庭での味噌汁の利用は、それほど少なくなっていないと思われる。

地域の主な食材と汁物

　京都市内の伝統料理や郷土料理は、平安時代からの精進料理や宮中料理の影響を受けたものが多い。福井県の若狭湾から運ばれた塩蔵魚介類を利用した料理、京野菜を使った郷土料理、手に入る食材を無駄なく利用する「おばんざい」もある。市内から離れた山間部の農産物やイノシシなどを利用した郷土料理がある。

主な食材

❶伝統野菜・地野菜

　京野菜（聖護院ダイコン、水菜、壬生菜、加茂ナス、京山科ナス鹿ヶ谷カボチャ、伏見トウガラシ、えびいも、堀川ゴボウ、九条ネギ、クワイ、京タケノコ）、伝統野菜以外のブランド野菜（金時ニンジン、ヤマノイモ、黒大豆、紫ずきん、小豆、丹波くり、京たんごなし）、京の伝統野菜に準じるブランド野菜（万願寺トウガラシ、鷹ヶ峰トウガラシ）、通常の野菜も栽培している。

❷主な水揚げ魚介類

　カタクチイワシ、アジ、サワラ、ブリ、イカ、ズワイガニ、養殖（ハマチ、カキ、トリガイ）

主な汁物と材料（具材）

汁　物	野菜類	粉物、豆類	魚介類、その他
京菜と鯨の鍋	みず菜		塩鯨、ダシ（かつお節／昆布）、醤油仕立て
おこぜの吸物	ネギ、ミカンの皮		オコゼ、醤油仕立て
水菜と御揚げの炊き合わせ	水菜	油揚げ	じゃこ、醤油
キュウリのくずひき	キュウリ、ショウガ	くず粉、片栗粉	ダシ（かつお節）、調味（塩／醤油）
いとこ煮	ダイコン、サトイモ、ゴボウ、サツマイモ	小豆、小麦粉	塩
若竹汁	タケノコ		ワカメ、だし汁、淡口醤油仕立て
京のっぺい汁	ダイコン、ニンジン、ゴボウ、ショウガ、サトイモ、干しシイタケ、干瓢、青ネギ		鶏肉、ダシ、淡口醤油仕立て
タラ汁	ゴボウ、ネギ		マダラまたはスケトウダラ、ダシ（昆布）、味噌仕立て
京みず菜汁（水菜と豆腐の汁、水菜とかきたま汁）	水菜	豆腐	卵、澄まし汁
いとこ汁	ナス、カボチャ	小豆	調味（醤油／味噌）

郷土料理としての主な汁物

- **いとこ汁**　長岡京市の特産のナス、カボチャ、小豆を醤油と味噌で味付けした汁物。同市内の浄土谷という集落に伝わる。夜、おしょらいさん（精霊）に供えるために作る。「いとこ汁」の名は、材料を「カボチャ、

ナス、小豆」の順に「追い追い」に入れていくところ、「甥、甥」にかけて「いとこ煮」の名がある。

- **けんちん汁** 秋から冬にかけてダイコン、ニンジン、ゴボウなどの根菜類、サトイモ、ジャガイモなどの芋類、大豆、コンニャク、油揚げを鍋に入れ、醤油で味付けた具だくさんの汁。一度にたくさん作り、小分けして何回か煮ながら食べる。
- **京水菜汁** 水菜はアブラナ科に属し、京都や大阪などで栽培し、鍋物や汁物に使われる。水菜にはいろいろな食材と組み合わせた汁物が多い。水菜と豆腐、水菜のかきたま汁、卵と水菜の水物などがある。
- **丸十のっぺい汁** 丸十とはサツマイモのこと（薩摩藩の旗印が「丸に十」の字であることに由来）。豚肉、ニンジン、シメジ、ギンナンなどをだし汁に入れて煮る。火が通ったら、加熱したサツマイモのマッシュの団子にし（卵、片栗粉、塩を加えて団子にする）を、汁の中に入れたもの。
- **寒たら汁** どんがら汁ともいう。冬のマダラの身や粗、白子（精巣）などを加えた味噌仕立ての汁。椀に分けたら、天然の岩ノリをのせる。大勢で楽しく食すると美味しい。
- **タラ汁** スケトウダラの味噌仕立ての汁。スケトウダラの身、粗（肝臓、白子、眞子）を味噌仕立てにした汁物。同じ汁物は富山の郷土料理にもある。
- **若竹汁** 春のワカメとタケノコを組み合わせた澄まし汁。だし汁にはかつお節のだし汁を使い、淡口醤油で味を調える。白だしを使うところもある。
- **切り干し大根の味噌汁** だし汁に水戻しした切り干し大根、油揚げ、サトイモを加えて煮る。味噌仕立てに仕上げる。京都のおばんざいの料理。
- **京菜と鯨の鍋** 「はりはり鍋」ともいわれる。昆布のだし汁に薄切りのクジラ肉とぶつ切りの水菜加えて煮る鍋物。水菜は煮過ぎないうちに引き上げて食べる。その食感がハリハリと歯に当たるので「はりはり鍋」といい、食欲が増す。
- **おこぜの吸物** 三枚におろしたオコゼの骨でだし汁をとり、これに一口大に切った身を入れた澄まし汁。オコゼは背びれに毒をもっているが、しっかりした白身のうま味のある魚である。

27 大阪府

汁物と地域の食文化

　大阪の食生活は、京都のケチで上品な味付けの影響を受けているといわれている。とくに、大阪商人は京都のケチぶりを学びに行き、それを大阪商人の合理性に反映していると考えられている。江戸時代の大阪の庶民の台所を支えたのは、河内や浪速の農業であり、大阪湾や瀬戸内、泉南の魚介類であった。船場の商売人の家では、使用人は月に二度ほどしか魚介類を食べることができなかったが、経営者（だんな）は、夜になると料亭で旬の魚介類を賞味したといわれている。割烹料理の店ができたのは、大阪が最初である。その割烹料理店もカウンタースタイルで、料理人が客の納得のいく料理を提供するという関係が生まれた。このことが、大阪に美味しい料理が生まれた理由である。

　大阪商人の問屋町を中心地の船場に伝わるサバの「船場汁」は、安価な塩サバ、ダイコンと一緒に煮た塩汁と、昆布だし汁・日本酒で調味したものである。汁の少ないものはサバ煮といわれている。栄養分を含むサバを安い費用で美味しく食べるという大阪らしい考えの料理である。

　クジラ料理が紹介されるようになったのは江戸時代である。大阪や西日本では、クジラは庶民的食材として利用されていた。大阪にはクジラ料理専門店も多かった。水菜（京菜や壬生菜）とクジラ肉（腹身や霜降り肉）を、クジラ肉から出るだし汁で煮込んだ「はりはり鍋」も、大阪の庶民の汁物であった。

　ダイコンおろしに黄身酢を加えた薬味をつけて食べる。大阪では関東で提供される「おでん」を「関東炊き」といっている。おでんの汁も飲むのでおでん種（こんにゃく、はんぺん、豆腐、ダイコン、茹で卵などいろいろ）も汁物のカテゴリーに含める場合もある。

汁物の種類と特色

「食い倒れの街」として知られている大阪は、江戸時代からの伝統野菜を大切に継承しているかたわら、「たこ焼き」「お好み焼き」「うどん」など粉物の庶民的な食べ物が人気であり、関東では高値のためめったに食べられないフグ料理も安く食べられる。

汁物としての郷土料理には、大阪商人の問屋町の中心・船場に伝わる安上がりの栄養のあるサバの1尾をまるごと使う「船場汁」、うどんを煮ながら美味しく食べる「うどんすき」、雑魚のすり身の団子を入れた澄まし汁の「くずし汁」(「くずしの炊き食い」ともいう)、肉うどんからうどんを除いたかつお節と昆布だしのシンプルなスープの「肉吸」、若ゴボウの味噌汁の「若ゴボウ汁」、泉州ナスの味噌汁の「ナス汁」、関東風おでんの「関東炊き」などがある。

醤油・味噌の特徴

❶醤油の特徴

和歌山の湯浅地区の醤油をはじめ全国の醤油が利用されている。丸大豆醤油に昆布だしを加えた「昆布だし醤油」は冷奴、お浸し、漬物の付け醤油として利用されている。

❷味噌の特徴

1823(文政6)年に創業した「大源味噌」がよく知られている味噌である。1914(大正3)年に創業した「一久味噌醸造」は、現代の人々の嗜好に合わせた各種の味噌を提案している。

1992年度・2012年度の食塩・醤油・味噌の購入量

▼大阪市の1世帯当たり食塩・醤油・味噌購入量(1992年度・2012年度)

年度	食塩(g)	醤油(mℓ)	味噌(g)
1992	1,996	10,156	5,334
2012	1,494	5,014	3,939

▼上記の1992年度購入量に対する 2012年度購入量の割合（%）

食塩	醤油	味噌
74.8	43.5	73.8

　1992年度、2012年度とも大阪市の１世帯当たり食塩・醤油・味噌購入量は、近畿地方でも最も少ない。1992年度に対する2012年度の醤油購入量の減少は、食塩や味噌に比べて大きい値である。理由は札幌、東京都、京都府、各県庁所在地にみられるように外食の機会の増加、持ち帰り惣菜や弁当の増加、高齢化に伴う喫食量の減少、学校や官庁や会社の給食の利用など諸々の要因による家庭での醤油の利用が少なくなってきていることも考えられる。

地域の主な食材と汁物

　江戸時代から「天下の台所」とよばれたように、全国的な経済・流通の中心地として栄えた。古くから大阪府は食を支えるための野菜栽培が盛んで、大阪独特の伝統野菜を栽培してきている。瀬戸内海の東側に当たる大阪湾の周囲の陸上は工業地帯のため、水質汚染によって魚介類の棲息は難しいが、瀬戸内海の内湾性の魚介類や太平洋の魚介類は紀伊水道を通して回遊してくる。瀬戸内海や大阪湾周辺の魚介類が水揚される。また、水揚げされた魚介類は、無駄をしないように保存食に加工している。大阪人の生活力は、大阪の市場に水揚げされる魚介類と大阪市周辺の農作物により「食い倒れの街」といわれる独特の食文化を構築した。

主な食材

❶伝統野菜・地野菜

　「大阪府のなにわの伝統野菜」には、毛馬キュウリ、玉造黒門越ウリ、勝間南瓜、金時ニンジン、大阪しろな、天王寺カブ、田辺ダイコン、芽紫蘇、三島ウド、服部越ウリ、鵜飼ナス、吹田クワイ、泉州タマネギ、高山真菜、高山ゴボウ、その他（ネギ、芽キャベツ、春菊など通常の野菜も栽培）

❷主な水揚げ魚介類

　カタクチイワシ、コノシロ、イカナゴ、ハモ、アジ、アナゴ、マサバ、マダイ、タチウオ

主な汁物と材料（具材）

汁　物	野菜類	粉物、豆類	魚介類、その他
ぼうりだんご	ダイコン	米粉／小麦粉→団子	じゃこ、味噌仕立て
のっぺい汁	ニンジン、ゴボウ、サトイモ、ダイコン	油揚げ、片栗粉	竹輪、コンニャク、調味（塩／醤油）
船場汁	ダイコン、ネイ、ショウガ、柚子		サバ、ダシ（昆布）、食酢
関東炊き（おでん）	ダイコン、ジャガイモ、サトイモ	厚揚げ	コンニャク、卵、薩摩揚げ、竹輪、牛肉、クジラ、昆布、ダシ（かつお節）、調味（醤油、砂糖、塩、みりん）
若ゴボウ汁	若ゴボウ、サトイモ、ダイコン、ニンジン		コンニャク、豚肉、だし汁、味噌仕立て
肉すい			だし汁（かつお節、昆布）、肉（種類は好み）
うどんすき（寄せ鍋）	野菜類	麺類	鶏肉、魚介類
くずし豆腐汁	青ネギ、おろししょうが	きぬ豆腐	ちりめんじゃこ、塩、昆布、澄まし汁
ナス汁	ナス		味噌汁

郷土料理としての主な汁物

　大阪のたこ焼き、お好み焼き、うどんは、粉物文化の代表であり、大阪の庶民の食文化である。この簡素で材料費も安い食べ物が、見栄や格好をつけない実質的な生活から生まれたものであるといえよう。

- **船場汁**　塩サバを焼いて身を食べた残りの粗とダイコンで作る澄まし汁である。汁の味は塩サバから出る塩分で調える。ネギやショウガで魚臭みをマスキングする。汁を多くしたのが船場汁で、汁の少ないのが船場煮となる。船場汁は、寒い日に体を温める汁物である。
- **関東炊き**　東京のおでんのようにかつお節だしと醤油味で煮込んだ「おでん」のため、関東炊きの名がある。素材はダイコン、ジャガイモ、コ

ンニャク、厚揚げ、茹で卵、薩摩揚げ、竹輪、牛筋肉、クジラ、昆布などである。

- **くずしの炊き食い**　小エビやテンジクタイをすり鉢で擦ってすり身を作り、このすり身の団子を澄まし汁に落とす。くずしの炊き食いには、水菜、春菊、ネギなどの青菜も入れる。青菜は、鍋に入れたらすぐに引き上げて食べられるので、「炊き食いができる」に由来する料理名。
- **うどんすき**　「うおすき」の発達した鍋料理で、うどんを煮ながら食べる、大阪独特の料理である。鉄製の大平鍋にだし汁を入れ、うどん、海の幸や山の幸など15〜16種類を入れて、煮ながら食べる。
- **きつねうどん**　けつねうどんともいう。大阪の庶民的うどんの種類で、うどんに油揚げをのせ、淡口醤油で味を調えて昆布だし汁（麺つゆ）をかける。
- **鯨鍋**　はりはり鍋のこと。水菜と鯨肉の鍋もので、水菜のパリ炊き、水菜のタキタキともいわれている。商業捕鯨や調査捕鯨に関する国際的問題からクジラの入荷が少なくなり、同時に鯨料理の店も減少した。
- **肉吸い**　肉吸いは、肉うどんからうどんを除いたもの。かつお節のだし汁や昆布のだし汁を使ったシンプルなスープにたっぷりの牛肉と半熟卵の入ったもの。難波千日前の「千とせ」といううどん店が発祥の店との言い伝えがあるが、肉吸いの発祥については、大阪喜劇とのいくつかの伝説も残っている。
- **八尾若ゴボウ汁**　中河内の自慢の農作物で、地産地消の観点から生まれた八尾若ゴボウ料理の中の汁物。若ゴボウ、サトイモ、ダイコン、ニンジン、コンニャク、豚肉をだし汁の中で煮て、味噌仕立てにしたもの。
- **のっぺ汁**　他の地域の「のっぺい汁」と同じく身肉を除き、根菜類、芋類、油揚げ、コンニャクなどを煮込み、塩と醤油で調味し、最後に片栗粉でとろみをつけた具の多い汁物である。冬に体を温める汁物として作られる。

28 兵庫県

汁物と地域の食文化

　兵庫県は、神戸・明石のように瀬戸内海に面している地域から豊岡・但馬の山地を通過し日本海に面する城崎地域へと日本列島の一部を縦断していて、一つの県の中でも瀬戸内海の気候風土、山間部の気候風土、山陰の気候風土と、地域によって完全に気候風土が異なる。瀬戸内海に浮かぶ淡路島、その他の小さな島々も兵庫県に含む島々もある。北部の城崎など日本海沿岸地域は冬には積雪量が多く、曇天や雨の日が多い。郷土料理は、瀬戸内海型、内陸型、日本海沿岸型で食材や調理の方法にも違いがある。

　瀬戸内海に面している地域では魚介類料理が多い。内陸部の平野では小麦の生産量が多く、揖保川の水を利用した素麺や淡口醤油の生産に適し、山間部では山菜料理や「いのしし鍋」などが食べられ、日本海側では「ズワイガニの味噌汁」「ノロゲンゲの澄まし汁」などに出会うことができる。山間部の出石は、そば（皿そば）で知られているところである。ヤマモイモを擦りおろしてそば粉と合わせ、捏ねて、延ばして麺をつくり、これを茹でて冷たくして食べるのが特徴である。「但馬の粕汁」や「丹波の牡丹鍋（いのしし鍋）」は、里でとれた野菜、キノコ、大豆製品などをたっぷり入れた汁物で、寒い日の料理としてよく作られる郷土料理である。千種町の鶏肉を使った「かしわのすき焼き」も汁物として利用することがある。

　かつては、神戸・加古川の周辺では「エイの汁物」を利用していたとの調査もある（富岡典子他『日本調理科学会誌』43巻（2号）、2010年）。

汁物の種類と特色

　汁物の郷土料理には、丹波地方の山地で捕獲されるイノシシの「牡丹鍋」、播州特産の素麺を使った「ちょぼ汁」、キクラゲ、サトイモ、かんぴょうを入れた味噌仕立ての「つぼ汁」、淡路島特産のタマネギを使った「ばち汁」（タマネギ汁）、タイの粗の「タイ潮汁」、ダイコンとその他の野菜を入れ

た味噌汁の「大根汁」などがある。

醤油・味噌の特徴

❶醤油の特徴

龍野の淡口醤油の原料は主な小麦で、揖保川の軟水を仕込み水として醸造している。淡色の醤油であるが、濃口醤油に比べて塩分が濃いのが特徴である。淡口醤油の代表として龍野の「ヒガシマル」が全国的に普及している。但馬・丹波は「濃口醤油」「丸大豆醤油」を醸造している。

❷味噌の特徴

まろやかな味の「淡路島味噌」、丹波・但馬は「白みそ」、芦屋の「白味噌」（甘味噌）、まろやかな「六甲味噌」などがある。

1992年度・2012年度の食塩・醤油・味噌の購入量

▼神戸市の1世帯当たり食塩・醤油・味噌購入量（1992年度・2012年度）

年度	食塩（g）	醤油（mℓ）	味噌（g）
1992	1,951	11,302	5,400
2012	1,714	7,061	4,300

▼上記の1992年度購入量に対する2012年度購入量の割合（%）

食塩	醤油	味噌
87.9	62.3	79.6

神戸市の醤油の購入量は大阪市や京都市より多い。その理由として兵庫県の瀬戸内海に面する地域の特産品で、春には各家庭で作って、知人や親戚にも贈るという「コウナゴのくぎ煮」を作るからと思われる。2012年度の神戸市の1世帯当たり醤油購入量は、1992年度の購入量に比べると62.3％である。京都市の減少の割合とほぼ同じ値である。

地域の主な食材と汁物

兵庫県にある温暖な播磨地方は多種多彩の野菜に、瀬戸内海の海の幸に恵まれている。内陸部の丹波地方は、マツタケや黒豆が栽培され、銘柄牛の但馬牛が飼育されている。日本海の魚介類も賞味できるという県域である。

瀬戸内海、淡路島や家島諸島で漁獲する鮮魚は、家庭料理に利用される。

イカナゴのくぎ煮は兵庫県の伝統食品であると同時に各家庭のくぎ煮は各家庭の伝統料理となっているものもある。瀬戸内海に面する表日本側と日本海に面する裏日本側、その間の山間部の3つの地域は、食品の素材に違いがある。調理法は表日本は大阪の調理法、裏日本は北陸の調理法の影響を受けているところもある。

主な食材

❶伝統野菜・地野菜

武庫一寸ソラマメ、富松一寸まめ、尼いも（尼崎）、阪神のオランダトマト、（西宮）、三田ウド（三田）、ペンチンうり（明石）、太市タケノコ、姫路のレンコン（姫路）、御津の青のり（御津）、しそ三尺（キュウリ）（山崎）、平家カブラ（香住）、岩津ネギ（朝来）、丹波黒、住山ゴボウ、ヤマノイモ（篠山）、やまのいも（柏原）、アザミ菜、青垣三尺（キュウリ）（青垣）

❷主な水揚げ魚介類

（日本海側）ズワイガニ、スルメイカ、ホタルイカ、カレイ、ハタハタ

（瀬戸内海側）シラス、イカナゴ、マダイ、アナゴ、マダコ、スズキ、サワラ

（養殖物）ノリ、ワカメ

❸食肉類

但馬牛、神戸牛、ブロイラー、鶏卵、牛乳

主な汁物と材料（具材）

汁　物	野菜類	粉物、豆類	魚介類、その他
すき焼き	青菜、ゴボウ、ダイコン、ネギ、タマネギ、ジャガイモ		コンニャク、麩、牛肉、牛脂（鶏の脂）調味（醤油／砂糖）
牡丹鍋	ダイコン、ニンジン、ゴボウ、シイタケ、ネギ、セリ、三つ葉	焼き豆腐	コンニャク、白滝、調味（白味噌、醤油、みりん）
かしわのすき焼き	ゴボウ、ダイコン、ネギ		鶏肉、調味（醤油／砂糖）

ばち汁	タマネギ、ニンジン、干しシイタケ、ネギ	油揚げ、素麺のくず	削り節、調味（淡口醤油／濃口醤油）
ちょぼ汁	ズイキ	ささげ豆、餅粉→団子	削り節、だし汁、味噌仕立て
大根汁	ダイコン、サトイモ、ゴボウ	油揚げ	煮干し（だし）、味噌仕立て
タマネギのかき卵汁	タマネギ		卵、だし汁、調味（塩・醤油）
マダイの潮汁	マダイ		澄まし汁（塩とだし汁）

郷土料理としての主な汁物

- **すき焼き（牛肉とかしわ）** 神戸で牛肉を用いるすき焼きの調理法が創作されたのは、明治時代にはいってからである。1869（明治2）年に、神戸市元町に牛肉すき焼き店・月下亭が開店された。関西のすき焼きは、熱した平鍋に油脂を敷いて牛肉をのせ、色が変わるとすぐに醤油と砂糖で調味し、その後野菜を入れて焼く。生卵をつけて食べるのが関西風である。兵庫県の本来のすき焼きは鶏肉を使うものであった。鶏肉についている黄色の脂肪を熱く熱せられた鉄製の平鍋に敷いて鶏肉を焼き、脂肪がすき焼きの味を豊かにする。
- **すり身だんご汁** イワシやキスなどの魚の身をすり鉢で擦ってできたすり身に、塩、山椒の葉（臭みとり）入れて、さらに擦り込み、団子状にし、味噌か醤油の汁の実にしたもの。
- **かにすき** 日本海側で水揚げされたズワイガニの鍋。
- **ぼたん鍋** 丹波篠山で捕獲したイノシシの味噌仕立ての鍋。丹波篠山は、山の幸に恵まれ、秋には黒豆の枝豆、大粒の丹波栗が採れ、冬にはイノシシが捕獲される。日本のイノシシの代表的産地である。
- **ばち汁** 兵庫県の播州は、揖保の糸で知られる素麺の生産地である。かつて素麺を作るときに、麺を乾燥用の棒に「8」の字に掛けて乾燥させた。製品を作るときに、乾燥棒にかけた曲がった部分と反対側の曲がった部分が残る。これを「バチ」という。この部分の利用にタマネギやその他の野菜との汁物が考えられた汁物である。たくさんのタマネギを使うので、タマネギ汁ともいわれている。野菜たっぷりの汁物なので、学

校給食にも提供されている汁物である。
- **ちょぼ汁** 淡路島の郷土料理で、もち米粉の団子汁である。だし汁にささげ豆、ずいき、もち米粉の団子を入れた味噌仕立ての汁。最後に削り節を散らす。赤ちゃんが食べる時に、赤ちゃんの口元がおちょぼ口のようになるところから可憐に育ってほしいとの願いと合わせ、つけられた料理名。材料のささげ、ズイキは産婦の古い血を追い出し、団子は体力をつけるとの言い伝えから、出産の祝いに作られる伝統料理でもある。
- **大根汁** 寒い日に、体を温める汁物として作られる。材料はダイコン、サトイモ、ゴボウ、油揚げの味噌汁である。

㉙ 奈良県

汁物と地域の食文化

奈良は、昔は山処と書かれるほど山間部が多い。その中に存在する平地は奈良盆地である。したがって、奈良は山間部と盆地にできる食材を利用した料理が多い。盆地のスイカ、山間部のナシや柿、大和茶とよばれている日本茶は有名である。

海に面している地域のない「海なし県」であるが、吉野川のアユ、十津川のアメノウオ、山間部のイノシシは重要な動物性たんぱく質源になった。秋から春にかけて熊野灘から西サバといわれる塩サバ、夏は東サバといわれる塩サバが運ばれ、柿の葉ずしや馴れずしにしている。日本海の塩は大和川や十津川を利用して運ばれ、あるいは馬の背にのせて運ばれた。

奈良盆地の郷土料理である「茶粥」は、第二次世界大戦が終わってもしばらくの間食べていた。コメの収穫が多くないので、大麦を混ぜたこともあった。古くから茶の産地であったことも「茶粥」が発達した理由でもある。茶粥に小豆、ソラマメ、ササゲ、サツマイモなどを混ぜることもある。香ばしく炒ったソラマメを入れた茶粥は「炒りそらまめの茶粥」として今でも作られることがある。

山間部の「しし鍋」は重要なたんぱく質供給源であった。生駒・大和郡山・天理の郷土料理の「ハモの吸物」は、瀬戸内海から運ばれる貴重なハモ料理である。「エイの煮汁」で炊いたおからがある（富岡典子他『日本調理科学誌』43巻（2号）、2010年）。

汁物の種類と特色

奈良県の郷土料理としては「茶粥」が挙げられる。「大和の朝は茶粥で明ける」といわれるように、特産の大和茶で炊いた「大和の茶粥」は、東大寺に起源がある。鎌倉時代には僧侶が食していた。その後、庶民にも広まるが、奈良県の家庭の朝の主食となったのは昭和30年頃からである。

奈良県には伝統野菜の種類が多く受け継がれているが、自家消費が多い。

汁物の郷土料理には、飛鳥の僧侶が牛乳を利用した「飛鳥鍋」や「飛鳥汁」、奈良県の山間部で捕獲したイノシシの「いのしし鍋」（しし鍋）、サツマイモやかき餅を入れた「かき餅入り茶粥」、三輪そうめんを入れた「にゅうめん」、野菜と厚揚げを入れた「のっぺい汁」、「タイ納豆汁」、太ったネギの白色部を使った「大和ふとねぎ汁」、雑煮の餅をきな粉に付けて食する「きなこ雑煮」、じゃこか昆布ダシの汁で作る「ハモの吸い物」（薄い醤油の味）、「すき焼き」、秋にとれるシメジは醤油仕立ての汁で食する。

醤油・味噌の特徴

❶醤油の特徴

奈良県の醤油醸造会社は、それぞれ用途に応じて淡口醤油、重ね仕込み醤油、たまり醤油、青大豆醤油などを作っている。吉野杉の木樽で発酵・熟成するのが特徴の一つである。

❷味噌の特徴

昔ながらの手法で作っている「吉野の糀味噌」がある。

1992年度・2012年度の食塩・醤油・味噌の購入量

▼奈良市の1世帯当たり食塩・醤油・味噌購入量（1992年度・2012年度）

年度	食塩（g）	醤油（mℓ）	味噌（g）
1992	2,515	10,121	5,908
2012	3,084	5,412	3,852

▼上記の1992年度購入量に対する2012年度購入量の割合（%）

食塩	醤油	味噌
122.6	53.5	65.3

2012年度の奈良市の1世帯当たり食塩購入量が1992年度に比べると約20％多くなっている。この理由は明らかでないが、醤油や味噌の購入量は減少しているので、各家庭で梅漬けや野菜の漬物を多く作ったことによると考えられる。奈良県や奈良市の健康増進課が積極的に生活習慣病予防対策として高血圧や肥満にならないように県民や市民への対策をしているので、健康のために塩分摂り過ぎの傾向はみられないと考えられる。

> 地域の主な食材と汁物

　古い歴史の奈良県は、伝統野菜の種類が多く、しかも、自家消費量が多い。一般に知られている野菜の利用は少なく、奈良の盆地に適した野菜の利用が多い。「大和の朝は茶粥で明ける」といわれるほど「大和茶」を使った「茶粥」や「茶飯」を作る。これらには大和の野菜の漬物が添えられることが多い。

主な食材

❶伝統野菜・地野菜

　大和野菜（大和まな（漬菜）、千筋みず菜、宇陀金ゴボウ、ひもトウガラシ、軟白ズイキ、祝ダイコン、小ショウガ、花ミョウガ、結輪ねぶか）、大和のこだわり野菜（大和フトネギ、香りゴボウ）、半白キュウリ、朝採り野菜（レタス、ナス、キュウリ、スイートコーン）、その他（シイタケ・ナメコ・エリンギ・ブナシメジなどのキノコ類、トマト、ダイコン、ハクサイ、キャベツ、ヤマトイモなど）

❷食肉類

　大和牛、ヤマトポーク、大和肉鶏、イノシシ

主な汁物と材料（具材）

汁物	野菜類	粉物、豆類	魚介類、その他
ハモの吸物	ネギ		ハモ、ダシ（じゃこ、昆布）、調味（醤油）
すき焼き	マツタケ、水菜、ネギ	豆腐	コンニャク、鶏肉、調味（醤油／砂糖）
シシ鍋	ニンジン、ゴボウ、ダイコン、ネギ、ショウガ		イノシシ肉、調味（味噌）
しめじ汁	シメジ		ダシ（じゃこ）、調味（醤油）
大和ふとねぎスープ	大和太ネギ		淡口醤油またはコンソメ

大和の茶粥		米、小豆、栗、ソラマメ	大和茶
飛鳥汁			鶏肉、牛乳
きな汁（丸餅を砂糖入りきな粉をつけてから野菜の入った汁を付ける）	八がしら（またはサトイモ）、大根、ニンジン	豆腐	コンニャク

郷土料理としての主な汁物

　周囲が山で囲まれている奈良県は山の国である。平地は奈良盆地だけである。郷土料理の素材には、山の幸や野の幸の利用されたものが多い。特別なものに大和茶を使う「茶粥」がある。昔は、吉野川のアユ、十津川のアメノウオ、熊野灘から運ばれるサバは大切な動物性たんぱく質供給源となっていた。

- **飛鳥鍋**　飛鳥時代に呉からの帰化人が大量の牛乳を献上したことからできた鍋物。飛鳥の僧侶たちが、栄養補給のために、すでに中国から導入していた牛乳で鶏肉を煮た鍋が飛鳥鍋である。現在は、豆腐、季節の野菜も加えた栄養的にバランスのとれた鍋に作られている。寒さをしのぐための熱々の鍋である。
- **飛鳥汁**　鳥鍋からヒントを得た牛乳の汁
- **イノシシ鍋（シシ鍋）**　奈良の山間部には、昔からイノシシ、シカ、クマなどの野生動物が棲息し、木の実を餌に、人間と共存していた。近年は、これらの野生動物による農作物の被害が増加しその対策に苦慮している。イノシシ鍋は、各地で牡丹鍋、シシ鍋の名でも利用されている。とくに、山間の温泉旅館の定番料理でもある。
- **きな粉雑煮**　奈良の雑煮は、雑煮の中の餅に砂糖入りきな粉をつけて、「安倍川もち」のようにして食べる。椀の中には、ニンジン、サトイモ（八がしら）、豆腐、コンニャクが入っている。餅は丸餅である。
- **茶粥と大和茶**　大和茶は奈良の丘陵地帯で栽培され、香味のよい煎茶に加工される。奈良の茶の栽培は、平安時代の前期に弘法大師が唐の長安から種子をもってきて宇陀郡で試し栽培をしたことに始まるといわれている。奈良の郷土料理の茶粥は大和茶粥ともいわれる。茶袋に入れた番

茶を煮だし、コメ、麦、小豆、エンドウ豆、サツマイモ、サトイモを入れて炊いた粥である。奈良という稲作の難しい地域の人々が貴重な米を食いのばすための知恵として生まれたものである。かき餅を入れて粘り気のある粥を作る家庭もある。
- **ハモの吸物** 斑鳩(いかるが)地域の郷土料理。雑魚だしの汁の味を醤油で調え、この沸騰した中に、骨切りしたハモのぶつ切りを入れた吸物。
- **すき焼き** 県北東部の山辺郡山添村の鶏肉のすき焼き。秋の行事や来客の時に作る。
- **しめじ汁** 秋のシメジの旬の時期に作る。大鍋にじゃこのだし汁を入れ、シメジを入れて、醤油で味を調えた汁。

㉚ 和歌山県

汁物と地域の食文化

　本州の最南端の潮岬から太平洋の沖を流れる黒潮の海流が見える和歌山県は、内陸部が90％も占めている。内陸は傾斜部なので果樹園が多い。南高梅の産地としても有名である。かつては、大和路を流れる川にはアユ、ウナギが棲息していた。和歌山県は、日本の味噌、醤油、かつお節などの発祥地であるので、郷土料理の発達にも影響している。

　黒潮に洗われる本州最南端の潮岬を中心に、東西に広く大海原が開けている。春から夏にかけては黒潮にのってカツオが回遊する。

　和歌山県の食文化は、紀ノ川流域に沿って発展している。熊野灘沿岸は太平洋の黒潮により比較的温暖な地域であり、黒潮にのって回遊する魚に恵まれている。回遊魚のサンマやサバの和歌山の馴れずしは、かつては和歌山の食事には欠かせない副菜のようなものであった。海岸線は岸壁にせまっていて、内陸部の90％は山岳地帯である。

　農業の中心は、江戸時代から続いているかんきつ類の栽培と、紀州田辺が栽培を奨励した南高梅がある。梅の栽培が急増したのは1907（明治40）年以降であり、1955（昭和30）年以降はかんきつ類も梅も栽培面積が増えてきている。和歌山のアジ・サバ・サンマの馴れずしは溶けるほどまで熟成させたものを珍味として食している。食事の後には馴れずしを食べる習慣があったとも伝えられている。

　沿岸漁業では大地町(たいじ)の捕鯨は有名であった。世界に商業捕鯨の制限からクジラの水揚げは沿岸のクジラだけになっている。しかし、昔からの名残から、クジラ料理は残っているし、大阪方面のクジラ料理に原料の提供も行っている。紀伊白浜に水揚げされるサメのヒレは「フカヒレ」を作っていたこともあった。

　和歌山市の漁師めしには、「小エビのだんご汁」「イワシのだんご汁」「ハモのだんご汁」がある。近年、「漁師めし」を和歌浦漁港のイベントで紹

介したところ人気があったと伝えられている。

汁物の種類と特色

汁物の郷土料理には、小エビを叩いて団子状にし、汁に入れて、味噌または醤油仕立てにする「小エビだんご汁」、焼き魚のダシでうま味を付けた山芋のとろろ汁を、醤油や味噌で味付けた「やまいものとろろ汁」、サツマイモと炒り大豆の入った鍋に小麦粉の団子を入れた「うけぢゃ」の他に、「和歌山ダイコン汁」「サラダほうれん草汁」「カツオ潮汁」「タイ潮汁」「クエ鍋」などがある。

醤油・味噌の特徴

❶醤油の特徴

鎌倉時代に大豆を原料として作り始めた「湯浅醤油」は、日本の醤油のルーツであり、その原型は「たまり醤油」であった。火入れ前の「生揚げ醤油」は独特のうま味がある。1841（天保12）年の創業の「角長醤油」は最初は大豆は岡山産、小麦は岐阜産、国内産の食塩と決めていた。現在は食塩はオーストラリア産のものを使っている。1912（大正元）年の創業の「カネイワ醤油」は、1～2年間、木樽で熟成させることを特徴とする天然仕込みの醤油である。

❷味噌の特徴

金山寺味噌を作っている会社がある。

1992年度・2012年度の食塩・醤油・味噌の購入量

▼和歌山市の1世帯当たり食塩・醤油・味噌購入量（1992年度・2012年度）

年度	食塩（g）	醤油（mℓ）	味噌（g）
1992	2,545	10,866	5,310
2012	1,735	7,373	3,071

▼上記の1992年度購入量に対する2012年度購入量の割合（％）

食塩	醤油	味噌
68.2	67.9	57.3

2012年度の和歌山市の1世帯当たり醤油購入量は、奈良市よりも多く、食塩の購入量は奈良市の半分ほどであった。和歌山県内には、和歌山名産

の南高梅の梅干しを作る工場があるが、2012年度の1世帯当たり食塩購入量が1992年度の購入量に比べ購入量の減少の割合が約68％であるということは、家庭での梅漬けは続けられていると思われる。

> 地域の主な食材と汁物

　和歌山県は平地は少ないが傾斜地を利用して、果物類の栽培が盛んである。紀州ミカンの栽培は1680年代から、また、南高梅の栽培は明治時代から始め、いずれも和歌山県の代表的農産物となっている。

主な食材

❶伝統野菜・地野菜
　和歌山ダイコン、青身ダイコン、まびき菜、真菜、水なす、うすいえんどう、ショウガ、ししトウガラシ、その他（キャベツ、ダイコン、ハクサイ、ブロッコリーなど）
❷主な水揚げ魚介類
　紀州水道側―タチウオ、シラス、ハモ、エビ類、ヒラメ、カレイ
　太平洋側―イワシ、サバ、アジ、カツオ、マグロ、ブリ、イカなど
❸食肉類
　熊野牛

主な汁物と材料（具材）

汁物	野菜類	粉物、豆類	魚介類、その他
やまいものとろろ汁	ヤマイモ、ネギ		焼き魚、調味（醤油／味噌）
小エビのだんご汁	ネギ	そうめん	エビ、調味（塩／味噌／醤油）
うち豆腐入り雑煮		うち豆腐（乾燥した大豆の粉）	味噌汁、鍋物
うけじゃ（サツマイモの汁粉）	サツマイモ	炒り大豆、小麦粉→団子	砂糖
和歌山ダイコン汁	和歌山ダイコン		

サラダほうれん草汁	サラダほうれん草		
カツオ潮汁	スダチ		カツオ、調味は塩
タイ潮汁	ネギ		マダイ、調味は塩

郷土料理としての主な汁物

- **山芋のとろろ汁** 那智勝浦地方では、秋には山芋料理を作る。その一つがとろろ汁である。輪切りにしたヤマイモをすり鉢で擦り、最後に擂り粉木で擦り、だし汁と醤油を入れて味を調える。麦ご飯にかけて食べる。
- **小えびの団子汁** 小さなエビを細かく叩き、塩を振り、団子にして味噌仕立ての汁でも醤油味の澄まし汁でもよく、熱い汁にエビの団子を入れた汁物である。ネギや素麺を入れる家庭もある。
- **くえ鍋** 和歌山や九州などの温かい海域に棲息するスズキ科ハタ属の大型の魚である。くえ鍋は日高町の郷土料理として親しまれているが、漁獲量は非常の少ない。かつては、クエを神社まで担ぎ、奉納するクエ祭りがあった。淡白で美味しい身である野菜類とともに煮込む鍋料理が多い。
- **大根汁** 和歌山県は、ダイコンの栽培面積が広く、和歌山ダイコンのブランドで広めている。地域活性、地産地消を目的にダイコンの利用も工夫している。最もシンプルなのがダイコンの味噌汁である。ダイコンと一緒に加える具材を工夫すれば、いろいろなダイコンの味噌汁ができる。
- **カツオの粗汁** 和歌山県の各漁港には、カツオも水揚げされる。串本の漁師は、ハワイ島へ移り漁師として働いていた人たちが持ち帰った「ケンケン漁」によるカツオ漁が行われる。カツオは刺身やてこねずしで食べるが、頭部や腹などを使った味噌仕立ての粗汁は郷土料理として受け継がれている。

㉛ 島根県

汁物と地域の食文化

　島根県の象徴ともいえる出雲大社の影響は、出雲の人に伝統文化を重んじる考えを持ち続ける気質を植え付けているともいえる。弥生時代のなかばにあたる2世紀から、出雲地方では古代文化が栄え、その文化をもとにして、出雲大社に祀られた「大国主命に対する信仰」がつくられたといわれている。現在でも、出雲人の信仰心の高いのは出雲大社の存在によると考えられている。

　江戸時代には、出雲の大部分と隠岐の島は松江藩領となった。1767（明和4）年に第7代松江藩主となった松平治郷（不昧公）は、茶の湯を好み、文化の振興に尽くした。島根県の和菓子は、茶の湯の発達に伴い生まれたものである。

　縁結びの神として崇拝されている出雲大社の「出雲」は、「雲のよく出るところ」に由来しているとの説がある。何となく神秘的で、古くからの食生活が発見できる地域のようにも思える。江戸時代から現在の松江周辺に伝統野菜の津田カブや黒田セリをはじめ、現在の高級野菜を栽培している。松江藩の7代目藩主・松平不昧公は茶人であり、不昧公は茶懐石に必要な和菓子作りを奨励したという粋な人物であったので、現在の島根県の郷土料理にも何らかの影響を及ぼしたと思われる。

　宍道湖の名物のヤマトシジミは、味噌汁や澄まし汁にして食べる。宍道湖のシジミは宍道湖の7つの珍味（ワカサギ、ウナギ、コイ、シラウオ、スズキ、エビ、シジミ）の一つとして珍重されている。津和野地方は良質のサトイモがとれるため、サトイモをメインとした郷土料理の「のっぺい汁」は、サトイモの他、イノシシ、ヤマドリの肉、ダイコン、ニンジン、ゴボウ、シイタケ、豆腐を一緒に煮込み、あんかけ風にしたものである。サトイモを素材にするのがこの地方の「のっぺい汁」の特徴となっている。

　出雲地方の郷土料理の一つである出雲そばを、大社の門前のそば屋で食

べるのが庶民の楽しみであり、「神在祭」には、神社の周りには屋台のそば屋が立ち並ぶというから、そばが地域の産業・文化の振興に目立たない立場で関係していたと考えられる。宍道湖のシジミ、松江藩の第7代藩主松平不昧公の茶人が求めた和菓子、トビウオのアゴ焼きなど郷土料理には地元の材料を活かしたものが多い。

汁物の種類と特色

汁物としての郷土料理には、山間部ではたんぱく質源として重要な大豆の「呉汁」や、「岩ノリの雑煮」、宍道湖の「シジミのみそ汁」、乾燥した茶の花を入れた「ぼてぼて茶」、津和野地方の「のっぺい汁」、塩鯨と大カブを入れた「鯨の大カブ汁」、干したアユとダイコン、ゴボウなどの野菜を「へか鍋」という鉄製の平鍋で作る「鮎部火」、ブリの粗でダシをとった汁に味噌で味をつけ、スイバを入れた「すいば汁」、隠岐で獲れるズワイガニ（隠岐松葉ガニともいう）のみそ汁の「隠岐ガニ粗汁」がある。

食塩・醤油の特徴

❶食塩の特徴

島根県は江戸時代から塩づくりを営んでいたので、「塩」のつく地名や姓が多いと伝えられている。出雲市の須佐神社の境内に湧き出ている水は塩井(しおのい)といわれ、塩分を含んでいる。現在、高田商事が島根県外の地域で作った食塩を県内に流通している。

❷醤油の特徴

松江市の平野醤油醸造元の「こだわり熟成醤油」「根昆布醤油」は、豊かな味わいのある醤油といわれている。甘露醤油、淡口だし醤油なども製造している。1938（昭和13）年創業の吉岡醤油は、濃口醤油やめんつゆを製造している。シジミのエキスの入った「しじみ醤油」は、井ゲタ醤油が製造している。

1992年度・2012年度の食塩・醤油・味噌の購入量

▼松江市の1世帯当たり食塩・醤油・味噌購入量(1992年度・2012年度)

年度	食塩（g）	醤油（mℓ）	味噌（g）
1992	3,527	12,504	6,724
2012	1,449	7,085	5,705

▼上記の1992年度購入量に対する2012年度購入量の割合（％）

食塩	醤油	味噌
41.1	56.7	84.8

　松江市の食塩の購入量は、1992年度、2012年度とも中国地方では多い。郷土料理の押しずしや笹巻きずし、角ずし、箱ずしを家庭で作るための食塩の購入が、他の県庁所在地よりやや多いのかもしれない。

　味噌の購入量は1992年度に比べて、2012年度の購入量は約85％である。このことは、塩分の摂取を控えながらも、味噌汁づくりは家庭の味として続けられていることを示している。

地域の主な食材と汁物

　出雲地方の農業はコメを中心に栽培している。野菜は山の傾斜地を利用して栽培されているものもある。キャベツは夏は冷涼な山地で、冬は温暖な低地で栽培するなど、野菜類の生育の適性を活かした栽培方法がとられている。漁業は隠岐の島を中心に活動し、日本海の幸に恵まれている。宍道湖に棲息する魚介類の中には「宍道湖七珍」とよばれている味の良いものが獲れる。

主な食材

❶伝統野菜・地野菜

　津田カブ、黒田セリ、出西ショウガ、秋鹿ゴボウ、キャベツ、素麺カボチャ、ネギ（青ネギ、白ネギ）、タマネギ、トマト、ほうれん草、サヤインゲン、ピーマン、ブロッコリー、アスパラガス

❷主な水揚げ魚介類

　アジ、イワシ、サバ、ブリ、イカ類、アマダイ、トビウオ、アカムツ、ズワイガニ、イワガキ

❸食肉類

隠岐牛

主な汁物と材料（具材）

汁　物	野菜類	粉物、豆類	魚介類、その他
宍道湖シジミ汁			シジミ　調味（食塩／味噌）
のっぺい汁	ダイコン、ニンジン、ゴボウ、サトイモ、ネギ	片栗粉	コンニャク、調味醤油
隠岐がに粗汁			隠岐がに
鯨の大かぶ汁	カブ、ニンジン、ネギ		はんぺん、塩鯨、(味噌仕立て)
あゆべか	ダイコン、ゴボウ、タイ菜、広島菜、ナス、キノコ	干しアユ、豆腐	コンニャク、調味(醤油／赤砂糖)
ふら汁	ダイコン、サトイモ	豆腐	塩シイラ（塩ブリ）、コンニャク
すいば汁	スイバ		ブリ
けんちん汁	サトイモ、ニンジン、ゴボウ、キノコ	焼き豆腐、生豆腐、油揚げ、小豆、カチ栗、片栗粉	コンニャク、鶏肉、油脂、調味（赤砂糖／醤油）、みりん
こくしょう汁	ダイコン、干瓢、シイタケ	片栗粉、焼き豆腐	

郷土料理としての主な汁物

- **呉汁**　山間部の町では、大豆は貴重なたんぱく質供給源である。昔から豆腐、厚揚げ、納豆などいろいろな料理を工夫して作ってきている。この地方の呉汁は、水に浸漬した大豆を擦り潰したものではなく、大豆の粉を水に溶かし温めた汁物である。粉末の大豆は保存ができ、いつでも簡単に作れる呉汁である。
- **白魚の澄まし汁**　宍道湖の七珍味は「スズキ、モロゲエビ、ウナギ、アマサギ（＝ワカサギ）、シラウオ、コイ、シジミ」である。その白魚と高菜、卵の澄まし汁である。卵は白魚の卵とじに使われるので相性の良

い組み合わせである。
- **シジミ汁** 宍道湖の七珍味に属するヤマトシジミの味噌汁である。最近は、宍道湖の生のシジミをプラスチックフィルムで包装し、真空パックにし、冷凍で流通している。家庭の朝ご飯には必ずシジミの味噌汁が出る。また、スナックでも供されることがある。
- **ぼてぼて茶** 乾燥した茶の花を入れて煮出した番茶を丸みのある筒茶碗に注ぎ、長めの茶筅で泡を立てる。この時の音が「ぼてぼて」と聞こえることから「ぼてぼて茶」の名がある。泡を立てた茶の中に、具としておこわ、煮豆、きざんだ高野豆、漬物などを、少量ずつ入れて食す。箸を使わずに、茶と具を一気に飲み、具を食べる。
- **けんちん汁** 邑智郡の地域の「けんちん汁」は仏事の時も、お祝いの時も、寒い日も惣菜として作る。この地方のけんちん汁の特徴は、具にはイモ類や野菜類だけではなく、かち栗、小豆を入れることである。小豆やかち栗は、砂糖や醤油で下味をつけてからけんちん汁の具に合わせる。
- **こくしょう汁** こくしょうは「濃漿」と書き、濃い味噌汁の意味で、法事や忌日の精進料理に、茶飯と合わせて供する。
- **のっぺい汁（濃餅汁）** 津和野地方から各地に伝えられた料理である。もともと津和野地方では良質のサトイモがとれること、山鳥やイノシシが捕獲できることから、野菜や肉を入れて煮込み、あんかけ風に仕上げたものである。津和野は山に囲まれているので、イノシシや山鳥の捕獲は容易であったから、それらの肉を利用した。現在は、豚肉や鶏肉を使っている。
- **鯨の大かぶ汁** 熱湯をかけて脂肪を抜いた塩クジラ、はんぺん、ニンジンを煮込み、味噌仕立ての汁である。斐川町（ひかわ）では、大晦日の晩に、「大きくなるように」と願いながら食べる。
- **あゆべか** 邑智郡地域のアユの鍋物。へか鍋（鉄製の平鍋）に、干したアユ、ダイコン、ゴボウ、体菜、広島菜などと一緒に煮込み、醤油や砂糖で味を調える。冬に、家族そろって食べる郷土料理。
- **すいば汁** 出世魚のブリを使うので縁起の良い汁物といわれている。津和野町地区の郷土料理。ブリの粗のだし汁に、ブリの身と酸味のある「すいば」と一緒に煮る。高級な魚を食べる城下町の格式が、町の人々の暮らしにみえる一品といわれている。

- **ふら汁** 五箇村では、大晦日の夜には塩シイラと塩ブリを使った「ふら」という椀が膳にのる。「ふら」とは、法事に使う平椀に入れる煮しめのことで、この煮しめの汁を多くしたのが「ふら汁」という。塩シイラや塩ブリはわらづとで包んで保存する。この塩魚と野菜を一緒に煮込む。汁味は、塩魚の塩味で調える。

【コラム】和食の成立と食の多様化

出雲大社を擁する島根県は日本発祥の地といわれているから神秘的な謎も隠れているのではないかと想像できる地域である。戦国時代のような国内の争いを経由しながら、やがて近代化に向かって進化して行った。日本の文化は江戸が中心となって成熟した。その成熟期は江戸時代（1603［慶長8］〜1868［慶応4／明治元］年）の265年間であった。文学や芸能だけでなく、料理文化の成熟もこの時期に始まった。料理文化は、外食の発達とともに確立して行った。江戸の町には料理屋や居酒屋が出現した。そこでは、会席料理を多様に展開させることになった。参勤交代により街道沿いの旅籠（はたご）や茶店でも飲食ができるようになり、庶民のハレの食事は、前代に比べて大きく変わった。江戸中期を過ぎると、城下や宿場で菓子が売られるようになった。しかし、砂糖は輸入しなければならず、貴重なものであったから庶民にとっては高根の花の存在であった。江戸中期には、輸入しなければならなかった砂糖が料理に使われるようになったことは、料理文化の発達の上では画期的なことであったのである。

㉜ 鳥取県

汁物と地域の食文化

　鳥取県は中国地方の東部に位置し日本海に面している。県域は東西に長く、日本海沿岸はリアス式海岸で、冨浦海岸から西には鳥取砂丘、北条砂丘が位置する。「弁当忘れても、傘わすれるな」といわれるほど、天候は不順である。因幡地方のことわざに、「因幡の食い倒れ」があるとのこと。意味は「贅沢すれば身上がつぶれる」との警告らしい。鳥取藩は貧しく、藩主は領民に「魚の代わりに、大豆を食え」と言ったようである。明治・大正の時代でも家庭料理には野菜の白和えが多く、田舎には豆腐丼というものが残っている。鳥取の名物にも豆腐竹輪がある。

　日本海に面している鳥取県の漁業は、それほど盛んではないが、冬にはズワイガニ（越前がに）が水揚げされるので、汁物として「ズワイガニの味噌汁」がある。鳥取では春や秋に水揚げされるマサバを味噌煮やしめ鯖にするが、「さばのすき焼き」という汁物か鍋物に属する料理がある。境港はサバの街として賑わい、さばずし、焼きサバなどいろいろなさば料理が展開した時期があった。その名残の一つが「さばのすき焼き」である。砂糖を少なめにし、辛味のあるすき焼きが特徴である。

　鳥取県沖は、日本海では暖流と寒流の交叉する海域のため、好漁場となっている。境・網代泊・鳥取（賀露）などの漁港を中心に漁業は盛んであるが、中でも境港の水揚げ量は全国でも多い方である。そのため、郷土料理には、魚介類を中心としたものの他に、ダイコンの漬物や、鳥取砂丘で育った「ハマボウフウ」の酢の物、ラッキョウなどがある。

汁物の種類と特色

　汁物の郷土料理では、「ベニズワイガニ（セイコガニ）のみそ汁」「サバのすき焼き」、寒ウグイの味噌仕立ての汁「うぐいのじゃぶ」、冬に作る「ウサギのすき焼き」、川カニの甲羅、ふんどし（エラ）を除いて、熱くなっ

た汁にカニを入れ醬油で味付けした澄まし汁の「川がに汁」、トビウオのすり身団子を入れた「あご汁」、イワシのすり身を団子にして入れた「イワシのつみれ汁」、小豆を砂糖で甘く味を付けた「小豆汁の雑煮」(小豆雑煮)がある。

食塩・醬油・味噌の特徴

❶食塩の特徴

鳥取県では古墳時代から奈良時代にかけての遺跡から、塩づくりに使った製塩土器が発掘されている。江戸時代には鳥取藩が塩づくりをしていた。現在は、隠岐の島で塩づくりを営んでいる。

❷醬油の特徴

倉敷市の白壁土蔵の中で醸造したのが、桑田醬油場の濃口醬油である。「大地を守る会」の生産者の大豆と小麦を原料とした醬油は、杉桶の中で1年以上熟成させものて、煮物、和え物、焼き餅に適している。

❸味噌の特徴

県外の埼玉県の創業1902(明治35)年の「ヤマキ」に依頼して醸造した味噌が「神泉水仕込み玄米味噌」である。

1992年度・2012年度の食塩・醬油・味噌の購入量

▼鳥取市の1世帯当たり食塩・醬油・味噌購入量(1992年度・2012年度)

年度	食塩(g)	醬油(mℓ)	味噌(g)
1992	3,164	14,602	8,903
2012	2,162	6,270	5,415

▼上記の1992年度購入量に対する2012年度購入量の割合(%)

食塩	醬油	味噌
68.3	42.9	60.8

鳥取市の1世帯当たりの1992年度の食塩・醬油・味噌の購入量は松江市のそれより多い。大阪市や京都市など、近畿地方の県庁所在地の購入量に比べても多い。しかし、2012年度のそれらの購入量も近畿地方の大阪市や京都市、およびその他の県庁所在地よりも多いが、購入量が少なくなっている。郷土料理のすし、各家庭の味噌汁などに使う購入量の減少が主な原因と思われる。

外食や持ち帰りの弁当や総菜の利用により、20年間でこれら調味料の購入の減少が生じたことは、他の北海道、東京都、大阪府、京都府、その他の都道府県と同じく、食生活の様式の変化によると思われる。

地域の主な食材と汁物

鳥取県の地質には複雑な点がある。山の多い地形であるが、土壌は「黒ボク」とよばれる火山灰の土であり、沿岸部は砂丘地となっている。その地質を利用した農業が展開され、鳥取県の特産物を生み出している。たとえば、ラッキョウ、ナガイモ、白ネギ、サツマイモなどがある。日本海に面する境港は、日本海漁業の根拠地とし機能しているほか、中国や朝鮮半島との交易地ともなっている。

全県あげて「食のみやこ鳥取」のスローガンをあげ、健康、自然環境、食育、地産地消と各方面で活躍している。鳥取のトビウオ(地方名「あご」)を利用した竹輪(野焼き)は、鳥取の人がこよなく愛する練り製品らしい。焼きアゴは、山陰から九州の雑煮のダシの材料となっている。魚介類系のだし汁はかつお節のだし汁が主体のようであるが、山陰から九州に至っては「あごだし」が主力である。かつお節のダシとは、違ったうま味がある。

主な食材

❶伝統野菜・地野菜
　砂丘ラッキョウ、伯州(はくしゅう)ネギ、砂丘ナガイモ、サツマイモ
❷主な水揚げ魚介類
　マグロ、ズワイガニ、ベニズワイガニ、マアジ、イワシ、ハタハタ、サバ、イカ類、カレイ、トビウオ(アゴ)
❸食肉類
　ブロイラー

主な汁物と材料(具材)

汁　物	野菜類	粉物、豆類	魚介類、その他
あご(トビウオ)の団子汁	ネギ	小麦粉→団子(つなぎ)	トビウオ→すり身→団子、調味(塩/味噌)

イワシのつみれ汁	ネギ（またはワケギ）、ショウガ	小麦粉→団子（つなぎ）	イワシ→すり身→団子
小豆雑煮		小豆、丸餅	調味（砂糖）
ベニズワイガニ汁（カニの味噌汁）	ダイコン		ベニズワイガニ、味噌仕立て
サバのすき焼き	ネギ	麩	サバ、調味（醤油／砂糖）
うぐいのじゃぶ	ネギ	呉	ウグイ、味噌仕立て
ウサギのすき焼き	ゴボウ、ニンジン、ネギ	油揚げ、豆腐、麩	調味（醤油／砂糖）
川がに汁（川ガニの身肉を砕いて、エキスをだし汁とする）	ネギ		モズクガニ、醤油仕立て
親ガニの味噌汁（学校給食で）	ダイコン、ネギ（小口切り）		ズワイガニのメス、味噌仕立て

郷土料理としての主な汁物

- **かにの味噌汁** 鳥取のカニといえばズワイガニ（地方名　松葉がに）である。高値で流通しているのは、体の大きい雄である。カニの中でも上品な甘味をもっている。脚や爪が折れていて流通にのせられないカニ、3月の脱皮したてのカニ、体の小さなベニズワイガニは、地元で味噌汁の具にする。カニの地元の人だけが知るカニの味噌汁の味である。

- **サバのすき焼き** 山陰地方のサバは、春から夏にかけて漁獲される。各種のサバ料理があるが、郷土料理としての汁物は、「サバのすき焼き」である。三枚におろしたサバは、刺身のように薄く切り、醤油・砂糖・水の調味液で煮る。ひと煮立ちしたら麩とネギを入れて煮ながら食べる。鳥取市を中心とした春から夏の日常食である。

- **うぐいのじゃぶ** 冬のウグイ（魚）は、身が締まって美味しい。内臓と粗を除き、身だけをぶつ切りにし、呉汁の実とする。だし汁の煮立ったところに、ウグイのぶつ切りを入れ、煮る。煮えたら前もって用意した呉汁を入れて、味噌仕立てにする。智頭地区では、ウグイの汁物を「じゃぶ」とよんでいる。

- **ウサギのすき焼き**　智頭地区では、冬に捕獲したウサギは、すき焼きにする。油揚げ、豆腐、麩、ネギとともに食べる。家庭ではたびたびは食べないが、ときには、豆腐の味噌汁にウサギ肉を入れるところもある。
- **川がに汁**　大山町では、川ガニのふんどしやエラを除き、すり鉢に入れて細かく搗く。これを水洗いして、汁を鍋に入れ、さらに水洗いした残りの殻や身を入れて煮立たせる。醤油で味を調え、ネギを散らす。秋から冬の寒い日に熱々の川がに汁を飲む。
- **親ガニの味噌汁**　11月から1月のズワイガニの旬の季節は、ズワイガニの親ガニが安く買えるので、学校給食にも「親ガニの味噌汁」が提供され、地元の美味しいカニの味を楽しむ。地産地消と地元の食文化の確認を行っている。親ガニは、甲羅の外に外子というオレンジ色の卵をもち、内側には内子という卵巣をもっている。内子の塩辛は、美味だが、たくさん作れないので値段は高い。

【コラム】本膳料理と権力者の食事

室町期に、本膳料理の完成をみるが、安土桃山時代には、それはさらに華やかに発達する。織田信長、豊臣秀吉、徳川家康らの権力者の食事は、朱塗りの蒔絵の膳組で二の膳、三の膳まで続く豪華絢爛な料理だったと伝えられている。やがて、庶民の社会の祝いの会食にも、権力者の豪華な食事が影響するようになった。一般には、一汁一菜（一飯）の「三器一膳」の形式が普及した。たとえば、具の沢山入った味噌汁は菜として供された。武家社会における豪華料理による供応は、外交的な意味をもつ重要な儀式であった。織田信長や豊臣秀吉は、諸国の大名を招待し、饗応によって関係を確かなものにする方法をとったといわれている。

㉝ 岡山県

汁物と地域の食文化

　岡山県は山陰と境を接する中国山地、中部は吉備高原、南部は瀬戸内海をのぞむ平野丘陵地である。中国山脈と吉備高原の間には盆地がある。地形的には多様な地域と思うが、高級果実類の栽培が盛んであり、かつてはコメの栽培が難しいため吉備団子を生み出した。「ばらずし」は別名「岡山祭りずし」といわれている。その理由は、藩主・池田光政が、藩の財政を立て直すために倹約を命令した。食事は「一汁一菜」とし、祭礼や神輿や囃子を廃止した。当初は、残り物の魚や野菜を混ぜた飯を用意したが、徐々に数々の食材を使うようになって贅沢なものになり、現在も贅沢な散らしずしとなっている。

　岡山県には先代から伝わる「すいとん汁」「げたのくずしだんごのお汁」など質素なだんご汁が残っているところから、もともと質素な生活を好む人々であったように察する。

　温暖な気候をいかした果樹栽培が明治時代以降に盛んになった。毎年、新しい品種の果実が流通し、消費者が新しい品種の果実に馴染むのが苦労する。農作物は果実に恵まれ、水産物では瀬戸内海の魚介類に恵まれている。とくに、魚介類は、郷土料理の発達に寄与しているところは大きい。

汁物の種類と特色

　このような背景により継承されている郷土料理には、一手間も二手間もかけたものが多い。汁物には、岡山の高梁川のシジミの「しじみ汁」、シタビラメのすり身団子を入れた醤油仕立ての「げた（シタビラメ）のくずし団子のお汁」、白大豆の粉の団子の入った味噌仕立ての「うちご」「呉汁」、醤油仕立ての「けんちゃん汁」「ぶんず汁粉」「あさり汁」「地野菜汁」、味噌仕立てのサケの「三平汁」、だし汁と牛乳を入れた「蒜山鍋」などがある。

食塩・醤油・味噌の特徴

❶食塩の特徴

かつては瀬戸内海に面した海浜では、塩田づくりが行われた。瀬戸内海の海水が汚染され、海浜も汚染されたため、塩田への海水の汲み取りができなくなり、塩田は消え、タイやクルマエビの養殖場となった。「瀬戸のほんじお」は、製塩に適した水質の瀬戸内海の海水を汲み取り、イオン膜法と立釜で製塩している。

❷醤油・味噌の特徴

岡山県は醤油や味噌を醸造するために必要な麹の生育に適切な環境であるが、醤油や味噌の醸造会社が他県に比べると少ない。「甘口に味付けした濃口醤油」と珍しい醤油もある。

1992年度・2012年度の食塩・醤油・味噌の購入量

▼岡山市の1世帯当たり食塩・醤油・味噌購入量(1992年度・2012年度)

年度	食塩（g）	醤油（mℓ）	味噌（g）
1992	2,442	10,723	6,174
2012	2,259	5,804	3,999

▼上記の1992年度購入量に対する2012年度購入量の割合（％）

食塩	醤油	味噌
92.5	54.1	64.8

1992年度の岡山市の1世帯当たりの食塩購入量は、中国地方の庁所在地と大差がないが、2012年度の購入量は、1992年度のそれより減少しているものの、他の都道府県庁所在地に比べて多い。生活習慣病予防のための食塩摂取量の減少など、岡山県や岡山市の健康増進の担当部署や生活改善グループなどの食事改善運動により食塩の摂取量は少なくなっていると思われるが、2012年度の食塩の購入量は1992年度の購入量に対して約90％となっている。散らしずしや押しずし、サバの押しずし、サワラずし、ママカリずし、野菜の漬物などを家庭で作る機会が多いのかもしれない。

地域の主な食材と汁物

岡山県は、江戸時代から藩主の力で新田を開発するなど農作物の栽培に

は積極的で、コメ、小豆、大豆の生産高は、現在でも上位にある。温暖の気候は果実の栽培に適し、優れた果物を生産している。瀬戸内海に流入する河川は、魚介類の生育に必要な豊富な栄養分を瀬戸内海に供給しているので、備讃瀬戸・播磨灘・備後灘は好漁場となっている。

　岡山県には地形の上からは、北部には山陰と境を接する中国山脈、中部には吉備高原、南部には瀬戸内海を望む平野丘陵地帯がある。それぞれの区域は、風土の相違から栽培植物や野草の種類、利用の仕方に違いがあり、郷土料理にもその違いがみられる。全県的には、獣肉や鶏肉を食べる目立った習慣は、第二次世界大戦の終戦まではなく、昭和20年代になって肉食が一般的となった県域といわれている。それまでは、岡山名物の種の並びが華やかな「岡山ばらずし」や「祭りずし」の影響が強く、動物性食品は、海の幸に依存していたのかと想像している。

主な食材

❶伝統野菜・地野菜

　千両ナス、衣川ナス、鶴海ナス、アスパラガス、蒜山ダイコン、ハクサイ、土居分小菜（カブに似ている）、おたふく春菊、備前黒皮カボチャ、黄ニラ、万善カブ、桃太郎（トマト）、黒大豆（丹波黒）、マッシュルーム、間倉ゴボウ

❷主な水揚げ魚介類

　マダコ、貝類、カレイ、サワラ、イカ、エビ類、児島湾のウナギ（青ウナギの呼び名がある）、養殖物（カキ、ノリ）

❸食肉類

　乳牛のジャージー牛

主な汁物と材料（具材）

汁　物	野菜類	粉物、豆類	魚介類、その他
シジミ汁			シジミ（高梁川）、味噌汁
ぜんざい		小豆、ワラビ餅添え、	調味（砂糖）

げたのずだんごのお汁（げた＝うしのした＝したひらめ）	ダイコン、ニンジン、ネギ		ウシノシタ、調味（塩／醤油）
うちご	野菜	大豆	味噌
呉汁	ネギ	大豆→呉	いり干し（だし）、味噌仕立て
けんちゃん汁	ダイコン、タイ菜、サトイモ、ゴボウ、ネギ	豆腐	油脂、調味（白味噌／醤油）
ぶんず汁粉		コメ粉の団子	澄まし汁
地野菜汁	地野菜		藻くず汁
三平汁	ジャガイモ、ダイコン、フキ、ゼンマイ		塩蔵魚（サケ）、昆布

郷土料理としての主な汁物

- **げたのくずしだんごの汁** ゲタとは一般には舌平目といっている魚で、ウシノシタのことである。牛窓地区では、小形で煮つけやムニエルに向かないウシノシタを1尾まるごと擦り潰す。すり身の団子の澄まし汁である。季節の野菜も利用できる郷土料理である。
- **うちご** 笠岡市では、雨の日で惣菜に困ったときに作る郷土料理。水を含ませた白大豆を碾き臼でひいて粉にしてから団子にして味噌汁に落とした汁物。麦飯のおかずにすると腹もちがよい。
- **呉汁** 真庭郡の地域のどの家庭でも、秋から冬の日常食として大鍋に呉汁を用意する郷土料理。調味はイリコだし汁と味噌で、呉汁は各家庭で、大豆を石臼でひいて作る。
- **けんちゃん汁** 真庭郡の地域では、12月8日の「八日待ち」という行事には豆腐、野菜、いりこなどを一緒に煮込み、醤油と砂糖、または味噌で調味して「けんちゃん汁」を作る。基本的な作り方は「けんちん汁」と同じである。
- **シジミ汁** 高梁川河口で獲れるシジミ（ヤマトシジミ）は、宍道湖のシジミ同様に美味しいことで知られている。最近、高梁川で獲れるシジミの種類は、タイワンシジミ、オキシジミなど、ヤマトシジミ以外のもの

も棲息しているようである。代表的なシジミ汁は、味噌汁である。

【コラム】岡山名産ママカリは美味しい魚か

岡山の名物料理の「ママカリ酢漬け」は、正式名は「サッパ（ニシン科）の酢漬け」である。隣の家へ行ってご飯を借りてきてまで食べたくなるほどご飯と一緒に食べると美味しいので「ママカリ」の名がついた。昔のことは分からないが、最近はサッパを食べないようである。小骨が多いので、刺身にするにも、三枚におろすにもやっかいな魚なので、練り製品の材料にも使わないらしい。一部の練り製品に利用しているサッパの擦り身はタイからの輸入品のようである。国内産のサッパも骨が多いのでほとんど利用していないのである。食品成分表にも掲載されていないから、利用度の高い魚ではないようである。昔は本当に食べたのか疑いたくなる。

㉞ 広島県

汁物と地域の食文化

　広島県を含む山陽地方の地質は、瀬戸内海の地表を覆う花崗岩風化土「マサ土」（岩石が砂泥に変化したもの）で、かんきつ類やそばの栽培に適しているが、2014（平成26）年8月の大雨による土石流の発生に伴う大きな被害の原因ともなっている。これまで、10年に一度の割合で土石流の被害があったが、魚介類や海藻などに恵まれているためか、生活しやすい地域のようである。東北地方や山陰地方に起こった享保・天明・天保の大飢饉のときも、広島など山陽地方の人々は何とか飢えをしのいだ。

　瀬戸内海で漁獲される魚介類と麺類の組み合わせを工夫することに優れているらしく、鯛とそうめんを組み合わせた「鯛めん」は、煮物のような汁物の一種である。瀬戸内海の美味しい小魚の水揚げが多いので、小魚の団子の汁物もある。広島のカキの養殖は、江戸時代前期（延宝年間［1673～80］）に始まっている。いろいろなカキ料理の中で、汁物としては「カキ雑炊」がある。君田村に伝わる汁物に「けんちゃん汁」がある。サトイモ、ニンジン、豆腐、ゴボウなどを煮込んだ質素な汁物である。語源はけんちん汁と同じように、料理のルーツは節約料理として生まれたようである。

　広島県食文化研究グループの研究（『日本調理科学誌』36巻、2006年）が、広島県民の利用している魚介類（チヌ、マダイ、アナゴ、サバ、イカ、タコ、アジ、カレイ、カキなど）の汁物の調理法を調べた結果、吸物にはエビ、エビジャコ、チヌやマダイを使う場合が多いことが明らかになっている。

汁物の種類と特色

　広島の山間部（三次地方）の郷土料理にワニ（サメの地方名）料理がある。生きているサメの体内に存在する尿素が、即殺に伴いアンモニアに変

わる。アンモニアがサメの体内に溜まるからサメの肉はアンモニア臭いが、アンモニアによりアルカリ性となり腐敗菌が繁殖しないので、広島の山間部まで運ぶことができる。ワニ（サメ）料理には刺身や湯引き、煮物などがあるが、汁物の仲間に属する「ワニのちり鍋」がある。

養殖カキは「広島ガキ」として流通している。カキの郷土料理として、鍋の内側に味噌の土手をつくる鍋の「かきの土手焼き」や「かき雑煮」がある。「オコゼのみそ汁」「いりこダシの団子汁」「焼きテビラの澄まし汁」「けんちゃん汁」、くず米としいら（粃）を半々ずつ混ぜて作った団子を落とした醤油仕立ての「だんご汁」がある。また、「太田川しじみ汁」「じゃがいも・ねぎ汁」もある。魚介類と海藻を昆布のだしで煮込む「水軍鍋」もある。

食塩・醤油・味噌の特徴

❶食塩の特徴

広島の製塩は、江戸時代から始められた。上蒲刈島でつくる「海人の藻塩」、仙酔島でつくる「感謝の塩」がある。

❷醤油の特徴

杉桶で熟成した醤油である。さしみ醤油、かけ醤油を主力のものが多い。だし醤油やカキ醤油もある。

❸味噌の特徴

広島県の府中市の味噌醸造会社が作る「府中味噌」は、コクのあるうま味と香りに定評がある。

1992年度・2012年度の食塩・醤油・味噌の購入量

▼広島市の1世帯当たり食塩・醤油・味噌購入量（1992年度・2012年度）

年度	食塩（g）	醤油（mℓ）	味噌（g）
1992	2,866	9,861	7,265
2012	1,990	6,711	4,485

▼上記の1992年度購入量に対する2012年度購入量の割合(%)

食塩	醤油	味噌
64.3	68.1	61.7

　広島市の1世帯当たりの1992年度の醤油購入量は、都道府県庁所在地の中で最も少ない。ところが、2012年度の広島市の1世帯当たり醤油購入量は岡山市より多く、山口市より少ない。1992年度の醤油購入量に対して2012年度は約68％に減少している。広島県の郷土料理には鍋物に使う醤油が多く、食塩を使うすし類が少ない。

地域の主な食材と汁物

　広島の伝統野菜の広島菜や観音ネギは京都の京菜や九条ネギの品種改良によりできたものであることから、京都の農作物が地方の農作物にも影響を及ぼしていたと考えられる。広島菜の古漬けが広島のお好み焼きやカキ料理との相性が良いといわれている。

主な食材

❶伝統野菜・地野菜

　広島菜、観音ネギ、矢賀ウリ、青大キュウリ、広島ワケギ、春菊、矢賀チシャ、笹木三月子ダイコン、広島おくら、深川早生イモ、おおみな（アブラナ科）、祇園パセリ、小松菜

❷主な水揚げ魚介類

　カタクチイワシ、タチウオ、クロダイ、タコ、ナマコ、エビ類、養殖物（カキ、ノリ、マダイ）

❸食肉類

　広島和牛

主な汁物と材料（具材）

汁　物	野菜類	粉物、豆類	魚介類、その他
カキ雑煮	ショウガの汁、薬味（ネギ）	白米飯	カキ、カツオだし汁、淡口醤油仕立て
太田川シジミ汁			太田川のシジミ、味噌汁

ジャガイモ・ネギ汁	シイタケ、ネギ	焼き豆腐	カキ、白味噌
カキの土手鍋	白菜、ネギ　など		生カキ、豆腐・味噌
だんご汁	ダイコン、ニンジン、ハクサイ、ネギ、サトイモ、ジャガイモ	くず米粉／米粉→団子	調味（味噌／醤油）
けんちゃん汁	サトイモ、ダイコン、ニンジン、ゴボウ	豆腐、片栗粉	醤油仕立て

郷土料理としての主な汁物

　広島県内の中で、瀬戸内海に面している地域は霜も降りない温暖な気候に恵まれ、郷土料理を生み出す海の幸や野の幸が豊富である。一方、中国山地の冬は積雪寒冷地帯ではあるが多種多様の味覚をもった自然の恵みに富んでいる。珍しい郷土料理は山間の三次地方のサメ（ワニ）料理である。

- **カキの土手焼き**　広島の土手焼きは、カキと野菜を白味噌で煮込んだものである。鍋の周囲にみりん・酒で調味してだし汁でのばした白味噌を、土手のように厚めに塗り、シイタケ・ネギ・焼き豆腐などと一緒にカキを入れて煮る。カキは、熱が通り膨らんだ頃に取り出して食べる。加熱し過ぎるとカキの水分が溶出して小さくてなり、食感も良くない。味噌はカキの調味のための他、カキの生臭みをマスキングする効果と味噌の香味の賦与の効果がある。味噌には乳酸菌と有機酸を含むので酸性であるから、カキの臭みの主体のアミン類（アルカリ性）を中和するので、臭みが消える。
- **水軍鍋**　昆布だし汁やイリコだし汁で、魚介類や海藻を煮込んだ鍋で、酒盛りの後に、この鍋にご飯を入れて雑炊を作る。
- **長ネギとジャガイモのスープ**　長ネギをたくさん入れたスープ。長ネギの量が多いので甘味がある。学校給食などで作られる新しいスープ。
- **ゆめまる汁**　東広島の学校給食の料理で、ジャガイモ、ネギ、タマネギなど、市内産の野菜をたっぷり使う味噌汁。学校給食における、地産地消に取り組んだ料理。
- **けんちゃん汁**　法要のご馳走として作る。各地のけんちん汁やけんちゃん汁と材料や作り方は同じ。君田村地区の郷土料理。

- **だんご汁**　油木町地区の郷土料理。くず米粉、米粉で作った団子と野菜を味噌味または醤油味にして煮込んだ汁物で、団子が多ければ主食、少なければ惣菜にする。

【コラム】広島焼きの裏舞台にはソース会社の焼き手が

広島のお好み焼きの広島焼きは、東京や大阪のお好み焼きに比べれば、後発のお好み焼きである。それが、全国的に知れるようになった裏方には、お好み焼きのソース会社の努力があったと思われる。ソース会社の「焼き手」という社内認定の技術者がお好み焼き店を開店するところへでかけ、店のレイアウト、焼き方、客への対応、経営について指導するのである。このソース会社は、お好み焼きや焼きそば、たこ焼きに関して科学的に検討し、「理論とマニュアル」book を出版するほど、徹底的に実践と理論を結び付けているのである。

㉟ 山口県

汁物と地域の食文化

　山口県は、瀬戸内海を経済圏とする山陽山口と、日本海・響灘を経済圏とする山陰山口に分けられると、考えている研究者もいる。歴史的には幕藩体制時代の山口県は、長門と周防の2か国に分かれていた。周防と長門の一部（下関・小野田・宇部・厚狭・豊浦など）が山陽山口で毛利藩の治下にあった周防・長門が山陰山口であった。両者は気候風土が異なるだけでなく、食生活にも違いがあった。山陽地域と山陰地域では郷土料理の食材も違うし、味付けも違う。山口県では冠婚葬祭に欠かせない小豆、蒲鉾、白玉団子の入った「いとこ煮」は、山陰地域の萩地方では薄味であっさりしているが、山陽地域は甘味が濃いという違いがある。山口の食文化は京都の食文化の影響を受けていて、淡白な味付けの料理が多い。生活が貧しかったので手近に漁獲した魚は、食塩を使って保存したり、調味料で味を付けたりというもったいない操作はしないで、すぐに食べるという食生活であったために、淡白な味付けで食べる習慣を身に付けたと伝えられている。

　山陽地区は瀬戸内海の魚、山陰地区は日本海の荒波で育った魚の水揚げが多い。沿岸部の人々は海の幸に恵まれていたが、山間部の人々は動物性たんぱく質源としてカワニナ・タニシなどを汁物や煮物などの加熱料理にして食べていた。

　山口県の名物料理といえばフグ料理。トラフグの鍋料理は最後に雑炊にして食べるので「汁物」のカテゴリーにも入る。トラフグの上品なうま味は、マグロやタイとは違った格別なうま味がある。郷土料理の「おおひら（大平）」は、直径50cmほどの鍋に野菜や鶏肉、山菜などを入れた汁の多い煮物である。岩国ずし、レンコンの酢の物と並んで欠かすことのできない郷土料理である。

汁物の種類と特色

　日本海と瀬戸内海の漁場に恵まれているので、水産加工も盛んである。山口県の蒲鉾は、関東の蒲鉾のように甘くないのが特徴である。海水の温度の上昇により、山口県内の漁港に水揚げされる魚種にやや変化がみられるが、トラフグは下関の漁港に集中して水揚げされている。「フグ汁」は昔からあった。芭蕉はフグが大好きで、フグの毒で死ぬのを恐れ、恐る恐る食べたらしく、「フグ汁や鯛もあるのに無分別」と詠んでいる。汁物に関連した現在のフグ料理は「フグのちり鍋」とその鍋の汁で作る「フグ雑炊」である。

　汁物の郷土料理には、白身の魚のすり身に少しの味噌汁を入れて擂り、これを味噌汁に戻した「すり流し汁」、野菜と鯨肉を煮込み、これに大豆を擂り潰して味噌と混ぜた「そばたま汁」、野菜をたくさん入れて塩と醤油で味を調えた「大平」がある。「タマネギ汁」「ダイコン汁」などもある。

食塩・醤油・味噌の特徴

❶食塩の特徴

　山口県の食塩は古墳時代から奈良時代にかけてつくられていたと推測されている。近代になって、長門、周防で、入浜式製塩が行われていたとも推測されている。

❷醤油の特徴

　山口県は、瀬戸内海や日本海の海の幸に恵まれているので、それらを美味しく食べるために、醤油や味噌の醸造会社も多い。山口県の醤油は、製造過程で、アミノ酸液を加え独特のうま味を構築した「混合醸造法」という製法である。再仕込み醤油や刺身醤油もつくっている。

❸味噌の特徴

　なめ味噌の「ふき味噌」がある。

1992年度・2012年度の食塩・醤油・味噌の購入量

▼山口市の1世帯当たり食塩・醤油・味噌購入量（1992年度・2012年度）

年度	食塩（g）	醤油（mℓ）	味噌（g）
1992	3,710	12,848	9,490
2012	2,266	6,828	6,227

▼上記の1992年度購入量に対する2012年度購入量の割合（％）

食塩	醤油	味噌
61.1	53.1	65.6

　山口市の1世帯当たりの食塩・醤油・味噌の購入量は、1992年度も2012年度も中国地方の他の県庁所在地の購入量に比べて多い。この理由は、新鮮な水産物が沢山水揚げされたときには各家庭でも一塩干しや魚介類の塩蔵品に加工するからと思われる。

　1992年度の食塩・醤油・味噌の購入量に対し、2012年度の購入量の割合は食塩が約61％、醤油が約53％、味噌が約66％であった。このことは、塩分を含む調味料の利用量が減少したのではなく、外食、持ち帰り惣菜や弁当、加工食品の利用が増加したことに一因があると考えられる。また、家族構成人数が少なくなり、それぞれの家庭での食材の購入量が少なくなっていることも一因と考えられる。

地域の主な食材と汁物

　瀬戸内海にも日本海にも面しているので海の幸に恵まれている。フグの集積地の下関は、周防灘・伊予灘・豊後水道・玄海灘の他に東シナ海で漁獲された天然産のトラフグが集められ、全国へ流通している。山口県の代表的郷土料理の「茶粥」は、米の節約が発想の原点であった。魚介類には恵まれていたが、瀬戸内海側と日本海側の間には、中国山脈の高地が続いているので、農作物の栽培に適した田畑がなかなか作れなかったからと思われる。

主な食材

❶伝統野菜・地野菜

　とっくりだいこん、岩国赤だいこん、つねいも（山芋）、白おくら、徳

佐ウリ、彦島春菜、田屋ナス、彦島夏播甘藍（かんらん）、あざみな（からし菜）、武久カブ、萩ゴボウ、その他（山口県JAグループ推奨の農作物）

❷主な水揚げ魚介類

トラフグ、アンコウ、瀬つきアジ、アマダイ、タチウオ、タコ、ハモ、クルマエビ、イワシ、サバ、イカのような回遊魚介類、カレイ、アナゴ、貝類のサザエ、アワビ、養殖物（ブリ、マダイ、ヒラメ、ワカメ）

❸食肉類

無角和牛、見島牛

主な汁物と材料（具材）

汁　物	野菜類	粉物、豆類	魚介類、その他
タマネギ汁	タマネギ		味噌汁
山口ワカメ汁			山口産ワカメの味噌汁
大根汁			山口産ダイコンの味噌汁
大平	レンコン、サトイモ、ニンジン、ゴボウ、シイタケ	油揚げ	魚、鶏肉、コンニャク、調味（砂糖／醤油／塩）
ふくちり	ハクサイ、春菊、ネギ、キノコ	豆腐	フグ切り身、昆布ダシ(ポン酢で食べる)
すりながし汁	薬味		白身の魚のすり身（すり身に熱い味噌汁をかける）
そばたま汁	ニンジン、サトイモ、カブ		鯨肉（全部の材料を混ぜて擦って、味噌と混ぜる

郷土料理としての主な汁物

- **大平**　野菜をたくさん入れた汁物で、行事のときには必ず作る岩国市の郷土料理である。慶事の時の材料は魚や鶏肉を使い、不幸の時は精進料理に仕立てるため、たんぱく質供給源は大豆加工品（油揚げ、厚揚げなど）となる。大きな黒塗りの木製平椀に盛るので「大平」という。木製の杓子で銘々に注ぎ分ける。

- **ふくちり** 「ふく」は「フグ」の下関の呼び名。「ふく＝福」で、福の来る魚として期待されている。下関には、周防灘、伊予灘、豊後水道、玄海灘で漁獲されたトラフグの集散地となっているので、下関のトラフグ料理は有名なのである。「ふくちり」（ふぐちり）は、関西では、「てっちり」というふぐ鍋である。だし汁は、フグの粗や昆布を使う。フグの身と野菜を煮込んだ鍋で、最後に残る汁で、雑炊やうどんを食べるのが定番コースである。フグのうま味は、魚類に多いイノシン酸ではなく、グリシンやベタインのアミノ酸類による。

【コラム】蒲鉾の評価はテクスチャー

山口県の仙崎地方の「焼き抜き蒲鉾」は、エソ・トラギスを原料とし、でん粉を入れないで作る。きれいな白色で、食感はプリンプリンした独特のテクスチャーをもつ。焼き抜き蒲鉾には、仙台の笹蒲鉾、紀州の南蛮焼き、宇和島の焼き蒲鉾などがあり、小田原の蒸し蒲鉾の食感とはやや違う。蒲鉾は正月に欠かせない食品で地方による特色がある。室町時代にナマズのすり身を竹の串に塗り付けて焼いたのが、蒲の穂に似ているので、蒲鉾と呼ぶようになったという説が主力となっている。プリンプリンしたテクスチャーが蒲鉾の品質評価の一つとなっているので、テクスチャーの評価の高い蒲鉾をつくるために苦労している。なぜなら、蒲鉾の原料となるスケトウダラのすり身の生産が世界的に減少しているからである。そのために、すり身を確保するために業界関係者は、いろいろな国へ飛び回っているのである。

㊱ 徳島県

汁物と地域の食文化

徳島県は、紀伊水道、瀬戸内海に面した海岸部、四国山脈、阿讃山地に取り囲まれた山間部に分けられる。日常の食事や郷土料理には、海の幸が利用され、山間の地域は、山の幸や山間を流れる川の魚介類を使うものが多い。

徳島の年に一度の盛大な夏祭りには、全国各地から踊り手たちが集まって賑やかに行う「阿波踊り」がある。もともとは、徳島藩の蜂須賀家政（はちすかいえまさ）が、1585（天正13）年の徳島場城の落成を祝うために行った無礼講にはじまるといわれている。平素は地道な徳島藩の人々の、息抜きのために考えられたらしい。見方を変えれば、金銭感覚が鋭く、商売上手な気質と合理的考えから生まれたといわれている。大勢の人が集まり、徳島の街で買い物や飲食をしたときに支払われた大金を、貯金せずに、元手に商売をし、さらに多くの収入を得ることを考えたという表現が「阿波踊り」であったらしい。

徳島の人々の生活は、阿波踊りから想像するほど派手ではなく、貧しい地域とみられている。山地が多く、稲作に適した田畑が少ないので、野菜やソバの生産量は多い。平家の落人伝説のある粗谷地方は、良質の阿波ソバが栽培され、古くからの郷土料理にそば料理が多い。鶏肉・シイタケ・ニンジン・ミツバ・ネギと煮込む汁物の「そば雑炊」、ソバの実をご飯のように炊く「そば飯」がある。ソバの実を茹でて乾燥し、皮をむき、皮を剥いたソバの種子を使った雑炊である。複数の味噌を混合して調味した味噌汁の「袱紗汁（ふくさじる）」は、正月の行事食である。

汁物の種類と特色

気候が温暖で山の多い地形なので、果樹栽培が盛んである。スダチ、ユズなど日本料理の風味づけに欠かせないかんきつ類の生産量が多い。スダ

チの爽やかな酸味と香りは、汁物や鍋物に風味を付けてくれる。

　吉野川上流の祖谷地方は、「祖谷そば」という太めの「そば切り」で、祝い事には必ず振る舞うものとなっている。その地方のもう一つ郷土料理の「そば米」は、そばを塩ゆでして乾燥したもので、それを使った「そば米雑炊」がある。

　正月に作られる「ふくさ汁」は、白味噌と赤味噌を混ぜた「ふくさ味噌」の汁で、ハマグリやわかめ、豆腐などを具材に入れる。実だくさんの味噌汁の「きゅうり素麺のみそ汁」、冬から春にかけて磯の岩に生えているアオサの醤油仕立ての澄まし汁の「あおさ汁」、豆腐を入れたイリコだしの澄まし汁の「豆腐八杯」は、美味しいので8杯もおかわりする素朴な汁物である。「石井ほうれん草汁」、吉野川で養殖しているスジアオノリの「すじのり汁」や、「れんこんみぞれ汁」などは、地産地消を目的に学校給食に利用されている。

食塩・醤油・味噌の特徴

❶食塩の特徴

　製塩の遺跡から、鳴門地域では5～6世紀から塩づくりが行われていたと推測されている。かつては入浜式塩田を行われていた。明治・大正時代は一大事業であったが、現在は製塩は行われていない。

❷醤油の特徴

　徳島県はスダチやユズの生産地として知られている。そのスダチやユズを入れた「酢橘入り醤油」は、醤油独特の匂いをスダチの香りが抑えている。

❸味噌の特徴

　「七穀味噌」は、栗・モチキビ・タカキビ・ヒエ・大豆・米・麦を仕込んだ味噌で、「雑穀味噌」の別名もある。味噌汁や合わせ味噌に使われている。惣菜として「阿波の焼き味噌」「御膳味噌」「青唐辛子入り味噌」がある。

1992年度・2012年度の食塩・醤油・味噌の購入量

▼徳島市の1世帯当たり食塩・醤油・味噌購入量(1992年度・2012年度)

年度	食塩(g)	醤油(mℓ)	味噌(g)
1992	2,280	11,039	9,941
2012	1,872	5,326	6,216

▼上記の1992年度購入量に対する2012年度購入量の割合(%)

食塩	醤油	味噌
82.1	48.2	62.5

　1992年度の食塩の購入量に対する2012年度の購入量が約82％である。20年間経過しても購入量に大きな変化がみられないのは、郷土料理のアジの押しずし、こけらずし、ぼうせの姿ずし、太刀魚のにぎりずしなどを作るのに食塩を使うからとも考えられる。最近は、麺つゆやだし醤油の利用が便利なので、醤油そのものの購入量が減少する一因と考えられる。

地域の主な食材と汁物

　山の多い徳島県の農業は野菜が中心である。コメの栽培が難しく、雑穀、とくにソバの栽培が多い。郷土料理の「そば米」は、そばを塩ゆでした後に乾燥してから、殻を除いたものをそば米とよんでいる。これは、雑炊で食べる。

主な食材

❶伝統野菜・地野菜

　阿波みどり(シロウリ)、阿波晩生1号(ダイコン)、ごうしゅいも(ジャガイモ)、なると金時、スダチ、その他(なるとブランド野菜)

❷主な水揚げ魚介類

　シラス、タチウオ、サバ、メバチ、ハモ、アワビ

❸食肉類

　阿波尾鶏(あわおどり)

主な汁物と材料（具材）

汁 物	野菜類	粉物、豆類	魚介類、その他
そば米汁 （そば米雑炊）	ニンジン、サトイモ、カブ	そば米	味噌汁
石井ほうれん汁 （食育）	ほうれん草、キャベツ		淡口醤油味（ダシ）
すじのり汁			淡水産藻類
れんこんみぞれ汁	オクラ、レンコン	豆腐	なると、醤油仕立て
ふくさ汁			ハマグリ、昆布（だし）調味（白味噌/赤味噌）
キュウリとそうめんの味噌汁	キュウリ	そうめん	いりこ（だし）、味噌仕立て
あおさ汁		豆腐	アオサ、シラス、醤油仕立て
豆腐八杯		豆腐	いりこ（だし）、醤油仕立て

郷土料理としての主な汁物

- **ふくさ汁**　松野町地区の正月の年始の客に、酒と蒸したご飯とともに「ハマグリのふくさ汁」を供する。「ふくさ」味噌とは、白味噌と赤味噌を混ぜたものである。春にはくずしはんぺん、豆腐、春菊を使う。
- **キュウリとそうめんの味噌汁**　木頭(きとう)地区では、家族みんなで食べる味噌汁である。たくさんの季節の野菜を具にした味噌汁で、惣菜と間違えるほどである。
- **あおさ汁**　由岐町の磯で冬から春にかけて生えている「アオサ」を具にした醤油で味を付けた澄まし汁。具にシラスを入れると、シラスからのダシで一層美味しくなり、シラスのカルシムも期待できる。
- **豆腐八杯**　美味しいので8杯もお代わりするので、この名がある。一般にはイリコのだし汁を使った醤油味の澄まし汁で、具には豆腐も入れる。ワカメの特産品をもつ鳴門市の郷土料理。
- **ふしめん味噌汁・お吸物**　「ふしめん」とは、素麺の製造過程で、素麺

を延ばすために箸で上下にひっぱるときに、箸に当たる部分の麺が平たく節のようになる。その部分は商品にならない。素麺そのものよりコシが強く、味噌汁や吸物の具に利用すると歯ごたえのある具となる。三味線のバチに似ているから「素麺ばち」というところもある。
- **れんこんのみぞれ味噌汁**　徳島県はレンコンの生産量も多いので、レンコンの普及に考案したレシピ。レンコンを擦りおろして、だし汁で作った味噌汁に入れる。学校給食のメニューに取り入れている。
- そば**雑穀炊**　そばを茹でて殻をの除いたものがそば米またはそば麦とよぶ。だし汁と醤油で味をつけて茹でる。小さく切った鶏肉、蒲鉾、ちくわなどを入れる。

㊲ 香川県

汁物と地域の食文化

　香川県の代表的郷土料理の「讃岐うどん」を県民食といえるほど、香川県民はうどんを愛し、食べるといえる。香川県の「木」はオリーブである。小豆島は気候温暖で風水の見舞われることなくオリーブの実、オリーブ油の生産量が多い。オリーブは、1908（明治41）年に日本で初めて、国内数か所（三重・香川・鹿児島）に植えられたが、現在は小豆島のみが栽培に力を入れている。食用油の中で美味しく、1990年代（平成2～11年）に日本中でもイタリア料理が人気になってから、オリーブ油の利用が普及している。

　県民食となっている讃岐うどんを利用した汁物は、「打ち込み汁」といわれている。野菜を入れた煮込みうどん風の粉食である。かけうどんとだんご汁の中間のような郷土料理である。

　小豆島の郷土料理の醤油豆は、家庭のおかず、酒の肴、お茶漬けに使われる。小豆島の伊喜末八幡の秋祭りはブドウ豆を炊きこんだ粥を作る。香川県の瀬戸内海に属する島々では、茶粥が残っている。雑魚は焼き干しを入れ、イカナゴ（煮干し）のダシとイカナゴ醤油で味付けたものが多い。

　秋の農作業の後で、水田の「よけ」というところに集まるドジョウを捕らえ、大鍋で作る「どじょう汁」は、農作業の疲れを癒す料理だった。ドジョウのほかに秋ナス、ゴボウ、サトイモを入れ、味噌仕立ての鍋のような汁物である。

汁物の種類と特色

　香川県の代表的郷土料理の「讃岐うどん」。香川県民の県民食ともいわれるほど、毎日食べる人が多いし、もてなしにうどん店を利用する場合もある。讃岐うどんを食べるには醤油やだし汁が必要である。郷土料理の「てっぱい」は、フナとダイコンの酢味噌和えなので、味噌を使い、小豆島の

四　国　地　方　239

「しょうゆ豆」作りや素麺を食べるときの麺つゆには醤油が必要である。

香川県の郷土料理は作るにも食べるにも醤油の利用が多いと思われる。野菜を入れた煮込みうどん風の粉食の「打ち込み汁」、秋口から食べる機会が多くなる「うどん（しっぽく）」は季節の野菜を汁とともに煮込み、茹でたうどんにかけたものである。田植えの前後に川やため池から獲ってきたドジョウと野菜、太めのうどんを大鍋で煮込んだのが「どじょう汁」である。魚のウシノシタ（舌平目）のすり身を入れた味噌汁が「げた（ウシノシタの意味）の団子汁」である。ジャガイモ（地方名「にどいも」）を擦りおろしたデンプンで作った団子を入れた味噌汁が「にどいものだんご汁」である。

その他、白味噌仕立ての「あんもち雑煮」、地産地消を目的としてイギスを使った「海藻汁」、月菜を使った「香川野菜汁」がある。

食塩・醤油・味噌の特徴

❶食塩の特徴

土器製塩の遺跡から、香川県では弥生時代には土器製塩の技術が成立していたと推測されている。江戸時代には土州塩田での塩の生産量が多かった。

❷醤油の特徴

香川県は、古くから醤油の原料となる食塩が豊富で、良質の大豆と小麦の栽培と収穫に恵まれている。気温が温暖なところなので醤油の醸造に適している。江戸時代からの醤油づくりは、小豆島の「ヤマクロ醤油」である。伝統的な濃口醤油だけでなく、その時代のニーズに合う使いやすい調味醤油も作っている。讃岐うどんに合うだし醤油も流通している。

❸味噌の特徴

香川の白味噌は正月の雑煮に欠かせない。

1992年度・2012年度の食塩・醤油・味噌の購入量

▼高松市の1世帯当たり食塩・醤油・味噌購入量（1992年度・2012年度）

年度	食塩（g）	醤油（mℓ）	味噌（g）
1992	2,246	11,893	6,142
2012	1,872	8,308	4,634

▼上記の1992年度購入量に対する 2012年度購入量の割合（%）

食塩	醤油	味噌
83.3	69.8	75.7

　1992年度も2012年度も高松市の1世帯当たりの食塩・醤油の購入量は概して、四国地方の他の県庁所在地の購入量より多い。とくに、2012年度の高松市の醤油の購入量は1992年度の購入量に比べれば減少しているが、四国地方の他の県庁所在地に比べて非常に多い。

　味噌については四国地方の県庁所在地の中では少ない。

　麺つゆは、家庭でつくる機会は減少し、市販のだし醤油や麺つゆの利用が多くなっているものと思われる。

地域の主な食材と汁物

　気候温暖で、風水害に見舞われることなく住みやすいといわれている香川県も、過去には干ばつとの戦いがあり、コメの栽培が困難で、僅かなくず米や砕け米を利用していた。その裏作として成功したのが小麦の栽培である。祝い膳には麦甘酒、小麦団子やうどんを供するようになった。

　「讃岐うどん」や小豆島の素麺など、香川県の食文化は小麦粉文化のイメージがあるが、小豆島でのオリーブの植栽は、ヨーロッパで使用しているオリーブ油を日本でも容易に入手でき、利用できることに貢献している。

主な食材

❶伝統野菜・地野菜

　さぬき長莢（讃岐のソラマメ）、金時ニンジン、さぬきしろうり、香川本鷹（トウガラシ）、三豊ナス、その他（香川県JAグループ推奨の農産物）

❷主な水揚げ魚介類

　カタクチイワシ（煮干しに）、イカナゴ、シラス、カレイ、サワラ、クロダイ、貝類、養殖物（マダイ、ヒラメ、カキ）

❸食肉類

　讃岐牛、讃岐夢豚、讃岐コーチン（以上、讃岐三畜）

主な汁物と材料（具材）

汁　物	野菜類	粉物、豆類	魚介類、その他
どじょう汁	ダイコン、サトイモ	小麦粉→短いうどん	フグ、エビ、いりこ、味噌仕立て
あんもち雑煮	ダイコン、ニンジン	あん入り丸餅	白味噌仕立て
打ち込み汁	ナス、カボチャ、ジャガイモ、ネギ	うどん、油揚げ	いりこ（だし）、味噌仕立て
海藻汁		コメのぬか汁、大豆のゆで汁	イギス
香川野菜汁（月菜汁）	月菜汁（さぬき菜）、ニンジン、ジャガイモ、タマネギ	白玉だんご	
きすの澄まし汁	ユズ、三つ葉		キス、調味（塩／醤油）
げたのだんご汁		小麦粉→団子	ウシノシタ、調味（味噌／醤油）
にどいもだんご汁	ジャガイモ、ナス、ダイコン	小麦粉→団子	味噌仕立て
月菜汁（丸亀市制100年に作られた）	カボチャ、さぬき菜		鶏ミンチ団子、コーンスープ

郷土料理としての主な汁物

- **茶粥**　香川県の属する香川県の島々には、茶粥を食べる習慣が残っている。その理由は、瀬戸内海は古くから畿内と九州を結ぶ重要な交通路で、大和（奈良）や河内の風習が移入され、残っているからと考えられる。米の節約のために、米を番茶で炊く奈良でもみられる茶粥のと同じである。

- **あおさ雑炊**　正月の簡単な雑煮。地元でとれるアオサ、ニンジン、シイタケを材料にした雑炊で、味は醤油、みりん、味噌で調え、餅を入れる。

- **打ち込み汁**　農村の日常食。季節の野菜を入れ、これにうどんを入れた郷土料理。味噌仕立てが多いが、醤油仕立ての家庭もある。

- **うどん（しっぽく）**　秋の野菜が出回り、寒くなるので温かいものが欲

しい季節に作る。野菜とうどんを入れて煮込み、味噌仕立てで食す。
- **うどん（鉄鍋）** 鉄製の鍋でうどんを煮込み、銘々に取り分けて、生卵や蒲鉾などの好みの具をのせて食す。冬の団欒の食事。
- **しっぽくそば** 冬至に食べる、具の多いそば。煮干しのだし汁で、醤油仕立て、具は根菜類や芋類、油揚げ、豆腐などを使う。冬至に体を温めるために食べる郷土料理である。
- **あん餅雑煮** 煮干しのだし汁、麹を多く、塩分を少なくした白味噌を使う。具は根菜類やイモ類を使い、家族、仲良く円満であることを願い、根菜類は輪切りにする。
- **月菜汁** 月菜は、丸亀地方の呼び名で、香川県の推進ブランドの野菜の「さぬき」である。地元の料理研究家はコンソメスープを提案している。
- **きすの澄まし汁** 引田町の郷土料理。熱湯で霜降りにしたキスを入れた澄まし汁である。
- **げたのだんご汁** ゲタ（ウシノシタ）の身肉をすり身にし、団子にしたものを味噌汁に入れた小豆島の土庄町の郷土料理。
- **にどいものだんご汁** 「にどいも」は、塩江町地区の「ジャガイモ」に対する呼び名。擦りおろしたジャガイモからデンプンを固めた団子を入れた味噌仕立ての汁。

38 愛媛県

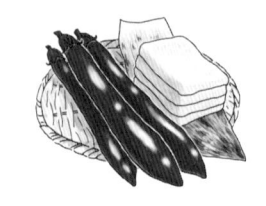

汁物と地域の食文化

　愛媛県の前身である伊予国は、古代には北九州の文化と大和や京都の貴族や寺院の文化を同時に受け入れた経緯から、特定の文化にこだわることなく、多様な文化を取り入れた。愛媛県の宇和島の練り製品は、本州のものとはやや違った、表面にしわがある蒲鉾や、雑魚をつかった薩摩揚げの「じゃこてん」など独特のものを生み出している。ダシには「いりこ」（煮干し）にこだわり、食肉では牛肉にこだわるなど、こだわりをもっているところもある。

　一方、かんきつ類では、ハウス栽培の温州ミカンを他の地域より早い時期に市場に出すなど、新種のみかん類を、毎年世間市場に提供するなど新しいものの開発も熱心である。

　愛媛県の伊予地方では「伊予醤油」をつくる。その絞り粕を五斗味噌（大豆・糠・コメ麹・酒粕・塩を1斗ずつ混ぜた味噌）というが、伊予地方の五斗味噌は伊予醤油の搾り粕をいう。この五斗味噌で作った薄味の味噌汁を「五斗味噌汁」といい、ユズの皮や胡麻も混ぜる。

　愛媛県は、天然マダイの漁獲も多いが、養殖マダイの生産量も多く、関東地区より西の地域の流通が多い。愛媛県にはマダイを材料とした料理も多い。汁物に属するものには「鯛麺」がある。「めんかけ」ともいわれる伊予の名物料理で、祝い事に作られることが多い。朱塗りの大皿に煮つけたマダイ、五色そうめん、金糸卵、刻みネギ、ユズを盛り付け、つけ汁をつけて食べる。汁物には属さないかもしれないが、汁をつけて食べるので、ここに紹介した。魚介類の入っただんご汁のようなものに、今治市の郷土料理の「めぶとのだんご汁」がある。

汁物の種類と特色

　かんきつ類の栽培が盛んであると同時に、毎年、新しい品種のかんきつ

類が登場してくる。江戸時代に松山に持ち込まれて品種改良した「伊予緋カブ」の橙酢の漬物は郷土料理として知られている。郷土料理の「タイ麺」は、素麺に煮付けたマダイをまるごとのせたもので、汁物の仲間といえよう。

　宇和島地方の「佐妻汁」は「伊予の薩摩汁」ともいわれる。鹿児島や関東の薩摩汁は豚肉や鶏肉を使うが、伊予の佐妻汁は小魚のすり身団子を入れる味噌仕立ての汁物である。伊予地方では、伊予醤油の搾り粕を五斗味噌といい、これで作った薄味の味噌汁は「五斗味噌汁」といわれる。「冷や汁」は、焼いたイワシの身肉と味噌を擦り混ぜ、これに冷水、刻みネギを入れ、炊きたての麦飯にかける。

　12月13日のすす払いの日に食べる「すす掃き雑煮」は、餅ではなく小麦粉の団子と野菜類を入れた雑煮である。月見の時の河原でサトイモや鶏肉、コンニャク、ニンジンなどを煮込んだ「芋たき」は友人・知人・家族が集まって食べる。「庄ダイコン汁」「タマネギ汁」がある。

食塩・醤油・味噌の特徴

❶食塩の特徴

　「伯方の塩」は、瀬戸内海の伯方島で、独自の方法で輸入塩を精製し、苦汁を加えた食塩である。

❷醤油・味噌の特徴

　古くから味噌・醤油を作る会社が多く、濃口醤油の他、「仕込み味噌」「麦みそ」「吟醸みそ」が流通している。とくに、1905（明治38）年創業の田中屋は現代の食生活に合う醤油をつくりだしている。醤油の製造過程で残る「もろみ」は「醤油の実」として流通している。

1992年度・2012年度の食塩・醤油・味噌の購入量

▼松山市の1世帯当たり食塩・醤油・味噌購入量（1992年度・2012年度）

年度	食塩（g）	醤油（mℓ）	味噌（g）
1992	2,286	11,322	6,846
2012	1,786	5,943	5,394

▼上記の1992年度購入量に対する2012年度購入量の割合（％）

食塩	醤油	味噌
78.1	52.5	78.8

松山市の1世帯当たりの食塩・醤油・味噌の購入量は、四国地方の他の県庁所在地の購入量に比べて大差はないが、2012年度の醤油の購入量が減少しているのは、持ち帰り弁当や惣菜はすでに味が付いているので、家庭での醤油の使用する機会が少なくなるからと推測する。

食塩については、郷土料理の漬物を作る時に使うので、食塩の購入量は大きく減らないと考えられる。

地域の主な食材と汁物

山海の幸に恵まれている愛媛県は、郷土料理の種類も多い。現在は、ハマチやマダイの養殖も盛んである。宇和海のイワシは平安時代の和歌にも登場している。江戸時代の『和漢三才図会』(1712年)にも、数多くの魚介類や農作物が登場している。

宇和海を中心にマダイやヒラメの養殖の盛んな愛媛県の郷土料理に、「鯛飯」「鯛麺」などマダイを使ったものがある。鯛めしは漁師料理から生まれたものである。一方、鯛麺は漆塗りの大皿に煮付けた鯛をのせた豪華な料理であった。

主な食材

❶伝統野菜・地野菜

伊予緋カブ、清水一寸ソラマメ、うすい豆、絹皮ナス、松山長ナス、ていれき（クレソン）、紫長大葉高菜(むらさきながおおばたかな)、庄ダイコン、皿冠大根(さらかずき)、女早生（里芋）、おおどいも、愛媛早生（里芋）、白いも（サツマイモ）、地いも（ジャガイモ）、その他（タマネギ、アスパラガス、キュウリ、シイタケなど）

❷主な水揚げ魚介類

伊方町の岬(はな)アジ、岬サバ、イワシ、カツオ、マグロ類、タチウオ、イカ類、マダコ、養殖物（マダイ、ヒラメ、シマアジ）

主な汁物と材料（具材）

汁物	野菜類	粉物、豆類	魚介類、その他
庄ダイコン汁	庄ダイコン、ネギ	豆腐、油揚げ	醤油仕立て
芋たき	サトイモ、ニンジン、ネギ	油揚げ	鶏肉、だし汁、醤油
五斗味噌汁	（柚子の皮・胡麻）トウガラシ		五斗味噌（大豆・糠・米麹・酒粕・塩）
タマネギ汁	タマネギ		
すす掃き雑煮	ニンジン、ダイコン、ゴボウ、サトイモ、水菜	小麦粉→団子、油揚げ	調味（塩／醤油）
冷や汁	ネギ	丸麦飯	焼きイワシ、味噌仕立て
しし鍋	シイタケ、ネギ、春菊、ゴボウ		イノシシ、コンニャク、調味（塩／砂糖／醤油）
づがにのぼっかけ	ゴボウ、ネギ	油揚げ、豆腐	コンニャク、川カニ、醤油味

郷土料理としての主な汁物

- **しし鍋** 山間部で捕獲したイノシシは、古くからしし鍋として利用し、地元では平常の惣菜や宿泊客へのご馳走として供していた。イノシシの肉と野菜を味噌仕立てで煮込むが、材料が煮えるまで、イノシシの骨をしゃぶる。これを、「骨抜き」という。丼の肉と野菜を入れ、しし鍋の汁をかけて食べる。愛媛県は、現在問題になっている野生動物の管理、有効利用の進んでいるところである。
- **づがにのぼっかけ** 12月から翌1月にかけて海へ下る川カニ（モクズガニ）を臼の中で搗き、これを鍋に入れてザルに移して、濾す。数回水を加えて上澄みを捨ててから煮込む。この時に、豆腐や油揚げなどを加え、醤油味の汁を作る。東予市のご馳走である。
- **めぶとのだんご汁** 底引き網で獲れるイシモチ（めぶと）のすり身を団子にし、醤油で味を付けたサトイモの入っている澄まし汁に入れて煮る。
- **すす掃き雑煮** 越智郡魚島地区では、12月13日は1年分のすすを取り

払う日で、家族全員で掃除をし、その後で雑煮を食べる。餅は使わずに、小麦粉の団子を入れる。

- **五斗味噌汁** 伊予地方の醤油の搾り粕を五斗味噌といい、薄味の味噌汁を作るのに使われる。また大豆・糠・米麹・酒粕・塩を1斗ずつ混ぜ合わせた特殊の味噌も五途味噌ともいう。
- **石花汁（せっか汁）** 大島の石切場で手近な石を使った汁もの。熱した石を汁物に入れて煮る料理。石を入れた時のぶくぶくふきあがるのが、花が咲いたように見えることから、この名がある。
- **さつま汁** 南伊予地方に伝わる郷土料理。「佐妻汁」が当てられている。焼魚の身と麦味噌を出し汁で溶き、すり鉢でつぶし、ご飯や麦飯にかけて食べる。
- **ナマズがゆ** 宇和町の永長(ながおさ)に、江戸時代から続いている郷土料理。稲刈りが終わり、稲作のため池からドジョウ、フナ、コイなどを集め、地域の人たちが土手に集まり、食べる。
- **芋たき** いりこだし汁と砂糖や醤油を使って、イモ類、鶏肉、コンニャク、野菜類を甘辛く煮込だ料理。秋の夜に、河原で芋たき鍋を囲んでお月見する伝説がある。

㊴ 高知県

汁物と地域の食文化

　四国山脈を背にし、太平洋の荒波を目の前にしている土佐、つまり高知県はカツオ漁をはじめ、いろいろな魚介類の水揚げの多い地域である。太平洋を目の前にもっている高知県域の80%は山地であり、平野は狭く、台風や洪水による被害は多く経験しているためか、たくましい人間が多いといわれている。平野が少ないために野菜類のハウス栽培が発達している。

　刺身、すし、煮物など食べたい料理を大皿に盛った「皿鉢料理」は全国的に知られている郷土料理である。たくさんの種類を集めて作る「ぐる煮」、土佐名物のカツオの刺身のヅケをのせた「カツオ茶漬け」は、汁物のようではないが、汁物と同じような食べ方をする。漁船の上で釣り上げたカツオをぶつ切りにし、酒粕・コメ糠の汁の中に入れた野趣味豊かな「糠味噌汁」は、死後硬直前のカツオを食べられる漁師だけが味わうことができる汁物である。

　土佐赤岡の「どろめ祭り」には、どろめ（カタクチイワシのシラス）の生食、酢の物などの料理が提供される。どろめの郷土料理の「どろめ汁」は、だし汁をベースにした澄まし汁に、ひと煮立ちしたどろめを入れたものである。

汁物の種類と特色

　高知の郷土料理では、豪華な「皿鉢料理」がある。一つの浅い大皿に各種魚介類の刺身、酢の物、煮物、焼き物、蒸し物、野菜、すしなど、好みの物や季節の物を盛り付けた料理である。皿鉢料理の汁物としては小豆たっぷりの「ぜんざい」が用意される。高知には酒豪の人が多いというから酒の肴として食しているのである。皿鉢料理は土佐藩が定めた料理の形態で、江戸時大後期に、本膳料理から分離独立した様式の料理となり、有田焼や九谷焼のような立派な皿に海の幸や山の幸を豪華に盛る料理になった。

汁物の郷土料理の「糠味噌汁」は、漁師の船の上での料理で、土佐名物の糠味噌に甘味噌を混ぜた汁である。イワシの幼魚のどろめを入れた醤油仕立ての「どろめ汁」は、鮮度の良いどろめを使う。春先から夏にかけては、ゴリ（高知ではビスという。真ハゼの稚魚）の醤油仕立ての汁は「びす汁」という。マグロなど大型の魚の内臓以外の身肉、骨、頭を細かくして塩味でどろどろになるまで煮込んだものを「しるこ」という。モクズガニを砕き、ザルに入れて水を流し、水に溶けたものだけを加熱し、茹でた素麺にかけた料理の「つがに汁」や「カツオの粗汁」、山歩きして摘んだ山菜を大鍋で煮て、みんなで食べる「山菜汁」などがある。

食塩・醤油・味噌の特徴

❶食塩
　かつては、瀬戸内海方式の製塩を試みたが成功せず、現在も高知県産の食塩は存在しない。

❷醤油の特徴
　四万十川の伏流水を仕込み水として醤油を醸造している会社が多い。土佐清水の漁師は、甘口の醤油を求めるので、砂糖を入れて甘口の醤油を作っている会社もある。

❸味噌の特徴
　金山寺味噌、酢味噌、鶏味噌、柚子入り味噌など調味味噌も多い。

1992年度・2012年度の食塩・醤油・味噌の購入量

▼高知市の1世帯当たり食塩・醤油・味噌購入量（1992年度・2012年度）

年度	食塩（g）	醤油（mℓ）	味噌（g）
1992	3,264	10,864	6,631
2012	1,328	5,643	5,825

▼上記の1992年度購入量に対する2012年度購入量の割合（％）

食塩	醤油	味噌
40.9	51.9	87.8

高知市の1世帯当たりの食塩・醤油・味噌購入量は、四国地方の他の県庁所在地の購入量とは大差がない。

　1992年度の食塩の購入量に対し、2012年度の購入量が約41％に減少しているのは、家庭での漬物を作る量が少なくなったか、高齢化や家族の人数が少なくなったのでまったく作らなくなったと考えられる。

　味噌については1992年度の購入量に対して2012年度の購入量は約88％である。味噌汁はインスタントの味噌汁を使わず、家庭料理として顕在に機能していると思われる。

地域の主な食材と汁物

　皿鉢料理には、多彩な食べたい料理を、一つの皿に盛り付けしたように見える。高知県はカツオやマグロなど季節ごとに水揚げされる魚の種類は豊富であり、南に面する山間では山菜が生育している。それが、高知名物の郷土料理の皿鉢料理が出来ているのである。この中は、高知県の豊富な新鮮な食材の存在を表現しているようである。険しい海岸線と山の多い地形であり、その地形と日照時間に適した野菜類が栽培されている。磯の魚介類から太平洋の沖を回遊する魚まで、魚介類の豊富な地域である。

　川にはアユ、ウナギ、アメゴ、ツガニ（モクズガニ）が棲息し、郷土料理の材料となっている。

主な食材

❶伝統野菜・地野菜

　十市ナス、十市在来シシトウ、昌介（ピーマン）、弘岡カブ、ショウガ、ミョウガ、その他（キュウリ、ネギ、トマト、サツマイモなど）

❷主な水揚げ魚介類

　カツオ、ソウダガツオ、マグロ類、シイラ、サバ、イワシ、アジ、キンメダイ、養殖物（マダイ）

❸食肉類

　土佐和牛、土佐ジロー（鶏）

主な汁物と材料(具材)

汁 物	野菜類	粉物、豆類	魚介類、その他
春・秋山菜汁	春(フキノトウ、たらの芽、わらび)、秋(キノコ類)		味噌汁
カツオ粗汁	ネギ、タマネギ		カツオの粗、味噌汁
どろめの澄まし汁	青菜		ドロメ(イワシの幼魚)、醤油仕立ての澄まし汁
つがに汁(そうめん入り)	ハスイモ、ナス、ショウガ	そうめん	モズクガニ、調味(砂糖/醤油/みりん)
びす汁	切り干し大根、ネギ、ナス	豆腐	ゴリ、醤油仕立て
しるこ(マグロの不要部を細かくし、塩味で煮込む)			マグロ、塩

郷土料理としての主な汁物

- **どろめの汁** 四国ではイワシの稚魚を「どろめ」といっている。沸騰しただし汁に新鮮なドロメを入れて煮立たせる。さっと白くなったら醤油で味を付ける。一度に大量に入れず、食べる量を入れて、加熱し過ぎないようにする。
- **びす汁** ビス(ゴリ=マハゼ)で、春から夏の魚。あわこは、卵を腹にかかえている春明のもので、美味しい。びす汁は、日常食べるほか、花見のときに必ず作る。熱湯の中に、びすを入れ、煮えたら薄く切った切り干し大根と豆腐を入れて醤油味にしたもの。
- **しるこ** 春にとれる「とんぼしび」(マグロ)を材料とした汁物。マグロの内臓を除き、大きく分けてから身を細かく刻み、水を入れて鍋の中で煮込む、マグロのもつ骨、塩、マグロの骨で味付けする。この汁は椀に入れて飲む。
- **糠味噌汁** 漁師の船の上で作る料理。釣り上げたカツオをぶつ切りにして糠味噌汁の中に入れ、死後硬直前の軟らかい時に食べる。糠味噌は、

酒粕・米糠で作る。
- **いとこ煮** 釈迦が入家した旧暦12月28日に作られる精進料理。大鍋にたくさん作り、多くの人に配るか、重箱に入れて持ち帰り親戚や知人に配る精進料理である。現在は、寒い日に体を温める汁物として作る。
- **ごりの卵とじ** 四万十川流域のごりの採集場の近くで作る。

㊵ 福岡県

汁物と地域の食文化

　古くから外国の文化と接触していた福岡と長崎は、商業都市として発達したが、気候風土から福岡は北に玄界灘を控えているので、九州の中では最も寒い。地球の温暖化、海水温度の上昇は、福岡の郊外に被害を及ぼすことが多くなった。現在の福岡は、九州地方の大都市というよりは国際都市となっている。とくに、韓国とは空路による繋がりではなく、フェリーによる海路の交流が盛んな地域となっている。

　2月になると、博多湾に注ぐ室見川には、ハゼ科のシロウオが遡上することでよく知られている。博多のシロウオの踊り食いは有名な食べ方として知られているが、本来の美味しさは「シロウオの澄まし汁」として食したほうがよい。有明海のワラスボは、煮つけや味噌炊きで食するが、「ワラスボの味噌汁」も郷土料理となっている。ワラスボはハゼ科の魚で、表皮の色は青紫の円筒形の魚である。眼は退化し、日本では有明海の干潟にのみ棲息している。漁期は5～10月である。サヨリは瀬戸内海や九州では、春を告げる魚として知られている。この魚の料理には刺身、酢の物などがあるが、福岡県の椎田地区の郷土料理には「サヨリの吸物」がある。寒い季節に、福岡県・筑穂地区の体を温める汁物として「だぶ」がある。「だぶ」は「ほっと温まる」の意味で、サトイモ、レンコン、ゴボウなどの根菜類、鶏肉、シイタケなどを加えて、醤油の薄味仕立ての汁物である。けんちん汁のようなもので、片栗粉でとろみをつけた汁物。「らぶ」ともいう。

　中村慶子氏らの調査によると、かつては、魚介類の種類により手間をかけた料理が減少したという。このことは、東京など首都圏内でも同じである。1989（平成元）年の調査では魚料理の出現数（全体数733件）に対して汁物は45件である。現代の人々には汁物という魚料理を忘れていると考えらえる（『日本調理科学会誌』40巻（No. 3）、2007年）。

汁物の種類と特色

　県内には、多様な郷土料理が存在している。三池高菜のような伝統的野菜でも中国から伝わったものと聞くと、福岡県は古くから外国との交易が活発な時代があったことの証と捉えられる。

　郷土料理の博多の「水炊き」は鶏肉を調味しない湯で煮る鍋で、鶏肉のうま味も、ハクサイや春菊などの野菜のもつ味も楽しめる料理である。鍋物には「イワシのちり鍋」がある。下ごしらえし、筒切りしたイワシを使った鍋である。日本海生まれのイワシを使うことで甘味のあるイワシを味わえる。有明海に棲息するハゼ科のワラスボの味噌汁は、福岡でも限られた郷土料理である。築上郡の「サヨリの吸物」は、尾びれを切り離さないようにして三枚におろしたサヨリを使った醤油仕立ての澄まし汁である。

　筑穂町の仏事や結婚式につくる「だぶ」は、サトイモ、ニンジン、コンニャクなどの食材を細かく切り、たくさんの具の吸物としたものである。若松はキャベツの産地で、そのキャベツを使った「若松潮風キャベツの味噌汁」がある。清流域に棲息しているコイを使った「こいこく」、小麦粉を捏ねてつくる団子の味噌仕立ての汁の「だご汁」、アゴ（トビウオ）だしを使った「博多雑煮」、ウシやブタの白もつ（腸）を煮込む「もつ鍋」がある。

食塩・醤油・味噌の特徴

❶食塩の特徴

　福岡地方では、8〜9世紀にはつくられていた。明治時代には周防灘に面した地域には有数の製塩地帯であった。現在は、周防灘の沖の深層水でつくっている食塩が、「関門の塩　1200」として流通している。

❷醤油の特徴

　濃口醤油、刺身醤油、麺つゆ、だし醤油などが流通している。

❸味噌の特徴

　大豆のうま味もあり、甘味のある味噌である。

1992年度・2012年度の食塩・醤油・味噌の購入量

▼福岡市の1世帯当たり食塩・醤油・味噌購入量（1992年度・2012年度）

年度	食塩（g）	醤油（mℓ）	味噌（g）
1992	2,412	11,603	8,567
2012	870	5,341	4,403

▼上記の1992年度購入量に対する2012年度購入量の割合（％）

食塩	醤油	味噌
36.0	46.0	51.4

　2012年度の福岡市の1世帯当たり食塩購入量が870gで、全国で最も少ない購入量であった。1,542gの差がなぜ生じたのかはわからない。伝統野菜のほとんどは塩漬けにしていたが、家庭での伝統野菜の塩漬けづくりをしなくなったとしか考えられない。

地域の主な食材と汁物

　肥大な平地に恵まれていて、コメだけでなく日本での小麦、大麦の穀類の生産量は上位である。最近は、野菜や穀物に対する品種改良の研究の結果、これまで以上に評価の高いものを作り上げている。玄界灘という好漁場と潮の干満差の大きい有明湾にも珍しい魚介類が棲息している。

主な食材

❶伝統野菜・地野菜

　大葉春菊、博多中葉春菊、三池高菜、山潮菜、博多金時ニンジン、かつお菜、博多新ごぼう、博多なばな、三毛門カボチャ、合馬タケノコ、黄インゲン、その他（トマト、レタス、キュウリ、キャベツなど）

❷主な水揚げ魚介類

　アジ、ブリ、ケンサキイカ、サバ、マダイ、ヒラメ、エビ類、トラフグ、ガザミ、養殖物（カキ、ウナギ、クルマエビ、ノリ）

❸食肉類

　はかた地鶏、はかた一番鶏

主な汁物と材料（具材）

汁物	野菜類	粉物、豆類	魚介類、その他
わらすぼの味噌汁	タマネギ、ネギ、ジャガイモ		ワラスボ（ぶつ切り）、味噌仕立て
若松潮風（鍋）	若松潮風キャベツ		もつ、醤油味
きゃべつの味噌汁	若松潮風キャベツ		味噌汁
さよりの吸物	山椒		サヨリ、調味（塩、醤油）
だぶ	サトイモ、ジャガイモ、ゴボウ、ニンジン、シイタケ、レンコン	油揚げまたは厚揚げ、麩、くず粉	コンニャク、調味（醤油、塩、砂糖）
だご汁	ネギ、ソラマメ、カボチャ、サトイモ	小麦粉→団子、油揚げ	いりこ、味噌仕立て
博多雑煮	かつお菜、サトイモ、ニンジン、ダイコン	丸餅	アゴだし、ブリ切り身、淡口醤油仕立て

郷土料理としての主な汁物

- **いわしのちり鍋** 日本海生まれの暖流系のイワシが獲れる。塩水で洗ったイワシを筒切りにし、昆布だしの鍋で煮ながら食べる。ショウガ醤油、ダイダイの二杯酢に漬けて食べる。
- **えつ（カタクチイワシ）料理** カタクチイワシを塩水で洗い、手開きして身と骨を分ける。身には、香辛野菜や味噌を入れて擦り、すり身団子にし、味噌仕立てか澄まし汁に入れる。
- **鯉こく** コイの味噌仕立てである。福岡県はコイ料理の盛んなところである。
- **博多雑煮** だし汁はアゴだしを使う。魚はブリ、イナダ、ハマチを必ずのせる。野菜では「かつお菜」を入れる。博多雑煮がブリを使うようになったのは、「嫁さんぶりがよい」といい、ブリを1本持って行く風習があり、ブリは出世魚だから、縁起が良いことに結びつけているところもある。
- **久留米ラーメン** スープは豚骨から取った濃厚ラーメン。

㊶ 佐賀県

汁物と地域の食文化

　九州の中では、コメや野菜類の生産地としての平野を比較的多く有している。佐賀県の気候風土と地理的条件は、農業の発達を可能にする条件が十分に備わっているので、コメ（ヒノヒカリ）、小麦、二条大麦、大豆の生産が多い。ハウス栽培の温州ミカンの生産量も多い。

　北の玄界灘と南の有明海に挟まれた小さな県で、冬には北西からの強い季節風により寒さが厳しい。寒中に体を温めるために雑炊を作る。これを「ずらし」という。かつお節のだし汁と味噌仕立てが基本的な素朴なものである。鶏肉や豚肉、野菜を加える場合もある。

　伊万里地方に伝わる精進料理の「おくんち（御九日）にごみ」は、9月9日に行われる祭に作る、汁粉のような煮込み料理。ダイコン、ニンジン、レンコン、小豆、小イモ、コンニャク、クリに砂糖をたっぷり入れて煮たものである。精進の必要のない時は、川魚、その他の魚介類を入れる。

　唐津市の天山神社の「広瀬浮立（ひろせふりゅう）」といわれる、江戸時代中期から行われている元気な男衆が演技する祭には、男衆に元気をもたせるために「どじょう汁」を食べさせる。ドジョウのダシにナス、ミズイモ、素麺を入れた汁である。

汁物の種類と特色

　玄界灘や有明海に棲息する魚介類、数少ない伝統野菜は、佐賀県の郷土料理をつくりあげている。有明海の干潮時に現れる泥質の海岸でみかけるムツゴロウの押しずしは、「須古寿司」という郷土料理で、祭などのハレの日につくる。伝統野菜の佐賀青縞ウリは、農家では古くから保存食の粕漬けとしている。春には、荒波砕ける玄海灘につながる唐津湾に注ぐ5本の川には、シラウオ科のアリアケシラウオが遡上してくる。かき揚げや踊り食いの他に、汁物には「白魚の吸物」がある。

佐賀に古くから伝わる「だご汁」や「茶粥」（備前茶粥）は、突然の客のもてなし料理でもある。「だご汁」は福岡県の郷土料理にもある。集まりのある時に用意したのが具だくさんの「のっぺい汁」である。祝いの日には特別、鶏肉を加えることもあった。ジャガイモを擦りおろして作ったジャガイモでんぷんと小麦粉で作った団子を醤油仕立ての汁物にした「せんだご汁」、そば粉で作った団子の醤油仕立ての汁物「まがんこだご汁」などもある。

　いろいろな残り物の野菜を無駄をしないように細かく切って、だし汁で煮込み、薄味の醤油仕立ての汁物の「だぶ」や、「佐賀いも汁」「海藻汁」、野菜と小麦粉の団子を入れた水団のような「うったち汁」などもある。イセエビを油で炒め水を加えて煮てから麦味噌を入れる「イセエビの味噌汁」がある。

食塩・醤油・味噌の特徴

❶食塩の特徴

　かつては、玄界灘のリアス式海岸を利用した小規模な塩づくりが行われた。

❷醤油の特徴

　伝統の自然熟成の濃口醤油を醸造し、さらに、時代のニーズに合わせただし醤油、麺つゆもつくっている。「佐賀むらさき濃口」「有明紀行」の地域ブランド醤油もある。

❸味噌の特徴

　伝統の技術を守り、甘口の米味噌の醸造が多い。

1992年度・2012年度の食塩・醤油・味噌の購入量

▼佐賀市の1世帯当たり食塩・醤油・味噌購入量（1992年度・2012年度）

年度	食塩（g）	醤油（mℓ）	味噌（g）
1992	3,893	15,347	9,795
2012	2,356	7,321	6,028

▼上記の1992年度購入量に対する 2012年度購入量の割合（％）

食塩	醤油	味噌
60.5	47.7	61.5

　佐賀市の1世帯当たりの2012年度の醤油購入量が最も多いが、1992年度の購入量に比べると47.7％で、20年間で50％未満の購入量に減った。この理由は、醤油を使った煮物や澄まし汁などを作らなくなったこと、めん類は麺つゆやだし醤油を使う機会が増えたことなどが考えられる。外食の機会が多くなり、調理済みの惣菜の利用が多くなったことも、醤油の利用が減少した要因とも考えられる。

　生活習慣病予防のための食塩摂取量を少なくするため、食塩や味噌などの利用量や摂取量が少なくなっているが、家庭での漬物や味噌汁づくりを続けている家庭もあると考えらえる。

地域の主な食材と汁物

　佐賀平野を中心に、コメ、大麦、小麦、大豆、野菜の生産量は多い。有明海はノリの養殖に適し、良質のノリを製造している。玄界灘に面しているので魚介類は豊富であり、有明海の珍しい魚介類も食卓にのぼる。

主な食材

❶伝統野菜・地野菜

　女山ダイコン、佐賀青しまうり、モロヘイヤ、その他（佐賀小葱、とうがん、コンニャク、水いも、サトイモ、レンコン、アスパラガス、キュウリ、ナス、トマトなど）

❷主な水揚げ魚介類

　（玄海灘）アジ、サバ、カタクチイワシ、カキ（天然）、マダイ（天然）
　（有明海）貝類—サルボウ、タイラギ、魚—コノシロ、ムツゴロウ、カニ—ガザミ

❸食肉類

　ブロイラー、佐賀牛

主な汁物と材料（具材）

汁物	野菜類	粉物、豆類	魚介類、その他
どじょう汁	サトイモの生茎、サトイモの干し茎、ネギ、トウガラシ	豆腐	味噌仕立て
すいもの汁	ダイコン、ジャガイモ		イワシ、醤油仕立て
しろいお汁	春菊		白魚、卵、昆布、調味（塩/醤油）
イセエビの味噌汁			イセエビ、油脂、みりん
せんだご汁	ジャガイモ、ネギ	ジャガイモデンプン、小麦粉→あんかけ	醤油仕立て
まがんこだご汁	サトイモ干し茎、ダイコン	そば粉	煮干し、醤油仕立て
のっぺい汁	ダイコン、ニンジン、ゴボウ、シイタケ、サトイモ	豆腐、片栗粉または小麦粉→あんかけ	豚肉または鶏肉、味噌仕立て
佐賀いも汁	つくねいも、ネギ		味噌汁
海藻汁	かじめ、その他の海藻		澄まし汁（魚介類味）
だぶ	干しシイタケ、レンコン、タケノコ、ニンジン	がんもどき	鶏肉、だし汁、醤油仕立て
うったち汁（水団）	サツマイモ、ニンジン、ゴボウ、ネギなど	油揚げ、小麦粉→団子	だし汁、味噌仕立て

郷土料理としての主な汁物

　荒波の玄界灘と遠くに漁火の見える有明海に挟まれている。小さな県でありながら派手な引きがある。この祭に関連した郷土料理もある。佐賀平野は鍋島藩の広大な敷地で穀倉地帯にありながら江戸時代に長崎防備の大役があったから生活は質素であった。しかし、佐賀平野と有明海からの自然に恵まれ、玄界灘育ちの魚介類にも恵まれている。

- **だご汁** だご汁は北野町に伝わる平麺の団子のような郷土料理。とくに、武雄温泉は質実剛健の気風は地域に浸透し、常に質素なだご汁と茶粥は突然の客のもてなし料理としても供される。
- **せんだご汁** 海が荒れ、漁に行かれないときの臨時食である。ジャガイモを擦りおろした後、木綿の袋で搾り、しばらく放置して沈殿したデンプンと小麦粉の団子を作り茹でる。ジャガイモを擦って得たデンプンを「せんだ」といい、これだけでは硬いので、小麦粉をまぜる。
- **まがんこだご汁** そば粉を使った団子汁をいう。だし汁は煮干しを使い、ダイコンの短冊切りや干し芋柄を加え醤油味に調える。そばは太めの棒状に切り、だし汁に加えて煮込む。
- **どじょう汁** 小形のドジョウに湯を通してから味噌仕立ての汁で煮て供する。兵庫町では客のもてなし料理として作る。
- **吸物汁** 冬から春にかけて獲れるイワシ料理。大鍋に湯を沸かし、ダイコン、ジャガイモと共に煮る。
- **しろいお汁** 有田町では白魚のことを「しろい」とよんでいる。昆布だしと醤油で味を付け、白魚と刻んだ春菊を入れ、とろ火で煮る。初春の初物を楽しむ郷土料理である。
- **イセエビの味噌汁** 伊万里から唐津で漁獲されたイセエビは、頭を割り、油を敷いた鍋に入れてころがし、イセエビの香りを出し、水を入れて煮る。味噌汁の具となる。
- **だぶ** 材料を無駄にしない気持ちから考案された料理。鶏肉や季節の野菜など残りものを細かく刻んで、醤油味で煮込んだ料理。地域によっては「だぶ」「らぶ」「ざぶ」「さぶ」などという。

㊷ 長崎県

汁物と地域の食文化

　長崎も外国の文化に古くから接触していた地域である。早くから中国、ポルトガル、オランダ、イスパニアなどの南蛮との接触していた。海に囲まれた大小の島々を擁し、温暖な気候風土で、海産物には不自由のないところである。

　長崎は異国の文化の影響を受けているが、宗教的にもキリスト教徒の多い地域で、今でも観光客にはキリスト関係に興味をもっている人が多い。長崎の食文化は、西洋的な文化と中国大陸の文化が入り混じっているようである。卓袱料理は中国の影響を受けているし、南蛮漬けの名はヨーロッパの料理を参考にした呼び名である。

　外国との交易の窓口だったため、郷土料理にも卓袱料理、長崎ちゃんぽん、皿うどん、カステラなど外国の影響を受けた郷土料理がある。かつては、クジラ捕鯨の基地だったからクジラを使った郷土料理も多い。

　「冷や汁」は九州の各地にある。長崎の冷や汁は室町時代頃から珍重されていた夏の食べ物であった。「長崎の冷や汁」は、ネギ、胡麻、その他にいろいろな具を、濃い目の焼き味噌の汁に入れたものである。

汁物の種類と特色

　長崎県の料理には、中国料理が日本化したものが多い。また、安土桃山時代の天正年間（1573〜92）には、南蛮船により南蛮の食文化が続々と長崎に渡来し、ポルトガル・オランダ・中国の文化を混ぜ合わせたような卓袱料理が生み出された。島原半島の口之津半島を基点にキリシタン文化が広まり、長崎の食文化だけでなく、宗教、民族など多方面に影響を及ぼしている。江戸時代から長崎市周辺で栽培され、漬物・鍋物・雑煮の具にされている伝統野菜も多い。

　島原地方の土鍋で煮込む醤油仕立ての雑煮は、江戸時代前期の島原の乱

の頃からある。「具雑煮」という10種類以上の具の入った雑煮である。鶏ガラや豚骨からとったスープに、数多くの山海の珍味をのせた麺料理が「皿うどん」「ちゃんぽん」である。タイの頭、クルマエビ、シイタケ、ハクサイなどの山海の珍味や素材を使った寄せ鍋は「長崎鍋」といわれている。濃い目のダシ汁にカボチャ、小麦粉の団子、魚、野菜を入れた汁物は「萩原団子汁」といわれている。長崎県の「冷や汁」はネギ、ゴマ、その他の具を濃い目の焼き味噌の汁に入れたものである。壱岐にはシイタケの汁にダイコン、ニンジン、シイタケを加えた「ひきとおし」という鍋物がある。その他、魚介類、野菜類、豆腐などを入れた「魚の吸物」、シイタケのだし汁に鶏肉や野菜を入れて煮たものを茹であがった麺にかける「対州ろくべえ」(対馬)、溶き卵とうどんの茹で汁をかつお節のだし汁と醤油で味を調え茹であがった麺をつけて食べる「五島うどんの地獄炊き」(五島)、鶏肉、ダイコン、ニンジン、シイタケなどを入れた「のっぺい汁」がある。

醤油仕立ての「きびなのいりやき」、古くから家庭で鶏を飼育している対馬には、鉄鍋で鶏の骨を煮出し、ダシが出たら鶏肉を入れ、醤油で味を調える「対馬地鶏のいりやき」がある。冬に獲れるほしかり(魚のカサゴのこと)は味が良いので、ぶつ切りのカサゴを入れた「ほしかりの味噌汁」で冬の食事を楽しむ。野菜や魚を細かく切ってシチューのように煮込んだポルトガルの料理を参考にした「ヒカド」、トビウオのすり身を団子にした麦味噌仕立ての「アゴのつみれ汁」などもある。

食塩・醤油・味噌の特徴

❶食塩の特徴

長崎県は、半島や島嶼が多く、製塩に適した場所はない。五島列島の「潮のかおり」や「ごとう」がある。五島の塩は、五島うどんにも加えられている。

❷醤油の特徴

醤油醸造元は多く、佐世保・島原・諫早・大村・平戸・雲仙・南島原・西彼杵など各地域にある。濃口醤油のほか、カタクチイワシを原料とした「平戸の魚醤油」、卵かけご飯用の醤油などユニークなものもある。

❸味噌の特徴

醸造元は、諫早・大村・平戸・松浦・西海・雲仙・南島原の各地にある。

麦味噌を中心に醸造している。淡い褐色で甘口なのが特徴である。

1992年度・2012年度の食塩・醤油・味噌の購入量

▼長崎市の1世帯当たり食塩・醤油・味噌購入量（1992年度・2012年度）

年度	食塩（g）	醤油（mℓ）	味噌（g）
1992	2,872	12,352	11,227
2012	1,189	7,309	7,314

▼上記の1992年度購入量に対する2012年度購入量の割合（％）

食塩	醤油	味噌
41.4	59.2	65.1

　1992年度および2012年度の長崎市の1世帯当たり食塩購入量は、九州地方の各県庁所在地の購入量に比べると比較的少ない。1992年度の食塩購入量に対する2012年度の購入量の割合は、約41％である。かつては、家庭では保存食を作ることが多く、食塩の購入量の多い年代もあったが、生活様式の違い、家庭での食塩の購入量が減少してきた。

　醤油については、だし醤油や麺つゆなどの利用が増えたことが、購入量の減少に関連していると考えられる。家庭での味噌料理の代表である味噌汁を作らない家庭はまだ続いているといえる。

地域の主な食材と汁物

　長崎の地形は、長い海岸線と傾斜地が多い。また、半島や島嶼が多いので、その海岸線を利用している。古くからの中国やオランダの文化は、長崎県の食文化に影響していることは、よく知られている。

主な食材

❶伝統野菜・地野菜

　長崎はくさい、長崎高菜、雲仙こぶ高菜、長崎赤かぶ、長崎長ナス、出島ジャガイモ、大ショウガ、ワケギ、夏ネギ、その他（タマネギ、レタス、トマトなど）

❷主な水揚げ魚介類

　カツオ、イワシ、スルメイカ、マグロ、ブリ、サバ、アジ、イサキ、サワラ、マダイ（天然）。ブランド物に、ゴンアジ、長崎イサキがある。養

殖物には、ブリ、マダイ、長崎トラフグ、ヒラメがある。

❸食肉類

長崎和牛

主な汁物と材料（具材）

汁　　物	野菜類	粉物、豆類	魚介類、その他
ヒカド	ダイコン、サツマイモ、ニンジン、干しシイタケ、ネギ		マグロ、鶏肉、淡口醤油
アゴつみれ汁	ネギ	小麦粉（すり身団子用）	トビウオ、調味（塩／味噌）
萩原団子汁	野菜（具）	カボチャと小麦粉の団子	濃い目のだし汁、魚介類（具）、調味（砂糖／塩／醤油）
きびなのいりやき	春菊、ダイコン、ネギ		キビナゴ、醤油仕立て
対馬地鶏のいりやき	ハクサイ、ネギ	麺類	鶏肉、鶏の骨、調味（醤油／砂糖）
ほしかりの味噌汁	ネギ		ホシカリ＝アサゴ、味噌仕立て
おのっぺ汁	ゴボウ、ニンジン、ダイコン、サトイモ		コンニャク、調味（醤油／砂糖／赤酒）
やまいもだご汁	山芋、ほうれん草、ネギ、ショウガ		鶏がら、醤油仕立て
だご汁	ダイコン、ニンジン、サトイモ	小麦粉→団子	煮干または焼きアゴ、干しワカメ、醤油仕立て
冷や汁	ネギ	ゴマ	濃い目の焼き味噌

郷土料理としての主な汁物

- **長崎ちゃんぽん**　九州はご当地ラーメンが多いが、麺は食べてもスープを残す人は多い。しかし、長崎ちゃんぽんはスープの量も適量なので、スープまで完全に飲む人が多い。「ちゃんぽん」の名は、中国人料理人が貧しい留学生に提供することになった1899（明治32）年のことである。チャンポンの名の由来は①「チャンホンというご飯をたべましたか」、

②いろいろなものを混ぜる意味、その他いくつかある。いずれも遠からずの意味のようである。

- **冷や汁** 長崎の冷や汁は、室町時代頃から珍重されていた。汁物を冷やした夏向きの郷土料理である。ネギ、ゴマ、その他いろいろな具を入れて焼き味噌汁に仕上げる。
- **ヒカド** ポルトガル語で「細かく刻む」の意味。魚や野菜を細かく切って煮込んだ料理で、和風シチューともいわれている。材料のマグロや鶏肉、野菜類は細かく切り、だし汁で煮込む。調味は醤油や塩を使う。最後に擦りおろしたサツマイモを入れて、甘味ととろみをつける。
- **魚の吸物** 栄養のバランスを考慮した汁物。魚を季節の野菜、ブリ、豆腐などと煮込み、味噌で味を調える。
- **五島うどんの地獄炊き** 五島うどんは、讃岐うどんや稲庭うどんと並んで、日本の三大うどんの一つであるが、讃岐うどんほど強いコシがないのが評価されている。大鍋にうどんを茹でて、茹であがった順から一箸ずつ「溶き卵、かつお節(削り節)、醤油」を入れた容器に鍋の熱湯を入れてかき回し、熱いうどんを漬けて食べる。
- **煮ごみ** ダイコン、ゴボウ、大豆、昆布を煮干しのだし汁で煮込む。または、煮しめクジラの汁で煮る。煮しめクジラの汁で煮たものを「煮ごみ」といい、お祝いの日に作られる。大豆の代わりに栗や落花生を使うこともある。
- **具雑煮** 1637(寛永14)年の島原の乱の時、天草四郎が、約4万7,000人の信者と籠城した時に、農民たちに兵糧として餅を1個ずつ与えた。農民は山や海から材料を集めてきた雑煮を炊いたのが「具雑煮」の由来である。材料はゴボウ、山芋、レンコン、シイタケ、鶏肉、焼きアナゴ、卵焼きなどである。
- **ほしかりの味噌汁** 「ほしかり」はカサゴのことで、身はしっかりした白身で美味しい。背びれが大きいので、調理の際はケガをしないように気を付けること。この魚のうま味は味噌味に合う。

43 熊本県

汁物と地域の食文化

　熊本県のシンボルともいわれている阿蘇山、熊本地方の生産を支配してきた広大な草原、数多い温泉、南国特有の太陽の恵みは、鳥、ウシ、農作物を見事に育てるのに貢献してきている。また、馬肉料理やズイキ料理の展開にも貢献したようである。「肥後もっこす」といわれる熊本県民のさっぱりした気質は、飾り気のない郷土料理を生み出したといわれている。

　有明海は魚介類の資源が豊富であるが、天草やその周辺の数多い島々の地形は、クルマエビやマダイ、ハマチなどの養殖に好適である。郷土料理には辛子レンコン、豆腐の味噌漬け、高菜漬け、いきなり団子などがあるが、素材の味を求めるところから、魚介類は新鮮なうちに食べる刺身や焼き魚のような料理が多い。

　秋の収穫時期に豊作を祈って神様に供える郷土料理に「つぼん汁」がある。「つぼ汁」または「つぼの汁」ともいう。鶏肉・シイタケ・サトイモ・ゴボウ・ニンジン・コンニャク・豆腐・竹輪・蒲鉾を混ぜて、醤油仕立ての味付けで、汁の多い汁物に作ったものである。赤飯と一緒に食べるのが、この祭の習わしといわれている。人吉・球磨地方の郷土料理の「つぼん汁」は、鶏肉・ニンジン・ゴボウ・豆腐・蒲鉾などを「いりこ（煮干し）」のダシで煮て、醤油で調味したものである。このようなけんちん汁に似た汁物は全国各地にあるが、熊本県にも存在するのは、収穫時期と豊作との関係から田圃のドジョウを利用した汁物である。

　農繁期のおやつとして、サツマイモを使った「いきなり団子」は、熊本県の人気の郷土料理である。熊本県は温暖な島嶼と冷涼な山地では露地栽培、平地ではハウス栽培により全国の野菜類や果物類の生産量は上位に位置している。とくに、いろいろな品種のトマトは関東地方のスーパーや百貨店の野菜コーナーで見かける。

汁物の種類と特色

15品目の野菜を「くまもとふるさと伝統野菜」として制定している。その中のカラシ菜の種類の阿蘇タカナは、漬物として保存し、水前寺菜は味噌汁の具に利用している。

汁物の郷土料理には、地鶏を家でつぶし、身肉と野菜類を醤油仕立ての弱火で煮る「のっぺい汁」(のっぺ汁)、熊本県の郷土料理の「どじょう汁」は、本物の生きたドジョウを入れた味噌仕立ての汁物である。秋の新大豆でつくる「呉汁」、冬には小麦粉のうどん生地を平たい麺状にし、サトイモ、ハクサイ、ダイコン、揚げ豆腐などと煮込んだ「だご汁」など季節感を味わう汁物がある。小麦粉に潰したサツマイモを入れた団子と野菜を入れて煮る「いきなりだご汁」、雛祭りの「ハマグリ汁」は昆布のだしと白醤油で作り、味噌仕立ての「あさり汁」にだし汁は必要なくアサリのうま味を堪能できる。人吉・球磨の那須高原の郷土料理「那須汁」(一般には「つぼん汁」という)は、鶏肉・ニンジン・ゴボウ・豆腐などをイリコだしで煮込んだ醤油仕立ての汁物である。サツマイモを潰し、小麦粉を入れた団子と黒砂糖を入れた団子を作り、両方を一つの鍋で味噌仕立ての汁で煮たものが「あんもちだご汁」である。

食塩・醤油・味噌の特徴

❶食塩の特徴

有明海や八代湾沿岸で塩づくりをしていたこともあった。県内では天草でつくっている塩が流通しているが、熊本県以外の地域でつくった塩も流通している。天草でつくっている食塩に「天草の海水塩」「はやさき　極上」「小さな塩」(天日塩)、「小さな海」(煎ごう塩)、「天日古代塩」などがある。

❷醤油・味噌の特徴

醤油は濃口醤油、味噌は麦味噌が主体である。いずれも少し甘味がある。熊本でつくられている醤油の種類には、濃口醤油のほか、淡口醤油、刺身醤油、だし醤油などもつくっている。

味噌の種類は、麦味噌のほかに、米味噌、合わせ味噌、赤だし味噌がある。

1992年度・2012年度の食塩・醤油・味噌の購入量

▼熊本市の1世帯当たり食塩・醤油・味噌購入量（1992年度・2012年度）

年度	食塩（g）	醤油（mℓ）	味噌（g）
1992	2,797	12,958	11,813
2012	2,402	6,465	8,009

▼上記の1992年度購入量に対する2012年度購入量の割合（%）

食塩	醤油	味噌
85.9	49.9	67.8

　熊本市の1世帯当たりの味噌の購入量は、1992年度も2012年度も九州地方では多く、全国で上位である。1992年度の味噌の購入量に対し2012年度の購入量の割合は、約70％であることから、20年間に味噌の購入量の減少はみられるが、熊本県の汁物には、味噌仕立てのものが多いことから、味噌汁のような郷土料理は、継承され続けていると思われる。

　食塩の購入量は、1992年度も2012年度も、大分県の購入量に比べると、やや多い。伝統野菜の塩漬け作りを続けている家庭が残っていることが、食塩購入量の多い一因とも考えられる。

地域の主な食材と汁物

　熊本県も半島や島嶼のある湾岸域は、温暖である。一方、阿蘇山は広大なカルデラで、冷涼である。農業は野菜の生産を主体にしている。とくに傾斜地では果物類が栽培されている。半島や島嶼の静かな海域では魚やエビの養殖に適切な海域となっている。

　古くから、海の幸、山の幸に恵まれているが、現在は半島や島嶼では魚介類の養殖が盛んになり、「獲る漁業」から「作る漁業」と進化し、少ない平地ではハウス栽培で計画生産に取り組み、カルデラ地帯では牧場などが行われている。地形が複雑だから、郷土料理も多い。

主な食材

❶伝統野菜・地野菜

　熊本京菜、水前寺菜、鶴の子いも、阿蘇高菜、黒皮カボチャ、熊本長ナス、一文字（ワケギ）、その他（サツマイモ、キュウリ、キャベツ、ダイ

コンなど）

❷主な水揚げ魚介類

　養殖が中心（フグ、マダイ、クルマエビ、ノリ）。一般の漁業ではハマグリ、アサリ、マダイ、タチウオ、コノシロ、キビナゴ、マダコ

❸食肉類

　くまもとあか牛、熊本コーチン、天草大王（鶏）、馬肉

主な汁物と材料（具材）

汁　物	野菜類	粉物、豆類	魚介類、その他
いきなりだご汁、いきなり団子（サツマイモをアンにした団子）			みりんや醤油で味をつけた汁に団子を入れる
はまぐり汁			有明海産のハマグリの潮汁
あさり汁			有明湾産のアサリの味噌汁
那須汁			那須地区の自然農園の野菜を具にした汁
のっぺい汁	ゴボウ、ニンジン、ダイコン、サトイモ		鶏肉、コンニャク、調味（醤油/砂糖/赤酒）
どじょう汁	サトイモ生茎、ミョウガ、きんしょうの葉		ドジョウ、油脂、味噌仕立て
だご汁	サトイモ、ハクサイ、ダイコン、ネギ	小麦粉→団子、揚げ豆腐	味噌仕立て
皮鯨入りだご汁	タケノコ、サトイモ	豆腐、米粉→団子	鯨、調味（醤油/味噌）
あんもちだご汁	サツマイモ	小麦粉→団子	調味（黒砂糖/みりん）

郷土料理としての主な汁物

- のっぺい汁　かつては、地鶏を家でつぶし、食材にした。現在のブロイ

ラーに比べると、肉質は硬く中高年には好まれるが、若年層や児童生徒には好まれない。「のっぺい汁」は、鶏肉を季節の野菜と煮込み、最後に、溶き片栗粉をまわして粘りをつける。料理が冷めにくくするための調理法である。

- **どじょう汁** 水を入れた鍋にドジョウを入れて、飛び出さないように蓋をして火にかける。半分ほど煮えてから、味噌、夏野菜などを入れて完全に煮る。
- **呉汁** 大豆を擦り潰したものが「呉」、味噌汁に入れたのが「呉汁」。大豆たんぱく質の供給源となある。ただし、大豆アレルギーの人は飲用しないほうがよい。
- **つぼん汁** 人吉、球磨地方の「郷土料理」。鶏肉、ニンジン、蒲鉾、その他の野菜をイリコだし汁で煮、祭りや祝い事などに作る。
- **だご汁** 熊本の冬は体の芯から冷えるので、体を温める汁物「だご汁」が各家庭で作られる。イリコだし汁で煮て調味には赤酒を使う。材料は年代とともに変わる。地産地消を考え、地元の野菜を使うことが多い。

㊹ 大分県

汁物と地域の食文化

　大分県は九州地方の北東に位置し、周防灘、瀬戸内海、豊後水道に面しているので水産物は豊富である。また、山岳地帯は、休火山群に囲まれて内陸性の気候となっている。地形や地質は多様性で気候は複雑である。

　かつては、稲作の不作のときもあり、コメの代わりにイモ類や小麦粉の団子などに頼らねばならない時代もあった。サツマイモを干した「いもきり」は麦飯、粟飯と同じように庶民の日常食の時代もあった。

　湯布院町の地鶏とゴボウの醤油仕立ての「かしわ汁」は、魚の吸物よりも高級料理だったこともあった。宇佐市内を流れる駅館川（やっかん）で獲れるモズクガニを使った「がん汁」は、重要なたんぱく質供給源となる郷土料理であった。玖珠地方の郷土料理に、小麦粉の団子を入れた「子育てだんご汁」がある。源平の時代に作られた、イノシシ肉や野菜を入れた味噌仕立ての鍋は「さぶろう鍋」の名がある。

汁物の種類と特色

　大分県は、「一村一品」運動が進められ、地域ごとの特産物づくりに力を入れているためか、郷土料理の種類は多い。山の多い地形のため、果樹栽培が盛んである。代表的なものにカボスがある。目立った食材ではないが、カボスのもつ香りと酸味は、カボスを使わない料理に比べると、飛躍した美味しい料理に仕上げてくれる。大分県のシイタケの質も高く評価されている。シイタケのうま味（グアニル酸）は澄まし汁には欠かせない食材である。ほご（カサゴの地方名）の吸物の「ほごの吸物」にはカボスやダイダイなどの香りと酸味のあるかんきつ類が必要である。豊後水道で獲れるトラフグの「ふぐちり」（鍋）には、昔から肝臓を擦り潰し合わせたカボス醤油のタレが添えられている。

　大分県はサツマイモの料理が多い。サツマイモの粉を練って延ばし、麺

線状に細長く切ったイモ麺は、豚肉・鶏肉・魚肉のだし汁に入れ、薬味を添えて食するのが「いもきり汁」である。淡水のドジョウとカニを使った汁物には、泥を吐き出させたドジョウを季節の野菜や油揚げと一緒に煮て、醤油で味を付ける「どじょう汁」、宇佐市内の川に棲息するモズクガニをつぶして、水をかけながら濾した濾し汁を火にかけ、熱くなったら刻んだ高菜を入れる「がん汁」である。

小麦粉に塩と水を加えた生地で作った団子を入れた「だんご汁」は、季節により具材の野菜類が違い、春はタケノコ、ジャガイモ、青菜を使うが、秋はダイコン、ハクサイ、ゴボウなどを使う。鶏肉とゴボウの「かしわ汁」の他、「マダイ潮汁」や「野菜汁」のような素材を活かした汁物がある。小麦粉で練った団子と季節の野菜を入れた味噌仕立ての「子育てだんご汁」は、食育にも結び付くネーミングである。親指ほどの大きさの団子と季節の野菜を一緒に煮込んだ「手延べだんご汁」は冷蔵庫に残っている野菜を使うことのできるエコ汁である。かしわ汁に似ている「鶏汁(けいじる)」は、九重地方の郷土料理で、鶏肉とゴボウのほか、コンニャクやサトイモを加える。

食塩・醤油・味噌の特徴

❶食塩の特徴

九州最東端の豊後水道・鶴見崎一帯の海水を汲み上げた製塩が行われている。

❷醤油・味噌の特徴

明治時代からの醤油・味噌の醸造元が多い。古くから、醤油・味噌の醸造が続けられているのは、仕込み水、麹の働きやすい気候条件などが醤油・味噌作りに適していると考えられる。

1992年度・2012年度の食塩・醤油・味噌の購入量

▼大分市の1世帯当たり食塩・醤油・味噌購入量(1992年度・2012年度)

年度	食塩(g)	醤油(mℓ)	味噌(g)
1992	2,771	13,275	11,203
2012	1,703	5,973	6,461

▼上記の1992年度購入量に対する2012年度購入量の割合（％）

食塩	醤油	味噌
61.5	45.0	57.7

　1992年度の1世帯当たりの食塩・醤油・味噌の購入量は、九州地方の他の県庁所在地の購入量に比べれば多いほうであったが、2012年度の食塩と醤油の購入量は、少なくなっている。

　1992年度の食塩・醤油・味噌の購入量に対する2012年度の購入量の割合が減少していることは、食生活様式の変化が考えられる。漬物は作らなくなり、また醤油や塩、砂糖で味つけられている惣菜を利用すれば、家庭では醤油も食塩もいらない。味噌汁だけを家庭で作る場合もあり、少人数の家庭の場合は、味噌の消費量が少なくなるから、味噌の購入量も少なくなる。

地域の主な食材と汁物

　大分県は、周防灘、瀬戸内海、豊後水道などに面しているので、漁業資源に恵まれている。内陸部の九重連山や湯布院などの火山や九州山地では平坦地を利用してコメ、ムギ類、大豆を栽培している。郷土料理の種類が多いことから、とくに九重町ではシイタケを特産物とし、大分県がシイタケの生産地としたことに貢献している。かつて、豊後の国の大友宗麟(1530～87)は、南蛮文化の導入に積極的であった。この時代に、カボチャの栽培を導入したと伝えられている。

　大分県の南東部は豊後水道が接して、沿岸はリアス式海岸なので、魚介類が棲息、または回遊し、魚介類に恵まれている。特に、佐賀関の漁業協同組合は、豊後水道で漁獲されるマサバマアジは、魚のブランド化を実践し、日本の魚介類の価値を上げることに成功したといえる。内陸部の山間では、かつて不足しがちな米を食い延ばすために、主食代わりになる食べ物を工夫し、団子汁やめん類の利用が考えられた。

主な食材

❶伝統野菜・地野菜
　臼杵の大ショウガ、青長地這キュウリ、やせぞ（西洋クレソン）、シイタケ、その他（白ネギ、小ネギ、ダイコン、キャベツ、ハクサイ、サツマ

イモ、トマト、ピーマンなど）
❷主な水揚げ魚介類
　リアス式海岸を利用して、魚介類の養殖が盛んである。養殖物として、ブリ、ヒラメ、マダイ、ヒオウギガイ、クルマエビ、カキ、ノリなど
❸食肉類
　豊後牛

主な汁物と材料（具材）

汁　物	野菜類	粉物、豆類	魚介類、その他
かしわ汁	ゴボウ		地鶏、調味（醤油／酒）
おきがざみ汁			調味（塩）
まだい潮汁			マダイ、調味（塩）
野菜汁	ほうれん草、ダイコン		味噌汁
ほごの吸物	ネギ、山椒の葉、カボス、ダイダイ	豆腐	ほご（＝カサゴ）
どじょう汁	サトイモ生茎、サトイモ、ナス、カボチャ	豆腐、油揚げ	ドジョウ、油脂、調味（醤油／味噌）
がん汁	高菜		がん（＝モズクガニ）、調味（塩／醤油）
だんご汁	サトイモ、ダイコン、ハクサイ、ゴボウ、ネギ、サトイモ生茎、切り干し大根、タケノコ、ジャガイモ、青菜	小麦粉→団子	いりこ（だし）、味噌仕立て
子育て団子汁	野菜	小麦粉→団子	味噌汁
のっぺい汁	ニンジン、ゴボウ、サトイモ、ダイコン	油揚げ、かたくり粉（あんかけ用）	コンニャク、調味（塩／醤油）
手延べだんご汁		小麦粉→手延べ団子	いりこだしの醤油仕立ての汁
ぼけ汁	野菜		魚介類（漁船での漁師料理）

冷や汁		ご飯	焼き魚、だし汁、味噌
山芋のおとし汁	ヤマイモ（擦って、鍋に落とす）		鴨汁
武者汁	野菜の天ぷら		魚介類の天ぷら油仕立ての汁

郷土料理としての主な汁物

- **ほごの吸物** 「ほご」とは「カサゴ」のこと。カサゴはウロコが大きく、背びれがとげとげしいので、調理の際は怪我をしないように注意する。吸物には小形のカサゴが使われる。頭、エラ、内臓を除いて、醤油仕立てで作られる。椀に盛るときには、大分の果実のカボスをのせる。
- **どじょう汁** ドジョウは泥を吐かせておく。鍋に油をひき、生きたままドジョウを入れる。ドジョウが飛び跳ねるので蓋をして、ドジョウが跳ねなくなったら、醤油または味噌で味をつけ、野菜も豆腐も入れて煮る。
- **がん汁** 「がん」は「モクズガニ」のこと。このカニを石臼（ミキサーでもよい）で擦り潰し、ザルに入れる。水を加えてろ過する。ろ液を鍋に移して加熱する。加熱すると、たんぱく質が浮いてくる。その中に高菜や豆腐を入れる。農作業のヒマを見てカニを獲り、客へのもてなしに供する。宇佐市内を流れる駅館川でモクズガニを獲った。
- **だご汁** 直入（なおいり）地区ではご飯と同じように、主食としても利用する。イリコのだし汁にサトイモ、ダイコン、ハクサイ、ゴボウ、ネギ、サトイモのズイキなどを煮て、これに小麦粉に水を加え平らに延ばした生地を手でちぎって入れる。家族が囲んで食べる。
- **かしわ汁** 地鶏とゴボウを使い、醤油と酒で味付けをした汁物。山に囲まれた湯布院の郷土料理。かつては、祝い事や親戚が集まった時に作った。
- **ごまだしうどん** 佐伯市の漁師料理から生まれた郷土料理。白身魚のエソを焼いて擦り潰したものに、ゴマ、醤油を混ぜる。これを「ごまだし」という。茹で麺にごまだしをのせて、お湯をかけたもの。
- **さぶろう鍋** イノシシ肉、サトイモ、コンニャク、シイタケ、ネギの5点セットを味噌仕立ての鍋で煮込んだもの。大分の武士・緒方三郎惟栄（これよし）

九州・沖縄

が活躍した時代に作られたものといわれている。
- **鯛麺**　姫島村の漁師が生んだ郷土料理。うどんの上に瀬戸内海で獲れたマダイ（平釜で炊く）をまるごとのせる。結婚式などのお目出度いときに供する。広島に同じような郷土料理がある。
- **鶏汁**（けいじる）　鶏肉とゴボウ、コンニャク、レンコン、サトイモなどを砂糖や醬油で煮る。かつては、盆、正月、祭りなどに作った。玖珠九重地方の郷土料理。
- **冷や汁**　大分県では沿岸部に、いろいろな形で定着している郷土料理。佐伯市では、その日の朝に水揚げされた魚を焼き、ほぐした身をすり鉢で擦り潰し、味噌とだし汁をかけて混ぜる。薬味をのせ、ご飯にかける。
- **ぼけ汁**　漁師が船の上で作る漁師料理。漁に出る時に、サツマイモや味噌などの食材をもって行き、漁で水揚げした魚を使って作る鍋料理。
- **山芋のおとし汁**　山芋、鶏、ゴボウの3品を使った料理。だし汁にゴボウ、鶏肉を入れて加熱し、沸騰したら、ヤマイモのおろしたものを一口大にして落とす。

㊺ 宮崎県

汁物と地域の食文化

　日向の国といわれた宮崎県は、神話と伝説の地域として、日本の起源の痕跡が明らかになるのではないかと期待される、夢のある地域である。黒潮の流れを受ける土地で、気候の温暖な地域である。最近は、鶏、ブタ、ウシなどの飼育と家畜の種の保存で重要な地域となっている。

　温暖な気候に恵まれ、食べ物にも恵まれている宮崎県は、九州山地と霧島山系などに囲まれ、他の地域との交流は盛んでなかった。そのため地域の人々の繋がりは密であったようであり、食べ物を保存する必要はなかったらしく、手の込んだ料理は少なく素朴な食べ物が多かった。その素朴なものは、宮崎県の代表的郷土料理の「冷や汁」にみられる。

　代表的郷土料理として、宮崎県全域で食べられている「冷や汁」、山間部で食べられる「けんちゃん汁」、海岸地帯の「湯なます」がある。

　冷や汁は、山形県、埼玉県、群馬県、栃木県、新潟県にもあり、各地で特徴のある冷や汁を継承している。「宮崎県の冷や汁」は農民食として発達したもので、すり鉢に「いりこ」（煮干し）や、焼いてほぐしたアジを入れて炒った胡麻と麦味噌を入れ、すりこぎで擦って冷や汁を作る。

　川に棲息しているモズクガニの味噌汁が、北郷町の郷土料理である。水田の少ない山間部では焼き畑で栽培したソバの粉と小麦粉で作った団子を、ゴボウ、ニンジン、ダイコンなどの入った煮汁に入れて煮込んだ「そば汁」がある。一般に「うどん」といわれているものが、「ゆであげだこ汁」とも称している。レンコンを擦りおろし、だし汁と味噌で調味したものは「レンコンのすり流し汁」として利用されている。

汁物の種類と特色

　各地に郷土料理に「冷や汁」はあるが、よく知られているものには宮崎県の「冷や汁」がある。鮮度のよいアジ・サバ・イワシの一部は刺身に、

九州・沖縄

残りの一部は焼いて擦り潰す。擦り潰したそぼろのような部分はニンニク・ゴマ・焼き味噌で濃い目の汁をつくる。刺身や青紫蘇、ネギなどの香りのある野菜をのせたご飯に汁をかけるという、贅沢なようで、素朴な料理である。新鮮なマダイを冷や汁と同じように、焼いて擦り潰して白味噌の汁を作り、マダイの刺身をのせたご飯にかける「日向鯛の茶漬け」もある。イワシを焼き味噌でのばした汁に豆腐や薬味を入れた熱い汁をご飯にかける「汁かけご飯」も冷や汁に似た郷土料理である。

　北郷町の郷土料理の「かにまき汁」は山太郎がに（モズクガニ）を砕いて取り出して作ったエキスを加熱して作る。田植え時などの行事食の「ゆであげだこ汁」は、幅広い麺をつくり、ネギ・なば・鶏肉を入れた熱い醤油仕立ての汁で食する。かつて飢餓の際に飢えないように考えたものが「レンコンのすり流し汁」であるといわれている。

　秋から冬にかけて漁獲されるシイラの刺身や塩蒸しにした残りの頭や骨の塩汁は、日南市の「まびき（シイラの地方名）の塩汁」である。魚の中骨についている身肉と豆腐を混ぜた団子で作る醤油仕立ての「ほったり汁」も日南市の郷土料理である。

　サツマイモのデンプンと煮干しのダシ、ハクサイの一種の地菜とともに作り上げる「かねんしゅい」は病人食として作られる汁物である。美味しくて何杯もお代わりするという「シイタケ八杯汁」、その他「延岡けんちん汁」や「宮崎野菜汁」もある。

食塩・醤油・味噌の特徴

❶食塩の特徴

　日南海岸の海水を汲み上げ、製塩したものがある。「満潮の塩」「北浦の自然塩」などがある。

❷醤油・味噌の特徴

　醤油の醸造元は延岡市、日南市、高千穂町、宮崎市、新富町、都城市などにある。濃口醤油を醸造しているが、九州地方独特の甘い刺身醤油も製造している。

　味噌の醸造元は、宮崎市、延岡市、日向市、新富町、木城町、西都市、日南市、都城市にある。麦味噌、食塩含量の少ない味噌、シイタケ味噌などを作っている。

1992年度・2012年度の食塩・醤油・味噌の購入量

▼宮崎市の1世帯当たり食塩・醤油・味噌購入量(1992年度・2012年度)

年度	食塩(g)	醤油(mℓ)	味噌(g)
1992	3,366	11,425	12,951
2012	1,883	6,689	8,286

▼上記の1992年度購入量に対する2012年度購入量の割合(%)

食塩	醤油	味噌
55.9	58.5	64.0

　宮崎市の1世帯当たりの味噌の購入量が、1992年度も2012年度も九州地方の県庁所在地の購入量に比べれば多かった。また、食塩の購入量も熊本市や佐賀市に比べれば九州地方では多いほうであった。

　1992年度の食塩・醤油・味噌の購入量に対する2012年度の購入量は約60%にまで減少している。郷土料理の押しずしや鶏料理を作るのではなく、市販のものを利用する機会が多くなったことから食塩の購入量が少なくなったと推測する。味噌の購入量が、食塩や醤油ほど多くないのは、家庭で作る郷土料理の汁物は、味噌仕立てのものが多いからと思われる。

地域の主な食材と汁物

　温暖な日向灘に面する宮崎県の内陸部の山々は、古代の建国神話の舞台の地として神秘的なものが存在しているように思われる。飼育動物の伝染病などの問題が発生するごとに注目される宮崎県は、畜産と野菜中心の農業県である。郷土料理の種類が多いのは、人々の生活に、神仏を中心として互いにコミュニケーションを取り合う機会が多かったからと思われる。

主な食材

❶伝統野菜・地野菜

　日向カボチャ、夕顔カボチャ、鶴首カボチャ、在来白皮ニガウリ、在来青皮ニガウリ、佐土原ナス、白ナス、平塚カブ、糸巻きダイコン、すえダイコン、いらカブ、筍いも(サトイモの仲間)、都いも(サトイモの仲間)、大晩生フダンソウ、その他(宮崎ブランド野菜:ゴボウ、トマト、ダイコン、シイタケ他)

❷主な水揚げ魚介類

　カツオ、マグロ、イワシ、アジ、サバ、ブリ、シイラ、トビウオ、ヒラメ、」オオニベ、イセエビ

❸食肉類

　宮崎牛、はまゆうポーク、宮崎地鶏

主な汁物と材料（具材）

汁　物	野菜類	粉物、豆類	魚介類、その他
冷や汁	薬味（ニンニク、ネギ、ミョウガなど）	ゴマ	アジ、サバの刺身と焼いたもの、焼き味噌
シイタケ八杯汁	ダイコン、ニンジン、ゴボウ、シイタケ（細く切る）	焼き豆腐、油揚げ	八杯汁（水4・醤油2・酒2/水6・醤油1・酒1の煮汁）
延岡けんちん汁（けんちゃん汁）	ダイコン、ニンジン、ゴボウ、シイタケ、キクラゲ		鶏肉、ウズラ肉、調味(砂糖/醤油/酒)、かつお節だし
宮崎野菜汁	ナス、ダイコン、カブ		味噌汁
まびきの塩汁	ネギ、タマネギ		シイラ、調味（塩）
ぼったり汁	ダイコン、ネギ		大形魚の骨の身、小魚の身、イワシ、アジ、エソ、調味（塩/醤油）
いもん子の吸物	サトイモ、シイタケ、もやし	豆腐、さつま揚げ	鶏肉、いりこ（だし）、調味（塩/醤油）
かねんしゅい（サツマイモの汁の意味）	地菜、ニンジン、ネギ	サツマイモでんぷん	いりこ（だし）、醤油仕立て
かにまき汁	薬味（ショウガ、ネギ）		砕いたモズクガニのエキスを利用、味噌仕立て
汁かけご飯	キュウリ、青ジソ	豆腐	イワシの焼いたもの、焼き味噌をのばした汁

そば汁	シイタケ、ダイコン、ニンジン	そば粉と小麦粉の麺	鶏肉、調味（味噌、みりん）
茹であげだこ汁（神楽うどん）	ネギ、なば	うどん	鶏肉、だし汁、醤油仕立て
れんこんのすり流し汁	レンコン		だし汁、味噌仕立て

郷土料理としての主な汁物

- **冷や汁**　冷や汁は鎌倉時代に、宮崎県で生まれたといわれている。アジ、サバ、イワシの一部は刺身に、一部は焼いて擦り潰す。擦り潰した魚に、ニンニク、ゴマ、焼き味噌で濃い目の汁を作る。ご飯の上に刺身を並べ、紫蘇、ネギ、ショウガ、海苔などの薬味をのせ、汁をかけサラサラと食べる。

- **まびきの塩汁**　「まびき」とは、魚の「シイラ」のこと。刺身や塩蒸しにしたシイラの残りの頭や骨の塩汁。ネギやタマネギも加える。

- **ぽったり汁**　魚のすり身の団子をダイコン、ネギなどの入った透明な醤油味のスープに入れる。大型の魚は骨についている身を、小魚は骨、頭を除いた身を使う。すり身の団子をしゃもじにのせて、汁へ落とす。

- **いもん子の吸物**　「いもん子」はサトイモのこと。正月の元旦の雑煮の代わりに食べる。サトイモは子がたくさんできるから、「子孫繁栄を願った」雑煮である。

- **かねんしゅい**　「かねんしゅい」とは「かね（サツマイモでんぷん）」、「しゅい」は「汁」のこと。サツマイモデンプンに湯を加えて固め、団子にして汁の中に落とす。汁には、油揚げ、地菜（白菜の一種）、ニンジン、ネギを入れておく。お産の時は、1週間ほど食べ続ける。

- **かにまき汁**　カニの甲羅とエラを外し、身も脚も擦り潰し、途中で味噌を加えて、さらに砕く。細かくなったら水を入れてかき回し、ザルで濾し、濾した汁を鍋に入れて焦げ付かないように煮る。食べる時は薬味をのせる。

- **汁かけ飯**　焼いたアジやイワシなどをほぐす。焼き味噌をのばした汁に、魚のほぐし身、豆腐、キュウリ、青ジソ、その他の薬味を入れてから、熱いご飯にかけて食べる、夏の郷土料理。冷や汁と似たようなもの。

- **鯛茶漬け** 新鮮な鯛のそぎ切りまたは刺身を、醤油、紫蘇の実、ゴマを合わせた調味液にたっぷりつける。ご飯に調味液につけた鯛をのせ、熱いお茶を注ぎ、もみのりやワサビをのせて食する。
- **茹であげだこ汁** 行事や田植えの時に作る手間のかかるうどん。手打ちうどんを使用するので時間がかかる。ネギ、ナバナ、鶏肉を入れた醤油仕立ての汁をつくる。茹でた手打ちうどんに、醤油仕立ての汁をかけて食する。
- **れんこんのすり流し汁** 昔、飢餓をの際に、飢えないように工夫したのがレンコンの栽培であったという。今でも品質の良いレンコンが栽培されている。レンコンを擦りおろし、だし汁と味噌で調味したすり流しである。
- **むっけ汁** クジラのコロ（脂肪層の乾燥したもの）と干しシイタケと干しタケノコを入れて味噌を調味したもので、麦粥を作る。

㊻ 鹿児島県

汁物と地域の食文化

　日本列島の最南端に位置する鹿児島県は、徳之島、奄美大島などのトカラ列島の島嶼群も含む。各島によって郷土料理にいろいろな特徴があり、九州本土の鹿児島の郷土料理と比較することは難しいところもある。

　鹿児島県は、桜島の火山灰に見舞われ、農作物の栽培に適したところは少ない。また、台風の通り道なので台風の被害を受けないように苦労が多い地域である。鹿児島は、中国から琉球（現在の沖縄）を経て導入された文化、東南アジアから琉球を経て導入された文化の影響を受けているところが多い。鹿児島の郷土料理には沖縄の郷土料理と同じように豚肉の料理が目立つ。かつお節は日本独特の加工品かと思っていたら、原型は東南アジアに存在し、薩摩揚げのルーツも東南アジアに存在していた。

　稲作に適さないため、大豆、イモ類を外国から導入し、郷土料理の食材としているものも多い。また、鹿児島の農作物として知られている桜島ダイコンを利用した郷土料理の煮物や汁物の種類が多い。中国、沖縄（琉球）から渡来した食文化の影響は、豚肉料理に反映している。

　お盆の「お聖霊」のために作る「かいのこ汁」は、季節の野菜をふんだんに加えた味噌汁である。鹿児島の料理は薩摩料理ともいわれ、総体的には武骨であり、甘味があり、味噌味の料理が多い。「さつま汁」は、薩摩藩士の士気を高めるために作られた汁物である。野営料理で、闘鶏で負けたニワトリを使ったのがルーツのようである。

汁物の種類と特色

　鹿児島県を代表する郷土料理の「さつま汁」は、骨付きの鶏のぶつ切りと野菜類の味噌仕立ての汁物であるが、後に鶏肉が豚肉に替わった。鹿児島以外の地域では練り製品を使う。

　鹿児島県の郷土料理は、素朴で豪華に見えるものが多い。「集汁」は「あ

つも汁」ともいい、ダイコン・ゴボウ・シイタケ・豆腐・油揚げ・つみれなどのいろいろな材料を集めた味噌仕立ての汁物であるが、マダイを使い豪華な汁物に仕上げることもある。鹿児島県の枕崎はカツオが水揚げされ、かつお節の生産地である。同時に、カツオ料理が多い。かつお節の製造過程で大釜の底にできる汁を煮詰めて飴状にしたものを「カツオの煎汁」といい、味噌汁や鍋料理の調味料として使われた。ダシの素や市販の使いやすいかつお節だし（液体や粉末）の原料ともなっている。

　塩蔵してある豚肉の塩抜きしたものを軟らかく煮て、素麺（乾麺のまま）を入れて煮た「豚のちぐむ汁」のように、ブタの飼育の盛んな地域での汁物がある。ヤギの骨肉を長時間煮詰めてつくる「ひんじゃ汁」は、奄美地方の郷土料理である。サバ、豆腐、ジャガイモ、サトイモで作るつみれと、ダイコンやニンジンなどの野菜を大鍋で煮る「ちりかまぼこ」は川辺郡の郷土の汁物である。野菜類を煮た汁の中にそば粉を入れた精進料理は「そば汁」という汁物である。鹿児島の野菜の"いとううり"の「いとうりのそうめん汁」、桜島ダイコンを入れる「鹿児島ダイコン汁」や「サトイモ汁」がある。

食塩・醤油・味噌の特徴

❶食塩の特徴

　こしき列島やトカラ列島の島々で汲みあげた海水から塩作りを営んでいる。「子宝の温泉塩」「渚のあま塩」「宝の塩」「ヨロン島の塩」などがある。

❷醤油・味噌の特徴

　醤油の醸造期間は約1か月と短い。アミノ酸や甘味料を加え、鹿児島の人の嗜好にあった甘口醤油に仕上げる。味噌の主流は麦味噌で田舎味噌といわれることもある。惣菜として用意されるものに「黒豚みそ」という調味味噌がある。

1992年度・2012年度の食塩・醤油・味噌の購入量

▼鹿児島市の1世帯当たり食塩・醤油・味噌購入量(1992年度・2012年度)

年度	食塩(g)	醤油(mℓ)	味噌(g)
1992	2,512	12,145	9,571
2012	1,944	7,119	5,724

▼上記の1992年度購入量に対する2012年度購入量の割合(%)

食塩	醤油	味噌
77.4	58.6	59.8

　鹿児島市の1世帯当たりの醤油購入量は1992年度も2012年度も、九州地方の県庁所在地の中では多い。郷土料理の豚肉の角煮やカツオの料理など、醤油を使う料理は家庭でつくられるからと思われる。

　しかし、1992年度の購入量に対する2012年度の購入量は約60％であることから、家庭で醤油や味噌を使った家庭料理をつくる機会が少なくなったとか、高齢者の多い家族構成のために家庭での食事づくりが少なくなったからと考えられる。

地域の主な食材と汁物

　桜島の噴火による火山灰性土壌は稲作に向いていないので、農業は畑作が中心である。サツマイモやソラマメの生産量は全国で常に上位を占めている。中国から琉球(沖縄)を経て鹿児島に伝来した豚肉文化は、鹿児島県の畜産業を発展させたきっかけとなっていたと思われる。

　長い海岸線をもち、沿岸や南方の島嶼近海を黒潮が流れる海域は、漁業条件に恵まれている。

主な食材

❶伝統野菜・地野菜

　桜島ダイコン、国分ダイコン、開聞岳ダイコン、城内ダイコン、横川ダイコン、有良ダイコン、古志ダイコン、小野津ダイコン、夏ネギ、与論カボチャ、小ナス、白ナス、へちま、隼人ウリ、サツマイモ(隼人イモ、山川紫、安納紅など)、そろやむ(山芋)、といもがら(蓮イモの仲間)、みがしき(里芋の仲間)、かわひこ(里芋の仲間)、雷えんどう、オランダ

えんどう、ふうまめ（ソラマメ）、ニンニク、フダンソウ

❷主な水揚げ魚介類

　カツオ、マグロ、サバ、イカ、ブリ、アジ、イワシ、トビウオ、キビナゴ、養殖物（ヒラメ、ウナギ、クルマエビ、マダイ、ノリ）

❸食肉類

　鹿児島黒牛、かごしま黒豚、茶美豚（チャーミートン）、さつま地鶏、さつま若シャモ

主な汁物と材料（具材）

汁　物	野菜類	粉物、豆類	魚介類、その他
ひんじゃ汁	ダイコン、ニンジン、ネギ		ヤギ肉、塩
豚のちぐむ汁		そうめん	豚足、味噌
ちぎりかまぼこ	ジャガイモ、サトイモ、ダイコン、ニンジン、フダンソウ	豆腐	サバまたはイワシ、調味（砂糖/塩/醤油）
かっのこんおっけ	ゴボウ、サトイモ生茎、ダイコン、ニンジン、ナス	大豆、油揚げ	コンニャク、味噌
そば汁	サトイモ、ダイコン、ニンジン、シイタケ	そば粉	醤油
そうめんうり汁	ソウメンウリ		麺つゆ
かいこの汁	シイタケ、ゴボウ、ナス、西洋カボチャ、サトイモ、いもがら	大豆	麦味噌
桜島大根さつま汁（さつま汁）	桜島大根、ニンジン、もやし、シイタケ、刻みネギ	厚揚げ	コンニャク、だし汁、麦味噌、骨付き鶏肉
里芋汁	サトイモ		味噌汁または醤油の澄まし汁

郷土料理としての主な汁物

- **豚のちぐむ汁**　豚のちぐむ（ブタが地を踏む足の部分の意味）のだし汁料理。足の部分は塩漬けしてあるので、塩抜きをして使う。足を煎じるようにして煮る。身が軟らかくなったら味噌仕立てにし、素麺を入れる。

足の部分は肉が少ないから、骨のだし汁を堪能する郷土料理。
- **ひんじゃ汁** ヤギの骨肉を長時間煮込み、ダイコン、ニンジン、ネギを入れ、塩味で食する。かつては、ヤギの肉は体に良いということで利用していたが、解体による臭気が嫌われ、特別の日にしかヤギ料理はしない。
- **ちぎりかまぼこ** 「ちぎり」は関東では薩摩揚げのこと。「沖縄ではちきあげ」に由来する名前。サバのすり身に豆腐、砂糖を加えてさらに軟らかくし、団子状に丸めて油で揚げる。ダイコン、サトイモニンジン、フダンソウなど季節の野菜を大きな鍋醤油味の汁に入れて煮て、この中にサバのすり身を入れる。
- **かっのこんおっけ** 「かっのこんおっけ」は、「材料がたくさん入った汁」の意味。材料は大豆と季節の野菜を使う。水戻しした大豆やゴボウ、ダイコン、ニンジン、その他数々の野菜、油揚げ、コンニャクなどを入れた、味噌仕立ての具だくさんの汁物。
- **そば汁** 大鍋にサトイモ、ニンジン、タケノコなどの季節の野菜を醤油味で煮ておく。この中にそま粉（そば粉）を水で溶いて団子にしたものを入れ、箸でちぎりながら食する。
- **さつま汁** 薩摩鶏を骨付きのままぶつ切りにし、味噌味で煮込む薩摩武士の野営料理だった。鶏肉、桜島大根、ニンジン、ゴボウ、その他の野菜を入れて煮込み、麦味噌味に仕立てる。後に、鶏肉は豚肉に替わっている。島津藩政時代には、武士の士気を高めるための娯楽として闘鶏が行われた。負けた鶏を汁にしたのがさつま汁。
- **かいこの汁** 盆の「御精霊」にご馳走として供えた白粥の添え物。季節の野菜をたくさん入れた味噌汁。

㊼ 沖縄県

汁物と地域の食文化

　沖縄は、14世紀から中国大陸の影響を強く受け、17世紀以降は独立した王制をとりながら島津藩の圧制を受けていた。

　沖縄県は琉球王国時代の15世紀頃、現在の日本本国の他、中国、朝鮮、東南アジアの国々と盛んに交易をしていた。そのために、現在の沖縄料理にとって、北前船によって北海道から導入していた昆布は、現在でも重要な食材となっている。中国の食文化の影響は、沖縄の豚肉料理に反映し、沖縄に琉球王国時代から継承されている宗教的儀式は、ヤギ汁などの料理として残っている。もちろん、地元の産物の利用として、いらぶーの汁（うみへびの汁物）、イカ墨汁など沿岸で漁獲されるものの工夫も継承されている。

　チャンプルーという沖縄料理は炒め物であるが、炒めるという調理操作は「いろいろなものを混ぜる」ことで、沖縄文化にも影響しているらしい。歴史的には、中国の文化や東南アジアの文化の影響している面がみられるからと考えられる。その中でも、食文化に関しては、中国の料理の影響を大きく受けている。それは、豚肉料理や煮込み料理にみられるが、健康に良い料理が多いことが特徴である。

　海藻のアオサを沖縄ではアーサといい、お祝いのときには、「アーサの汁」は欠かせない。煮物や汁物には、北海道の昆布を使うことも多い。中国料理の影響によるブタの利用は、「足ティビチ」（豚足の汁物）、「チムシンジ」（豚レバーの汁物）、「イナムドゥチ」（イノシシもどきの汁物）などがある。健康のために考えられた料理ともいわれている汁物に「イラブーの汁」（えらぶウミヘビの汁物）がある。かつては、宗教の儀式と関係の深かった「ヒージャー汁」（ヤギ汁）は、現在は、特別に結婚式などで作る場合がある程度である。血液の臭みが強いので、作る人や機会が少なくなった。

汁物の種類と特色

琉球王国時代からの中国との交流により受け継がれている郷土料理の中には豚肉料理の「ソーキ汁」「足ティビチ汁」があり、沖縄独特の汁物にはエラブウミヘビを具材にした。

「イラブー汁」、アオリイカの墨で仕上げる「イカの墨汁（クリジューシー）」、沖縄の海藻のアオサを使った「アーサー汁」、昔から薬用として利用されているヤギ料理（ヒージャー料理）の中の「ヤギ汁」、短冊に切った豚肉やコンニャク、蒲鉾などを入れた汁物の「イナムドゥチ」など中国の文化と沖縄の伝統文化から生まれた独特の料理である。

食塩・醤油・味噌の特徴

❶食塩の特徴

綺麗な海に恵まれた沖縄に期待しているのが、海水を利用した製塩である。「アダンの夢」「雪塩」「黒潮源流・花塩」「石垣島の自然海塩」「マース」など各種の食塩が市販されている。

❷醤油・味噌の特徴

かつては、味噌については熟成のあまり進まない、甘い白味噌が中心に製造販売していた。醤油については、濃口醤油の塩辛い醤油が製造・流通していた。現在は、醤油・味噌の醸造元は、白醤油や甘味系の味噌を醸造しているが、内地で醸造している各種の醤油・味噌も流通している。

1992年度・2012年度の食塩・醤油・味噌の購入量

▼那覇市の1世帯当たり食塩・醤油・味噌購入量（1992年度・2012年度）

年度	食塩（g）	醤油（mℓ）	味噌（g）
1992	2,299	7,096	9,571
2012	1,732	4,167	4,876

▼上記の1992年度購入量に対する2012年度購入量の割合（%）

食塩	醤油	味噌
75.3	58.7	51.0

那覇市の1世帯当たりの醤油購入量は、1992年度、2012年度ともに多い。沖縄の郷土料理には、醤油仕立ての煮つけや汁物が多いからと推測してい

る。

　また、沖縄の食文化はチャンプルー文化といわれる。チャンプルーは道路などが複雑に交叉していること、混ぜることなどを意味している。全国的になじみになったゴーヤチャンプルーにみられるように、いろいろな具材を炒めながら混ぜる。この料理はほとんどの家庭で作る。この時の調味の基本は食塩なので、1992年度、2012年度ともに食塩の購入量も多いほうであり、2012年度の購入量は1992年度に比べても大きくは減少していない。

地域の主な食材と汁物

　農産物に関しては、沖縄の人々は稲作を主体としておらず、サツマイモの栽培が盛んであった。現在、稲作は二毛作である。サトウキビ、ニガウリ、パパイヤ、パイナップル、シィクヮサー（沖縄みかん）など沖縄らしい農作物は、沖縄の郷土料理に使われている。

主な食材

❶伝統野菜・地野菜

　モーウィ（ウリの仲間）、地ナス、トウガン、ヘチマ、ゴーヤー、島カボチャ、島ダイコン、島ニンジン、田イモ、紅イモ、高菜、ラッキョウ

❷主な水揚げ魚介類

　マグロ、ソデイカ、カジキ、カツオ、ブダイ

❸食肉類

　石垣牛、黒島牛、島豚（アグー）

主な汁物と材料（具材）

汁　物	野菜類	粉物、豆類	魚介類、その他
アーサヌスル	ひてぐさ	豆腐	じゃこ（だし）、調味（味噌/塩）
沖縄そば	ヨモギ（別皿）、ダイコン	沖縄麺	豚バラ肉、昆布、カマボコ、調味（醤油）

ソーキ汁（ソーキ骨汁）	トウガン、ダイコンなど、好みによりバリエーションあり		豚ばら肉、かつお節のだし汁、調味（醤油）
シルチャのすみ汁	ウイキョウ		白イカ、豚肉、豚だし/かつお節だし、味噌
イナムドゥチ	シイタケ		豚肉、コンニャク、卵入り蒲鉾、蒲鉾、かつお節だし、調味（白味噌）
肉汁	ダイコン		豚肉、昆布、調味（醤油/塩）
たて汁	ショウガ		卵、かつお節だし、みりん
イカの墨汁	トウガン		イカの身、イカの墨汁、調味（塩）
アーサー汁	アーサー（海藻）		味噌汁
イラブー汁	野草	島豆腐	ウミヘビ（燻製）、豚肉、昆布、調味（醤油少々）

郷土料理としての主な汁物

- **みそじる** 沖縄の味噌汁のこと。沖縄の味噌汁の具には定番がなく、レシピもない。各家庭が独特の味噌汁を作っている。ゴーヤチャンプルー、ポークランチョンミート、小松菜に似たフダンソウ、モヤシ、蒲鉾、ニラ、ニンジン、生卵、海ぶどう、青ネギなどが使われている。
- **しるいちゃのすみ汁** 白いか、豚肉をかつお節のだし汁で煮る。豚肉は短冊に切る。味噌で味を調え、イカ墨とウイキョウを入れる。イカ墨の甘味のあるうま味がこの汁の美味しさを高める。沖縄の人たちは無駄をしない精神があるので、食べられるものは何でも料理にする発想から生まれた料理である。
- **いなむどぅち** 「いむなどぅち」は「イノシシもどき」の意味で、「豚肉」のこと。豚肉のロースを短冊に切って、干しシイタケ、カステラ蒲鉾（短冊に切る）を白味噌仕立てで煮込んだもの。
- **肉汁** 肉の塊をたっぷりの水で炊く。軟らかくなった肉は、一度取り上

げて一口大に切る。湯で汁を醤油味に仕立て、茹でた昆布、ダイコンと一緒に一口大の豚肉を煮込む。
- **たて汁** 女性がお産をした後、大きなおわんに味噌、かつお節の削り節、生卵、ショウガを入れて熱湯をかけてかき混ぜて食する。産婦の健康づくりのための食べ物である。
- **イカの墨汁** 白いかの墨を丁寧に取り出す。イカの身や脚は丁寧に処理し、塩茹でする。軟らかくなったら、イカ墨とトウガンを入れる。
- **あーさーぬする** 「あーさ」は「ひとえ草」のこと。ひとえ草を入れた味噌汁。
- **ソーキ汁** そーき骨付き汁ともいう。ソーキ骨は豚の骨付きのあばら骨の肉のこと。醤油味で、昆布、ダイコンとあばら骨の煮込んだ料理の煮汁。

【コラム】熟成肉は輸送中にできる

近年、女性は美容のため、高齢者は健康のために赤身肉を食べるようになったようだ。とくに、熟成牛肉は人気のようである。黒毛和牛の肉質は、霜降り肉になるように飼育されている。したがって、黒毛和牛はすき焼きやしゃぶしゃぶに適している。霜降り肉の熟成期間を長くすると、脂肪の酸化などが起こるので熟成肉には向かない。牛肉を長期間（20日〜30日）熟成させるには、脂肪含有量の少ないあか牛ともいわれている褐毛和種や日本短角牛の肉のほうが適している。アメリカやオーストラリアからの輸入肉は、脂肪が少なく人気となっている。アメリカやオーストラリアから日本に届く期間の間に熟成が進んでいるので、人気の牛肉となっている。また、北海道の乳用の牛の中で、搾乳ができなくなったホルスタイン種の肉は脂肪が少ないので、最近人気の牛肉である。

肉の熟成にはドライエイジングとウェットエイジングがある。いずれにしても、硬い赤肉を低温で保管し、たんぱく質を分解させて軟らかい肉質にすると同時にたんぱく質の分解によりうま味成分のアミノ酸量を増加させる。

付録1　都道府県別 おすすめ汁物 レシピ集

(分とく山　提供)

	メニュー名	材料・分量(4人前)	作り方
北海道	石狩汁	練り酒かす　　200g 生鮭　　　　　2切れ ダイコン　　　200g ニンジン　　　100g ゴボウ　　　　100g シイタケ　　　4個 コンニャク　　1/2枚 ワケギ　　　　2本 味噌　　　　　50g (a){水　1ℓ／昆布(7㎝角)　1枚 七味　　　お好みで	①甘塩鮭は一口大に切って霜降りにし、水気を切る。 ②ダイコンはいちょう切りに、ニンジンは一口大に切る。ゴボウは7㎜くらいに斜めに切る。シイタケは4等分に切り、霜降りにする。コンニャクはスプーンでちぎる。 ③鍋に①、②、(a)を入れて火にかけ、沸騰したら鮭を取り出してさらに煮る。野菜が軟らかくなったら酒粕を入れ、鮭を戻し、2回に分けて味噌を溶き入れ、仕上げに3㎝に切ったワケギを入れる。
青森県	せんべい汁	せんべい　　　6枚 鶏肉　　　　　140g ゴボウ　　　　60g 長ネギ　　　　1本 ニンジン　　　40g キャベツ　　　葉4枚 マイタケ　　　60g 白滝　　　　　80g 油揚げ　　　　1/2枚 (a){水　600cc／昆布(10㎝角)　1枚／淡口醤油　30cc／味醂　10cc	①鶏肉は一口大に切り霜降りする。白滝は湯通しし5㎝長さに切る。油揚げはサッと湯をかけ油抜きし、半分に渡し5㎜幅に切る。ゴボウは笹がき、ニンジンは千切り、キャベツはザク切りにし、マイタケは適当な大きさにほぐす。 ②鍋に(a)と、①を入れて火にかけ、少し煮えてきたら、せんべいを適当な大きさに割り入れ、煮ていき、器に盛り付ける。

	メニュー名	材料・分量（4人前）	作り方
岩手県	ひっつみ	鶏もも肉1枚（200g） ダイコン　　　　70g ニンジン　　　　50g ゴボウ　　　　　30g コンニャク　　　50g シイタケ　　　　4個 長ネギ　　　　1/2本 水　　　　　1000cc 酒　　　　　　20cc 昆布（10cm角）　1枚 淡口醤油　　　40cc ｛小麦粉　　　100g 　水　　　　　50cc 　塩　　　　　　少々	①ボウルに小麦粉を入れ、水を少しずつ加えながら箸で混ぜる。水をすべて入れたら手でこねて、ひとつにまとめ、ラップに包み室温で1～2時間ほど生地をねかせる。 ②鶏肉は一口大に切り、塩を軽く振って10分おき、熱湯で霜降りする。鍋に霜降りした鶏肉、水、昆布を入れて火にかけ、沸騰したら火を弱め5分間煮たら、鶏肉を取り出す。 ③ダイコン、ニンジンは1cm厚さのいちょう切りにし、ゴボウは小口切り、コンニャクは厚みを半分にして、7mm厚さの角切り、シイタケは十文字に切り、下茹でしておく。 ④②に酒と醤油を加えて味を調え、③を入れ、少し煮えてきたら、①の生地を濡れた手で薄くのばし、一口大に生地をひっぱってちぎり、鍋に入れ、火が通ったら鶏肉を戻し、小口切りにした長ネギを入れて仕上げる。
宮城県	松葉汁	秋刀魚　　　　　2尾 ネギ（みじん切り） 　　　　　　　大さじ4 生姜　　　　　1カケ ダイコン　　　300g 水　　　　　800cc 味噌　　　　　60g 小麦粉　　　　10g	①秋刀魚は三枚におろして包丁で粗く刻み、すり鉢かフードプロセッサーで粗めに擦り潰す。 ②①に、ネギ、おろし生姜、小麦粉を入れて混ぜ合わせる。 ③千切りにしたダイコンと水を鍋に入れ、火にかける。沸騰したら弱火にし、ダイコンが軟らかくなるまで煮る。 ④③に②をスプーンですくいながら丸く形を作って加える。弱火にし、つみれに火が通ったらお椀に盛る。

	メニュー名	材料・分量（4人前）	作り方
秋田県	いものこ汁	サトイモ（小）　16個 きのこ類（シイタケ、しめじ、えのき茸、なめこ、マイタケ）各40g カブの葉(茹でたもの)　適量 水　　　　　　　800cc 昆布（10cm角）　1枚 味噌　　　　　　60g	①サトイモは洗って皮をむき、さらに水で洗いヌメリを取る。小さめの鍋に水、昆布と共に入れ、火にかける。沸いたら弱火に落とし、サトイモに竹串がスッと通るまでコトコト煮る。 ②シイタケは軸を取り、厚めの小口切りにし、しめじ、えのき茸、マイタケは石づきを取り、ほぐしておく。きのこ類をまとめて一つのザルに入れ、熱湯にくぐらせ、サッと霜降りをし、水気を切っておく。 ③①の鍋に②のきのこ類と、味噌を加える。適当な長さに切ったカブの葉も加え、温めて仕上げる。
山形県	いも煮	牛肉スライス　　140g サトイモ（正味） 　　　　　　　　200g ゴボウ　　　　　60g 長ネギ　　　　　1本 マイタケ　　　　60g 白滝　　　　　　80g 長ネギ（小口切）1/2本 おろし生姜　小さじ1 (a)｛水　　　　　600cc 　　 醤油　　　　30cc 　　 酒　　　　　15cc	①サトイモは皮をむき一口大に切り、熱湯で1分ほど霜降りをする。 ②牛肉は適当な大きさに切り、霜降りにする。白滝は湯通しし5cm長さに切る。ゴボウは、笹がきに、マイタケは適当な大きさにほぐす。 ③鍋に水と、①、牛肉以外の②を入れて火にかけ、少し煮えてきたら、(a)を入れて味を調え、1cm幅の長ネギと②の牛肉を入れ、最後に小口に切ったネギを入れる。

	メニュー名	材料・分量（4人前）	作り方
福島県	こづゆ	(a) ｛ サトイモ 2個 ニンジン 5㎝ コンニャク 4×4㎝ 1枚 シイタケ 2枚 ｝ 高野豆腐（水でふやかしたもの） 1/2枚 ゴボウ（細め） 8㎝ (b) ｛ 水 1ℓ 干し貝柱 50g 煮干し 10本 昆布（8㎝角）1枚 ｝ 淡口醤油 40cc 酒 20cc 長ネギ（洗いネギ） 1/2本	① (a) の材料のサトイモ、ニンジンは皮をむく。材料はすべて1㎝角の小角に切りにして熱湯で霜降りにする。ゴボウは3㎜の小口に切り、水でサッと洗い水気を切る。 ② (b) の材料は3時間漬けておき、煮干しをはずして鍋に①の材料と一緒に入れ火にかける。 ③②の野菜に火が通ったら、淡口醤油と酒で味を整え、器に盛り、長ネギを小口切りにして布巾で包んで、流水でもみ洗いしたネギを天に盛る。
茨城県	納豆汁	納豆 50g シイタケ 4個 しめじ 1パック サトイモ 2個 ニンジン 5㎝ 長ネギ 1/2本 水 500cc 味噌 40g 七味唐辛子、塩、米のとぎ汁、サラダ油	①シイタケは軸を取り、しめじは石づきを切り落とし小房に分け、ニンジンは皮をむいて7～8㎜の輪切りにする。すべて塩茹でして水に落とし、水気を切る。 ②サトイモは皮をむいて7～8㎜厚さの輪切りにする。米のとぎ汁で茹で、水に落としてさらし、水気を切る。 ③長ネギは小口切りにし、納豆は粗みじん切りにする。 ④よく熱したフライパンにサラダ油をひいて弱火にかけ③の納豆を入れて焼き色がつく程度に炒める。 ⑤鍋に④の納豆と水を合わせて弱火にかける。煮立ったら①、②と味噌の半量を加えて、中火で煮る。 ⑥火が通ったら残りの味噌と③の長ネギを加えて温め、椀に盛る。お好みで七味唐辛子をかける。

	メニュー名	材料・分量(4人前)	作り方
栃木県	かんぴょうの卵とじ汁	かんぴょう 20〜30g だし汁 500cc 淡口醤油 20cc 酒 10cc 卵 2個 海苔 適量	①かんぴょうはぬるま湯に浸けて戻し、塩で揉み水にさらしサッと茹で2cmくらいの長さに切っておく。 ②鍋にだし汁、淡口醤油、酒、かんぴょうを入れ、沸騰したら溶き卵を端から真中に円を書くように流し入れる。 ③②に①のかんぴょうを入れ、最後に適当な大きさにちぎり切った海苔を入れて仕上げる。
群馬県	こしね汁	豚肉(薄切り) 200g コンニャク 150g シイタケ 4個 下仁田ネギ 1本 ダイコン 100g ニンジン 100g ゴボウ 80g サトイモ 2個 豆腐 1/2丁 油揚げ 1枚 水 1ℓ 味噌 80g 昆布(5cm角) 1枚	①ダイコンとニンジンは皮をむいて1cm厚さのいちょう切り、ゴボウは1cmの小口切り、シイタケ、コンニャクも同じくらいの大きさに切る。サトイモは皮をむいて一口大に切る。下仁田ネギは1cmの輪切りにする。豆腐はさいの目に切り、油揚げは油抜きをして1cm幅に切る。 ②材料を霜降りする。野菜類とコンニャクは一緒に熱湯にくぐらせ、次に同じお湯で肉もくぐらせ、それぞれ水で洗い、水気をよく切っておく。 ③鍋に分量の水、昆布、野菜とコンニャクを入れて火にかけ、沸騰したら弱火にする。7〜8割煮えてきたら、味噌を半量溶き入れる。 ④味噌の味が入るくらい軽く煮たらネギと豚肉、豆腐、油揚げを入れる。 ⑤汁が沸いて、あくが出たら取り、最後に残りの味噌を溶き入れ、ひと煮立ちさせる。

	メニュー名	材料・分量(4人前)	作り方
埼玉県	つみっこ	鶏もも肉　1枚（250g） ニンジン　50g ジャガイモ　2個 ゴボウ　30g シイタケ　50g 小松菜　1株 深谷ネギ　1/2本 (a){ 水　1500cc 　　　酒　20cc 　　　昆布（10cm角）1枚 　　　淡口醤油　60cc (b){ 小麦粉　100g 　　　水　50cc 　　　塩　少々	①ボウルに小麦粉を入れ、水を少しずつ加えながら箸で混ぜる。水をすべて入れたら手でこねて、ひとつにまとめ、ラップに包み室温で1～2時間ほど生地をねかせる。 ②鶏肉は一口大に切り、塩を軽く振って10分おき、熱湯で霜降りする。 ③ジャガイモは皮をむき、厚めのいちょう切りに、ニンジンは1cm厚さのいちょう切り、ゴボウは小口切り、シイタケは1/4に切り下茹でしておく。 ④小松菜は色よく茹で、食べやすい大きさに切る。 ⑤鍋に鶏肉、水、昆布を入れて火にかけ沸騰したら鶏肉を取り出し、③を入れて少し煮えてきたら、①の生地を手でこね、団子状にしたものを入れる。団子が浮き上がってきたら、④の小松菜と鶏もも肉、小口に切ったネギを入れて仕上げる。
千葉県	いわしのつみれ汁	いわし　4尾（上身240g） ワケギ　4本 春雨　20g (a){ 小麦粉　5g 　　　味噌　20g 　　　ネギのみじん切り　20g (b){ 水　600cc 　　　淡口醤油　大さじ1（15cc） 　　　酒　大さじ1（15cc） 　　　昆布（5cm角）1枚	①いわしは三枚におろして包丁で粗く刻み、すり鉢かフードプロセッサーで粗めに擦り潰す。 ②①に(a)を入れ、ざっくりと混ぜ合わせる。 ③鍋に(b)を入れてスプーンですくいながら丸く形を作って加え、中火にかけ、沸騰する前の80℃くらいになったら戻した春雨を加え、軽く煮て、3cmに切ったワケギを入れる。つみれに火が通ったら器に盛り付ける。

	メニュー名	材料・分量（4人前）	作り方
東京都	あさり蕎麦汁	アサリ（殻つき） 250ｇ そば（乾燥） 50ｇ ほうれん草 40ｇ（茹でておく） 長ネギ 少量 塩 少量 (a) ｛水 600cc 　　昆布（10cm角） 2枚 (b) ｛淡口醤油 25cc 　　酒 10cc	①アサリは塩水につけて砂抜きした後、水に3分浸して塩分を抜く。 ②乾麺の蕎麦を2cmに切り、茹でておく。 ③鍋に(a)と①のアサリを入れて火にかけ、ひと煮立ちしたら②の麺と茹でて3cmに切ったほうれん草を入れ、煮えたら器に盛り、1cmの色紙に切ったネギを入れる。
神奈川県	けんちん汁	ダイコン100ｇ ｝上身 ニンジン100ｇ サトイモ 2個 シイタケ 4個 ゴボウ 80ｇ コンニャク 150ｇ 木綿豆腐 1/2丁 油揚げ 1枚 長ネギ 1/2本(小口切り) 水 1ℓ 味噌 70～80ｇ 昆布（5cm角） 1枚 サラダ油 大さじ2 ネギの青い部分 少々 浅つき(小口切り) 適量	①ダイコン、ニンジン、サトイモは皮をむく。ゴボウは洗っておく。シイタケは石づきを取る。 ②①の野菜類とコンニャクは、一口大に切り、ザルに一緒に入れて、熱湯にくぐらせて霜降りをする。油揚げは油抜きをして短冊に切る。 ③鍋に油を入れて熱し、②の野菜類とコンニャクを入れて炒める。 ④分量の水を加え、昆布とネギの青い部分を入れて煮る。具に半分くらい火が通ったら、ネギの青い所を取り出し、味噌の半量を溶き入れる。そのまま煮て完全に火が入ったら、残りの味噌を入れる。 ⑤④に油揚げ、小口切りにしたネギを加え、最後に豆腐を手でちぎって加え、ひと煮立ちしたら火を止める。椀に盛り、浅つきを散らす。

	メニュー名	材料・分量（4人前）	作り方
新潟県	冷やしのっぺい汁	サトイモ　　　　4個 ニンジン　　　1/2本 コンニャク　　1/3枚 シイタケ　　　　4個 なめこ　　　大さじ4 するめイカ（小）1杯 エビ　　　　　　8本 枝豆　大さじ2（茹でて薄皮をむいたもの） 長ネギ　　　　　1本 〈煮汁〉 だし汁　　　1000cc 淡口醤油　　　40cc 塩　　　　　　　少々 煮干し　　　　10本	①コンニャクを約5mmの厚さに切り、水に入れて火にかける。沸騰してから2分茹で、水気を切る。 ②煮干しは頭と腹ワタを取り、2つに開く。鍋に煮汁の材料、煮干し、コンニャクを入れ、煮含める。 ③サトイモ、ニンジンは丸く皮をむき、厚さ5mmの輪切りにする。シイタケは軸を取り、4つに切る。イカは内臓を取って皮をむき、4cm幅にサク取りし、松かさに包丁目を入れ、幅2mmに切る。ゲソは皮付きのまま、エビは背から2つに切り分ける。 ④沸騰した湯でサトイモ、ニンジンを1分半茹でて冷水に取り、すぐにザルで水切りをする。シイタケは30秒、イカとエビは表面が白くなる程度に湯通しして冷水に取り、サッと水切りをする。 ⑤①から煮干しを取り出し、サトイモ、ニンジン、シイタケ、なめこを入れて弱火で煮る。ゲソとネギの青い部分も入れる。 ⑥サトイモ、ニンジンに火が通ったら、ネギの青い部分を取り出し、イカとエビを入れて軽く煮て、冷やす。 ⑦器に盛り、小口から細かく切り、布巾に包んで流水でもみ洗いしたネギと、枝豆をのせる。 ※温かいままでも美味しく召し上がれます。

	メニュー名	材料・分量（4人前）	作り方
富山県	タラ汁	鱈のアラ　　　　600g 長ネギ3cm 長さ×8本 胡椒　　　　　　適宜 水　　　　　　1000cc 昆布　10cm角　2枚 粒味噌　　　　　60g	①アラは適当な大きさに切り、塩を薄く振り、30分おき、霜降りをして、氷水に取り、汚れ、血合いを取る。 ②鍋に、水、昆布、長ネギを入れて火にかけ、アラに火が通ったら、粒味噌を溶き入れる。 ③椀に盛り、胡椒をのせる。
石川県	鶏ナス治部煮	鶏もも肉　　　1/2枚分 ナス　　　　　小2本 長ネギ　　　　　1本 そば粉　　　　　適量 塩　　　　　　　適量 (a) ┌ だし汁　　　50cc 　　│ 水　　　　　250cc 　　│ 醤油　　　　35cc 　　└ 味醂　　　　60cc 昆布（5cm角）　1枚 山葵　　　　　　適量	①ナスはガクを落として縦半分に切り、鹿の子に包丁する。170℃の油で素揚げして熱湯にくぐらせて油抜きにする。 ②長ネギは斜め5mm幅に切る。 ③鶏もも肉は薄く塩をして20分おき、水洗いして水気を拭く。一口大に包丁して、そば粉をまぶす。 ④鍋に、ナス、長ネギと(a)を入れて中火にかける。ひと煮立ちしたら鶏もも肉を入れ弱火にして5分ほど煮て、器に盛り付け、天に山葵をのせる。
福井県	越前ガニの味噌汁	越前ガニ（小）　1/2杯 芹　　　　　　　4本 生姜　　　　　1カケ 水　　　　　　600cc 白味噌　　　　　60g	①蟹は、足を切り落とし甲羅をはずし、内側についたがに（スポンジ状のえらのようなもの）をはずし甲羅を縦半分に切る。足は食べやすいように殻にハサミを入れ、ぱっくりと開く。 ②鍋に水をはり、①の蟹を入れて煮出す。沸騰するとアクが浮いてくるので、きれいにすくい取る。 ③②に味噌を濾し入れ、一度沸騰させ、5cm長さに切った芹を入れる。 ④椀に盛り、千切りした生姜をのせる。

	メニュー名	材料・分量(4人前)	作り方
山梨県	かぼちゃすいとん	ダイコン　　　　80g ニンジン　　　　30g ゴボウ　　　　　7cm コンニャク　　1/4枚 水　　　　　600cc 昆布7cm角　　　1枚 味噌　　　　　　40g 長ネギ　　　　1/2本 〈生地〉 カボチャ　　　100g (a) ┌小麦粉　　　50g 　　│水　　　　30cc 　　│卵　　　　　1個 　　└塩　　　　　1g	①ダイコンとニンジンは1cm厚さのいちょう切りにし、ゴボウは小口切り、コンニャクは厚みを半分にし、7mm厚さの角切り。さつま芋は1cmの角切りにする。 ②鍋に水(分量外)を入れてダイコン、ニンジン、コンニャクを入れて火にかけ、沸騰したら火を弱めてから3分茹でてザルに上げる。 ③鍋に分量の水と昆布、②とゴボウを入れ火にかけ軟らかく煮ておく。 ④別の鍋でカボチャを茹でて潰し(a)を混ぜて生地を作る。 ⑤③の鍋に味噌を半分溶き入れて軽く味をつけ、④の生地を濡らしたスプーンですくい取って入れ、残りの味噌で味を調える。小口切りにしたネギを加えて仕上げる。

	メニュー名	材料・分量（4人前）	作り方
長野県	そばがき汁	そば粉　　　　120g 水　　　　　　400cc カブ　　　　　2個 サトイモ(正味)120g ニンジン(正味)60g ゴボウ　　　　10cm 生シイタケ　　4個 長ネギ(白い部分)1本 柚子の皮　　　少々 (a) ｛ だし汁（かつお+昆布）　　800cc 　　　淡口醤油　　60cc 　　　味醂　　　　30cc	①そばがきを作る。大きめの鍋にそば粉を入れ、分量の水を少しずつ加えてよく混ぜる。そのまま鍋を中火にかけ木ベラで鍋底から絶えず練り混ぜる。全体が滑らかになり、もったりと重たい感じになったら火からおろす。焦げそうなときは時々火からおろしてもよい。 ②カブは茎を少し残して皮をむき、8等分にする。サトイモとニンジンは皮をむいて2cm角に切る。ゴボウはタワシで皮をよく洗い、3mmの長さの小口切りにする。シイタケは石づきを取って4等分に切る。 ③鍋にたっぷりの湯を沸かし、最初にシイタケをサッと茹でて水に取り、水気を切る。続いて、カブは硬めに、サトイモとニンジンは歯ごたえが残るぐらいに、最後はゴボウを軟らかめに、それぞれ茹でて水に取り、すべて水気を切っておく。 ④長ネギは小口切りにして、布巾で包み、ボウルに溜めた水の中で、もみ洗いして臭みを抜く。柚子の皮は千切りにする。 ⑤鍋に(a)と③を入れてひと煮立ちする。①のそばがきをスプーンなどで一口大にして加え、さらにひと煮立ちし④のネギと柚子を添える。

	メニュー名	材料・分量（4人前）	作り方
岐阜県	鮎汁	鮎　　　　　　　　2尾 水　　　　　　　600cc 昆布　　　　　　　少量 塩　　　　　　小さじ1/2 淡口醤油　　　　小さじ1 酒　　　　　　　　少量 ナス　　　　　　　2本 水溶き片栗粉　　　少量 長ネギ（みじん切り） 　　　　　　　　1/3本 蓼の葉　　　　　　4本	①鮎は焼き、頭と骨をはずす。 ②ナスは網の上で焼き、水に取って皮をむき、適当な大きさに割く。 ③水に昆布を少量入れた中に、①の頭と骨を入れ、80℃になったら、そのまま5分煮出して濾す。 ④鍋に②の濾し汁と塩、淡口醤油、酒を合わせて火にかけ、煮立ったら②のナスを入れ、①の鮎の身も入れて煮る。水溶き片栗粉で軽くとろみをつけ、最後に長ネギと蓼の葉を加える。
静岡県	桜えびと若布の味噌汁	干し桜えび　　　　30g 生ワカメ　　　　　60g （塩蔵なら水で戻す） 水　　　　　　　600cc 味噌　　　　　　　40g 三つ葉　　　　　　12本	①鍋に、水、味噌、5cm長さに切った若布、干し桜えびを入れ、ゆっくり火を入れる。 ②沸騰したら3cm長さに切った三つ葉を入れる。
愛知県	あさりの味噌汁（赤だし）	アサリ（殻つき） 　　　　　　　　400g 水　　　　　　　500cc 三つ葉　　　　　　5本 八丁味噌　　　　　35g 昆布（5cm角）　　1枚	①アサリは殻のまま水の中でこすり洗いする。水に3分ほど浸してから水を捨てる。 ②鍋に、①と昆布と水を入れて火にかけ、アサリの口が開いたら味噌を溶き入れ、3cm長さに切った三つ葉を加える。

	メニュー名	材料・分量(4人前)	作り方
三重県	ハマグリの吸い物	ハマグリ(砂出し) 8個 長ネギ 1/2本 ワカメ 適量 胡椒 適量 水 600cc 昆布(5㎝角) 1枚 塩 小さじ1/2 酒 大さじ1	①ネギは白髪ネギにする。ワカメは水に戻して、食べやすい大きさに切る。 ②ハマグリはよく洗い、水に5分浸してから水を捨てる。鍋にハマグリとワカメ、分量の水、昆布を入れ火にかけ、ハマグリの口が開いたら昆布を取りだし火を止め、塩と酒で味を調える。 ③ハマグリは身のついた片方だけを椀に盛り、水気を切った白髪ネギとワカメ、胡椒を添える。
滋賀県	カブと油揚げ味噌汁	カブ 2〜3個 ゴボウ 1/2本 油揚げ 1枚 長ネギ 少量 水 500cc 昆布(5㎝角) 1枚 味噌 40g 粉山椒 少々	①カブは皮をむき、くし形に切る。ゴボウは笹がきにする。油揚げは油抜きをして短冊に切る。 ②鍋に分量の水と昆布、カブ、ゴボウを一緒に入れて火にかける。 ③カブ、ゴボウに火が通ったら、油揚げを加え、味噌を溶き入れ、煮立つ直前に火を止める。 ④椀に盛り、薄い小口に切った長ネギを入れ、お好みで粉山椒を入れる。
京都府	若竹とじ椀	タケノコ(小) 1本 戻しワカメ 50g サヤインゲン 12枚 卵 1個 木の芽 8枚 〈吸い地〉 (a) ┌ だし汁 500cc 　　├ 淡口醤油 20cc 　　└ 酒 10cc (b) ┌ 大根おろし汁 250cc 　　├ 水 250cc 　　└ 塩 5g	①タケノコは皮をむき硬い部分を取り、縦半分に切ったものをさらに縦にスライスし、(b)に1時間浸けておく。 ②①のタケノコを水で洗い、一度茹でこぼしておく。サヤインゲンは筋を取り、硬めに茹でておく。 ③②のタケノコ、戻しワカメを(a)の吸い地に冷たいところから入れて火にかけ、沸騰したら、サヤインゲンを入れ、溶いた卵でとじる。 ④③を椀に盛り、木の芽を添える。

	メニュー名	材料・分量(6人前)	作り方
大阪府	船場汁	鯖のあら　　　　100g 鯖の切り身　　　100g ニンジン、ダイコン 　　　　　　　各適量 長ネギ（白髪ネギ）適量 水　　　　　　　1ℓ 昆布（6cm角）　1枚 塩　　　　　小さじ1/2 酒　　　　　　大さじ1 淡口醤油　　　小さじ1 胡椒　　　　　　　少々	①鯖は三枚におろし、塩水で洗い、あらの頭、血合い部分、中骨を適当な大きさに切る。身は一口大の切り身に、そぎ切りにする。 ②鯖の身は薄塩にするが、あらは強めに塩を振り、30分から1時間おいてから霜降りする (塩-分量外)。 ③分量の水に昆布と鯖のあら、切り身を入れて煮る。沸騰したら昆布と切り身をを取り出し、差し水をし、弱火にする。 ④弱火で5分煮て、全体に火が入ったら骨だけを取り出す（濾してもよい）。 ⑤ダイコンとニンジンは短冊に切り、サッと湯通しして④の鍋に入れ、火を通す。 ⑥塩加減をみて、塩、酒、淡口醤油を加え、切り身を戻して、味を調える。材料の分量は目安。必ず味見をする。 ⑦椀に切り身とダイコン、ニンジンを盛り、汁を熱して注ぎ、白髪ネギを添え、胡椒を振る。

	メニュー名	材料・分量(4人前)	作り方
兵庫県	真鯛の潮汁	真鯛のあら　　　100g 真鯛の切り身 　　　　30g×4切れ うど、防風、木の芽根 　　　　　　　各適量 長ネギ（白髪ネギ） 　　　　　　　　適量 水　　　　　　800cc 昆布　　　6cm角1枚 塩　　　　小さじ1/2 酒　　　　　大さじ1	①鯛は三枚におろし、頭はブツ切りにする。身は腹骨をすき取り、切り身にする。中骨の関節のところに包丁を入れると切りやすい。腹骨もあらとして使う。 ②あらを並べ、高いところから塩を両面に振る。身にも同様に塩を両面に振り、盆ザルに並べて水分を抜く。 ③熱湯を用意し、切り身は1切れずつ熱湯に入れ、身が縮んだら引き上げる(面倒でも1切れずつ行う)。冷水に取り、指でウロコや汚れを取り除き、水気を布巾で拭く。 ④続けて熱湯にあらを入れ、白くなれば引き上げ、冷水に取り、竹串などを使って血合い、汚れを取る。 ⑤分量の水に昆布と水気を拭いた、あらと切り身を全部入れて火にかける。沸騰直前に昆布を出し、ひと煮立ちさせる ⑥汁を濁らせないために差し水(150cc)をして、いったん煮立ちを静めたら、切り身を取り出して弱火にし、80℃くらいで5分煮出す。アクは丁寧に取り除く。 ⑦ボウルの上に盆ザルをのせ、その上にキッチンペーパーを置き、汁を濾す。 ⑧あしらいを用意する。うどは皮をむいて千切りにし、薄い酢水につけてアクを抜き、水洗いをする。 ⑨⑧の汁を鍋にとり、汁の塩加減をみて、酒を塩で味を調えて熱する。 ⑩椀に鯛の切り身、うど、白髪ネギを盛り、熱い汁を注いで、防風、木の芽を添える。

	メニュー名	材料・分量（4人前）	作り方
奈良県	にゅうめん	三輪そうめん 　　　4束（200ｇ） 大和肉鶏（もも肉） 　　　　　　　200ｇ シイタケ　　　4枚 長ネギ　　　　1本 小松菜　　　　2株 だし汁　　　　1ℓ 煮干し　　　　5本 淡口醤油　　大さじ1 酒　　　　　大さじ1 塩　　　　小さじ1弱 七味唐辛子　　少々	①煮干しは頭とワタを取り、半分に開き、だし汁に浸して30分おく。小さい煮干しは開かなくてもよい。 ②鶏肉は一口大に切る。シイタケは軸を取り、小松菜はよく洗う。ネギは薬味の分を残して、斜めに1㎝幅に切る。 ③湯を沸かして小松菜を茹でて冷水に取り、水気を絞って5㎝長さに切る。切った鶏肉とシイタケを同じ湯にサッとくぐらせ、霜降りにする。 ④鍋に①のだし汁と鶏肉、シイタケを入れて火にかけ、沸騰したら弱火で3分ほど煮て、調味料とネギを入れる。 ⑤そうめんを硬めに茹でて冷水に取り、よくもみ洗いしてザルに上げる。汁の鍋にそうめん、小松菜を入れて強火でひと煮立ちさせる。椀に盛り、ネギや七味など薬味を添える。

	メニュー名	材料・分量（4人前）	作り方
和歌山県	冷やしとろろ汁（やまいものとろろ汁）	鯵　　　　　　　　1尾 山芋　　　　　　200g オクラ　　　　　　2本 生姜　　　　　小1カケ 茗荷　　　　　　　1本 梅干し　　　　　　1個 (a) ┌ だし汁　　　400cc 　　│ 淡口醤油　　小さじ2 　　└ 塩　　　　小さじ1/2	①鯵は水洗いをして三枚におろし、塩をして20分おく。水でサッと洗い水気を拭き、骨を抜いておく。 ②鯵を半分に切り、グリルで焼き、冷ましておく。 ③山芋は擦りおろし、(a) のだし汁と混ぜ合わせ冷ましておく。 ④オクラは長さを半分に切り、串で中の種を取り、色よく茹で、星の形に切っておく。 ⑤茗荷は小口切りにして、生姜はおろしておく。梅干しは種を取り包丁で叩き、ペーストにしておく。 ⑥焼いた鯵を椀に盛り付け、とろろ汁をはり、オクラ、茗荷、生姜を添え、仕上げに梅肉ペーストをたらす。
島根県	しじみの味噌汁	宍道湖シジミ（殻つき） 　　　　　　　　400g 水　　　　　　　600cc 三つ葉　　　　　10本 味噌　　　　　　　50g 昆布（5cm角）　　1枚 山椒　　　　　　　適量	①シジミは砂出しをしておく。 ②鍋に分量の水を入れて①と昆布を入れて火にかけ、シジミの口が開いたら味噌を溶き入れ、3cm長さに切った三つ葉を加える。お好みで山椒を振る。

	メニュー名	材料・分量（4人前）	作り方
鳥取県	親ガニ汁	親ガニ　　　　　4杯 ダイコン　　　200g 長ネギ　　　　　1本 セリ　　　　　　1束 水　　　　　800cc 味噌　　　　　60g 七味唐辛子　　　少々	①ダイコンは5mmのいちょう切りにする。カニは足を切り落とす。 ②鍋に水、ダイコン、カニを入れて火にかけ、沸騰したらカニだけを取り出し、ダイコンは弱火で軟らかくなるまで煮る。 ③カニは甲羅をはずし、ガニ（スポンジ状のエラ）を取り、半分に割り、さらに横に包丁を入れて4つにする。足は関節部分をカットして筒にし、すりこぎ棒で（麺を延ばすように）手前から押し出す。 ④ダイコンが軟らかくなったらカニを戻し、1cmの斜め切りにしたネギと共に鍋に戻し、味噌を入れ、4cmに切ったセリを入れて仕上げる。お好みで七味を振る。
岡山県	呉汁	青大豆　　　　100g 水　　　　　　　1ℓ 昆布（5cm角）　1枚 白味噌　　　　130g ダイコン　　　200g ニンジン　　　100g シイタケ　　　　4個 ゴボウ（小）　　1本 三つ葉　　　　1/2束	①青大豆は一晩水に浸けておく。ふやかした豆の薄皮をむく。これをミキサーかフードプロセッサーにかけて細かく砕く。水を加えてよく混ぜる。 ②ダイコンとニンジンは皮をむき、5mm厚さの半月切りにする。シイタケは軸を取って4つに切る。ゴボウはタワシでよく洗い、小口切りにする。 ③②の野菜をザルに一緒に入れて、たっぷりの湯に通し、アクを抜く。 ④①と昆布、③の野菜を鍋に入れて、ゆっくりと火を入れていく。煮立ったら白味噌を加え混ぜる。フワーと泡が出てくるが、泡は取らない。 ⑤仕上げに3cmの長さに切った三つ葉を入れる。

	メニュー名	材料・分量（4人前）	作り方
広島県	牡蠣汁	カキ（むき身） 100g 生海苔 適量 水溶き片栗粉 適量 生姜 適量 水 600cc 昆布（7cm角） 1枚 淡口醤油 10〜15cc 豆腐 1/2丁（4等分に切っておく）	①カキは塩水で洗ってザルに取り、水気を拭いてフードプロセッサーでペースト状にする。 ②鍋に水を昆布、①を入れて混ぜながら火にかけて、ひと煮立ちしたら昆布を取り出して豆腐、生海苔を入れ、淡口醤油で味を調える。 ③②の豆腐を取り出して椀に盛り、水溶き片栗粉でとろみをつけた汁を張り、おろし生姜を添える。
山口県	萩汁	甘鯛 4切れ 塩 適量 シイタケ 2個 長ネギ 20cm分 戻しワカメ 40g 〈煮汁〉 水 500cc 淡口醤油 20cc 酒 10cc	①甘鯛は一口大に切り、薄く塩を振り、20〜30分おく。 ②鍋に湯を沸騰させ、軸を取ったシイタケを湯通ししてザルに上げる。同じ湯で①の甘鯛を霜降りし、表面が白くなったら冷水に取り、水気を拭く。長ネギは5cm長さに切り、側面に4〜5か所包丁目を入れる。 ③鍋に②の甘鯛とシイタケ、長ネギを入れて煮汁の材料で水から煮ていく。 ④沸騰したら火を弱めワカメを加え、調味料を加え味を調えて、椀に盛る。
徳島県	豆腐八杯	豆腐 1/2丁 鳴門ワカメ 60g だし汁（いりこ） 600cc 淡口醤油 25cc 酒 10cc 〈だし汁（いりこ）〉 水 600cc 煮干し 10g ※水に煮干しを3時間浸し、煮干しを取り出す。	①豆腐は1/4に切る。ワカメは適当な大きさに切る。 ②鍋にだし汁と醤油、酒、①の豆腐とワカメを入れて中火にかけ、ひと煮立ちしたら火を止めて器に盛る。

	メニュー名	材料・分量（4人前）	作り方
香川県	どじょう汁	どじょう丸　　　200g ダイコン　　　　150g ニンジン　　　　70g ゴボウ　　　　　70g 油揚げ　　　　　1枚 長ネギ　　　　　1本 (a) ｛水　　　　800cc 　　　煮干し　　　20g 　　　昆布(10cm角)1枚 味噌　　　　　　60g	①(a)をボウルに合わせ3時間おき、煮干しを取っておく。 ②ダイコン、ニンジンは5cm×5mm厚さの短冊に切り、サッと茹でる。ゴボウは笹がきにして一度水洗いし、油揚げは半分に渡し1cmの短冊に切り、熱湯をかけ、油抜きをする。長ネギは1cmの斜め切りにする。 ③どじょうはザルに入れ熱湯に浸し、白くなったら冷水に取り、白くなったアクの部分を軽くもみ洗いする。鍋に①のだし汁、どじょう、ダイコン、ニンジン、ゴボウ、油揚げを入れて火にかけ、ダイコンに火が通ったら、味噌を入れる。 ④仕上がり前に長ネギを入れ、火が通ったら器に盛る（季節により、手打ちうどんを入れ、煮込んで食べてもよい）。
愛媛県	長ナスの豚汁	豚バラ肉　　　　150g 長ナス　　　　　2本 シイタケ　　　　4個 松山あげ　　　　適量 ワケギ　　　　　6本 サラダ油　　小さじ4 水　　　　　　600cc 昆布（5cm角）　1枚 麦味噌　　　　　50g 七味唐辛子　　　少々	①豚バラ肉を4cmに切り、霜降りをして水気を切っておく。松山あげは適当な大きさに切っておく。 ②長ナスは乱切り、シイタケは軸を取り4等分に切り、ワケギは3cmに切っておく。 ③長ナスを炒め、全体が馴染んできたら水と昆布とシイタケを加える。 ④③に火が通ったら①の豚肉と、松山あげ、味噌を加えて味を調え、サッと煮て仕上げにワケギを加え、最後に七味を振る。

	メニュー名	材料・分量（4人前）	作り方
高知県	かつお豆腐汁	鰹（刺身用） 200g 木綿豆腐 1丁 ネギ 1/2本分 水 600cc 昆布（6㎝角） 1枚 塩・淡口醤油 各20cc	①鰹は一口大に切り、塩をして20分おいてから熱湯で表面が白くなる程度に浸し、すぐに取り出して冷水にさらし、汚れを水洗いして水気を切る。 ②鍋に昆布と水、①の鰹、一口大に手で崩した豆腐を入れて火にかけ、煮立ったら斜めに切ったネギを入れ、火を弱め、酒と淡口醤油を入れて仕上げる。 ※煮すぎると鰹の身が硬くなり味も落ちるので、5分以内で仕上げる。煮すぎないこと。
福岡県	白魚の澄まし汁	白魚 1カップ だし汁 800cc 塩 小さじ1弱 淡口醤油 ⎫ 酒　　　 ⎭各小さじ1 卵 2個 三つ葉 15本	①鍋に湯を沸かし、白魚を入れて、ほんの一呼吸で取り出し、氷水にとる。 ②鍋にだし汁を入れて熱し、塩・淡口醤油・酒で味を調え、①の白魚を入れて、ひと煮立ちさせる。 ③卵を割りほぐし、②に回し入れ、卵が半熟状になって浮いてきたら、すぐにザク切りにした三つ葉を入れて火を止め、椀に盛る。

	メニュー名	材料・分量（4人前）	作り方
佐賀県	烏賊葛打ち椀	イカ　　　　　　　1杯 白滝　　　　　　100g シシトウ　　　　　8本 大葉（みじん切り） 　　　　　　　　　5枚 生姜（みじん切り） 　　　　　　　　　10g 白胡麻　　　　大さじ2 片栗粉　　　　　　少々 (a) ┌ だし汁　　　600cc 　　│ 淡口醤油　　 40cc 　　│ 味醂　　　　 20cc 　　└ 削り節 ひとつまみ	①(a)を鍋に入れ、ひと煮立ちさせて濾し、冷ましておく。 ②イカはそうじして、胴体の部分を素麺のように細く切り片栗粉を軽くまぶし80℃くらいのぬるま湯に20秒ほどくぐらせ、水に軽く落とし粗熱を取りザルに切っておく。 ③白滝は10cmの長さに切り、水から茹で、沸騰したら2～3分茹で、ザルに上げ水気を切る。シシトウは茹でて冷水に落とし、水気を切り、小口に切っておく。 ④白胡麻はすり鉢ですり、①の汁と混ぜ合せておく。 ⑤②と③を椀に盛り付け、④の汁を張り、大葉と生姜のみじん切りを添える。

	メニュー名	材料・分量(4人前)	作り方
長崎県	具雑煮	丸餅　　　　　　4個 鶏ムネ肉　　　120ｇ ダイコン(短冊切り) 　　　　　　　　5㎝ ニンジン(短冊切り) 　　　　　　　　5㎝ ゴボウ(短冊切り) 10㎝ 白菜(短冊切り) 1枚 サトイモ(皮をむいて 　一口大に切る) 4個 かまぼこ(短冊切り) 　　　　　　　1/2本 高野豆腐(水で戻した 　もの)　　　　2枚 シイタケ(薄くスライ スする)　　　　4個 水　　　　　　600cc 醤油　　　　　　30cc 昆布(10㎝角) 1枚 三つ葉　　　　　12本 柚子　　　　　　少々	①鶏は一口大に切る。ダイコン・ニンジン・ゴボウ・軸を取ったシイタケを合わせ熱湯に入れサッと入れ、霜降りをして冷水にとりサッと洗い水気を切る。高野豆腐は横長半分に切りさらに半分にそぎ、1㎝短冊切りにする。 ②鍋に水と昆布と、①鶏肉の野菜、サトイモ、高野豆腐、かまぼこを入れ中火で火を通し、鶏肉、野菜に火が通ったら醤油を加え味を調え、別鍋で煮ておいた丸餅を入れ、汁に馴染んだら器に盛り、適当な長さに切った三つ葉と柚子を散らす。

	メニュー名	材料・分量（4人前）	作り方
熊本県	だご汁	豚肉（薄切り） 200g ダイコン 100g ニンジン 100g サトイモ 2個 シイタケ 4個 ゴボウ 80g 油揚げ 1枚 ワケギ 適量 　　　（小口切り） 水 1ℓ 味噌 60g (a) ┌ 小麦粉 100g 　　├ 水 50cc 　　└ 塩 少々	①ボウルに(a)の小麦粉を入れ、水を少しずつ加えながら箸で混ぜる。水をすべて入れたら手でこねて、ひとつにまとめ、ラップに包み室温で1〜2時間ほど生地をねかせる。 ②ダイコン、ニンジン、サトイモは皮をむく。ゴボウは洗っておく。シイタケは石づきを取る。 ③②の野菜類は、一口大に切り、ザルに一緒に入れて、熱湯にくぐらせて、次に同じ湯で豚肉もくぐらせ、それぞれ水で洗い、よく水気を切っておく。油揚げは油抜きをして短冊に切る。 ④鍋に分量の水、③の野菜を入れて火にかけ、沸騰したら弱火にする。7〜8割方煮えたら、味噌を半量溶き入れ、①の生地を適当な大きさにちぎりながら入れていく。 ⑤完全に火が入ったら、油揚げと、②の豚肉を入れ残りの味噌を入れ、味を調える。椀に盛り、ワケギを散らす。

	メニュー名	材料・分量（4人前）	作り方
大分県	焼き鯖とかぶの味噌汁	鯖（1切れ40g） 160g カブ 2個 長ネギ 1/2本 水 600cc 味噌 40g 昆布（5cm角） 1枚	鯖は薄く塩をして20分ほどおき、水でサッと洗い、水気を拭き取っておく。 ①カブは茎の部分を少し残して皮をむき、4等分に切る。長ネギは1cm幅に切っておく。 ②鯖をグリルで両面焼いておく。 ③鍋に水と昆布、鯖、カブを入れて火にかけ沸騰したら、鯖を取り出しカブが軟らかくなるまで煮てネギを入れサッと煮て、味噌を溶き入れ鯖を戻す。 ④器に焼き鯖と野菜を盛り付け、汁をはる。
宮崎県	冷や汁	鯵の干物 1枚 木綿豆腐 1/2丁 キュウリ 1本 大葉 5枚 白炒り胡麻 40g 味噌 50g 塩 少々	①熱湯500cc（分量外）に味噌を溶く。粗熱がとれたら、冷蔵庫に入れて冷やす。 ②鯵の干物は魚焼きグリルで焼いて骨と皮を除き、身を食べやすい大きさにほぐす。 ③キュウリは薄い小口切りにしてボウルに入れ、塩を振って揉み、しんなりしたら水洗いをして、水気を絞る。大葉は千切りにして水にさらし、水気を切る。豆腐はペーパータオルで表面の水気を拭く。 ④フライパンに胡麻を入れ、香りが立つまで弱火で炒る。 ⑤すり鉢に移し、少し粒が残る程度にすりこ木で半ずりにする。①を2〜3回に分けて加えて、そのつどすりこ木で混ぜる。 ⑥②と③のキュウリ、大葉を加え、豆腐を一口大にちぎって加えて器に盛る。

	メニュー名	材料・分量（4人前）	作り方
鹿児島県	さつま汁	サツマイモ　　　200g 鶏肉　　　　　　150g ダイコン　　　　100g ニンジン　　　　 60g ゴボウ　　　　　 60g ワケギ　　　　　 2本 水　　　　　 1000cc 昆布（10cm角）　1枚 味噌　　　　70～80g	①サツマイモは2cm厚さに、ダイコン、ニンジンは1cm厚さのいちょう切りにして、ゴボウは小口切りにする。 ②鍋に湯を沸かし、サツマイモ、ダイコン、ニンジンを入れて2分茹でて水気を切る。 ③鶏肉は一口大に切り、熱湯で霜ふりする。 ④鍋に分量の水、昆布、鶏肉、サツマイモ、ダイコン、ニンジン、ゴボウを入れて火にかけ、沸騰したら鶏肉を取り出し、野菜が軟らかくなるまで煮て味噌を入れて鶏肉を戻す。 ⑤器に盛り、3cmの長さに切ったワケギを入れる。

	メニュー名	材料・分量（4人前）	作り方
沖縄県	ゆで豚とゴーヤのそうめん汁	塩ゆで豚　　　　200g ゴーヤ　　　　　1本 素麺　　　　　　1束 青ネギ　　　　　2本 塩ゆで豚のゆで汁 　　　　　　　300cc (a) { 水　　　　　300cc 　　　昆布(15cm角)1枚	①(a)を浸しておき、昆布が戻ったら5cm長さ、2cm幅に切る。 ②ゴーヤは半分に切り、中のワタを取り除き薄くスライスする。軽く塩もみして、水で洗い水気を拭いておく。塩ゆで豚は食べやすい大きさに切る。 ③素麺は、かために茹でる。 ④鍋にスープの塩ゆで豚のゆで汁と①の出汁を加えて味を調え、②のゴーヤ、塩ゆで豚、③の素麺、3cmに切った青ネギを加え、ひと煮立ちさせる。器に盛り付ける。
	(材料) 塩ゆで豚	つくりやすい分量 豚肩ロース(かたまり) 　　　　　　　　200g 塩　　　　　　　5g (a) { セロリの葉、 　　　ニンジンスライス、 　　　長ネギのぶつ切り 　　　　　　　各30g (b) { 水　　　　　600cc 　　　淡口醤油　　40cc 　　　酒　　　　　40cc	①豚肉に塩をまぶし、冷蔵庫で一晩おく。 ②熱湯に、①の豚肉を入れて表面が白くなったら、冷水に取って洗い、水気を拭く。 ③鍋に(a)を粗く刻んで入れ、(b)の豚肉が浸るくらいの鍋に入れて火にかける。沸騰直前に火を弱め、80℃くらいの弱火で20分煮て、火を止め、煮汁ごと室温で冷ます。 ※保存する時は、煮汁ごと容器に移して冷まし、保存する。

付録2　和の暦

【1月】

〔元旦〕

　元旦は、一年の始まりとして、正月の満月の夜、年神を迎えて、旧年の豊作と平穏に感謝し、合わせて今年の豊穣と平和を祈念する日であった。ただし、これは旧暦の正月15日にあたり、太陰太陽暦の時代に行われていたことであった。明治6年から日本では太陰太陽暦を廃止し、太陽暦が採用され、現在も使用している。旧暦の1月が睦月(むつき)で、現在の新暦では1月とよぶ。睦月の由来は「萌月(もえつき)」「生月(うむつき)」にあるとの説もある。

　かつては、賑やかな大晦日があけての次の1月1日（元旦）は、「忌日(いみび)」でだれにも会わずに静かにお籠りする日であった。玄関を開けて打ち水をし、清々と過ごす日であった。

【2月】

　旧暦では如月(きさらぎ)という。絹更月、衣更月と綴ることもある。由来は、寒さが残っているので、衣(きぬ)を更に着る月であるから衣更月というとか、草木が更生する月、草木の芽が張り出す月なので草木張月(くさきはりつき)にあるとの説がある。

〔節分〕

　「節分」は冬の季語であるが、冬の季節から春の季節に移り、翌日の立春で「寒」が明ける。節分の日の夕暮は、ヒイラギの枝にイワシの頭を刺し、枯れた豆殻と一緒に束ねて門や軒先に置き、魔除けとし、無事に節の替わりを願う日。季節の替わり目で健康を害することのないように願う意味もある。

【3月】

　旧暦では弥生(やよい)という。名前の由来は弥生時代に関係があるらしく、全国各地に「弥生」の地名がある。弥生の語源は、「弥生(いやおい)」が変化したものといわれている。「弥(いや)」は「いよいよ」「ますます」「やうよい（ようやく）」の意味がある。「生(おい)」は「生い繁る」の表現から草木が芽吹くことを意味する。

〔雛祭り〕

　3月は、地表が温かくなり、蛇が脱皮する季節の節目を祀る習慣があった。雛

祭りも蛇の脱皮から発想した祭りであったようである。

【4月】

旧暦の呼び名の「卯月(うづき)」は卯の花が咲く季節なので、「卯の花月」を省略したとの説がある。卯月の「う」は「初」「産」を意味し、一年の循環の最初も意味する。

〔花祭り〕

釈迦の誕生日といわれる4月8日は、各寺院で行われる法会が「灌仏会(かんぶつえ)」で、花祭りともいわれる。

【5月】

〔端午〕

「端午」の由来は、旧暦5月の最初の「午の日、午の刻」に、薬狩りに行った習慣から。この節供の起源は、「綾女(あやめ)」で、子供を産む年頃になっても冷えないようにとの願いと、成人前の女性が田植えの際に、邪気をコメにつけないようにとの物忌みとして、ワラや菰、菖蒲が敷かれた小屋にこもることから始まったといわれている。やがて、「武士」が「尚武」(菖蒲)へ転じて、男の子の祭りとなった。

【6月】

旧暦の呼び名の「水無月(みなづき)」の語源の由来は、「水無月」の「無」は「の」「な」に当たり、「水の月」の意味。陰暦6月は田に水を引く月であることから、水無月というようになったとの説もある。旧暦6月は梅雨が明けた時期になるため、新暦に当てはめるのは無理なところがある。

〔氷室の節供〕

旧暦の6月1日は「氷室の節供」。氷を朝廷や幕府に献上する習わしがあった。氷室とは、昔、冬に湖や池にできた天然の氷を切り出して山の雪を固めて作った貯蔵庫に保存した場所。

【7月】

旧暦の7月が文月といわれ、現在の新暦(グレゴリオ暦)の7月とは別に用い

ることが多い。文月の語源は、7月7日の七夕に、詩歌を詠んで、短冊に書き留めたり、書道の上達を願ったりする行事に因み「文披月(ふみひらつき)」が転じたとする説がある。陰暦7月が稲穂が膨らむ月であるため「穂含月(ほふみつき)」「含月(ふみつき)」が転じて「文月(ふみつき)」となったとの説もある。

〔土用〕

土用は、年4回、立春・立夏・立秋・立冬のそれぞれの前18日を土用という。夏の土用が最も知られている。それは、立秋の18日前で1年の中で最も暑い時期に当たるからである。

〔半夏生〕

半夏生には瀬戸内海のマダコが美味しくなることから、関西ではマダコを食べる。

【8月】

旧暦の呼び名が「葉月」。正確な語源は不明である。葉月は、新暦の9月上旬から10月上旬の秋に当たることから、「葉落ち月」が転じて「葉月」となったとの説がある。

〔お盆〕

現在は8月に1か月遅れの盆を行う地域が多くなった。「盂蘭盆(うらぼん)」「盂蘭盆会(うらぼんえ)」は、仏教の祭り。お盆には、精霊を迎えるためにその年の初物のサツマイモ、蓮の実、青いリンゴ、ブドウ、素麺、お萩などを仏壇に供える。

【9月】

旧暦の「長月」の語源は、新暦の10月上旬から11月上旬に当たり、夜がだんだん長くなる「夜長月(よながつき)」の省略との説がある。雨が多く降る時期であるので、「長雨月(ながめつき)」に由来するとの説もある。

〔中秋の名月〕

中秋の名月を鑑賞する風習は中国から伝わったもので、奈良・平安時代の貴族の華やかな宴会を開き、月見をした。この月に月を愛でるのは、秋の澄んでいる空気で、月が美しく見えるからである。

〔重陽の節供〕

9月9日の重陽の節供は、九が重なることから重陽節といい、かつは、5節供

のなかでも最も重要で最後の節供であった。中国では、菊酒を酌み交わし、長寿と無病息災を祝った。

【10月】

　旧暦の「神無月(かんなづき)」の語源は神を祀る月であることから「神の月」との説がある。「無」は「な」「の」の意味。中世の俗説では「神無月の由来には「神の月」があることから、出雲大社に全国の神が集まって一年の事を話し合うために、出雲意外の神がいなくなる」という説がある。全国すべての神が出雲に出向くわけにはいかないので、出雲大社の御師が全国に広めるための民間語源との説、出雲大社に集まったら留守をする「留守神」という性質の神も存在するのではないかとの説もある。秋が一層深まり、霜も降り、朝夕めっきり冷える季節。

【11月】

　旧暦の「霜月」の呼び名の語源は、「霜降り月・霜降月(しもふりつき)」の略との説がある。神無月を「上な月」に対し「霜月」は「下月」という説もある。

〔神嘗祭など〕

　11月初旬の立冬を境に冬の到来を感じる頃。神嘗祭や「亥の子餅」など恵みに感謝する祭りや風習が多く残っている。亥の日の亥の刻(午後9時から11時頃)に、新穀で搗いた餅を田の神に捧げ、家族で食べる習慣があった。

【12月】

　旧暦の「師走」の呼び名の語源については諸説がある。師匠となる僧がお経を読み上げるために東西を馳せる月であるから「師馳す」という言葉が語源という説。「師馳す」が現代の「師走」に転じたとの説もある。

〔冬至〕

　冬至は、昼間の時間が最も短い日。この日を境にまた昼間が長くなることから「一陽来復」ともいわれる。ユズ湯に入ることや、小豆粥やカボチャを食べるのは、いずれも無病息災を願う習慣である。

付録3　100年レシピ一覧

（出典）読売新聞2015年3月15日特別面

食卓を変えた味

	メニュー （「よみうり婦人付録」掲載日付）	一口メモ
No.1	豚のカツレツ （1915［大正4］年4月30日）	カレー、コロッケと並ぶ3大洋食
No.2	マカロニサラダ （1962［昭和37］年6月4日）	ポテトサラダに次ぐ第2の定番サラダ
No.3	麻婆豆腐 （1958［昭和33］年8月17日）	本格中華の先駆け
No.4	スープ殻のシチュー煮 （1915［大正4］年6月25日）	牛乳なし、シチューの原型
No.5	スパゲティのタラコあえ （1976［昭和51］年2月25日）	和風イタリアンの傑作
No.6	豚のカレー （1915［大正4］年5月29日）	国民食。ダシを使い、漬け物を添えて和風に
No.7	中華おこわ （1989［平成元］年7月15日）	「電子レンジでおこわ」の響き
No.8	野菜コロッケ （1915［大正4］年5月8日）	大正期、コロッケの歌も流行
No.9	炒飯 （1936［昭和11］年2月27日）	基本の中華。大正から昭和にかけて広がる
No.10	コンビーフハツシ （1937［昭和12］年1月16日）	コンビーフを裏ごしのジャガイモと合わせ、バターで焼く
No.11	すいとん （1943［昭和18］年9月10日）	戦時中、米の代用食
No.12	卵サンドイッチ （1956［昭和31］年9月11日）	戦後、パン食が浸透
No.13	ソーセージ甘辛煮 （1958［昭和33］年8月12日）	魚肉ソーセージが1950年代から普及

No.14	マカロニ・グラタン (1959［昭和34］年4月6日)	マカロニは戦後普及。戦前はうどんのグラタンも
No.15	ジャパニーズ・ビーフ・ステーキ (1961［昭和36］年4月1日)	しょうゆ味の和風ステーキ
No.16	ハンペンのフライ (1965［昭和40］年5月14日)	チーズやハムを切れ目に挟んでも美味
No.17	オムライス (1978［昭和53］年4月16日)	「ふわとろ半熟」ではない、昔ながらの味
No.18	豚肉のキムチ炒め (1989［平成元］年8月26日)	80年代から普及したキムチ料理の代表
No.19	お好みおにぎり (1990［平成2］年8月19日)	「ツナマヨ」は今や人気おにぎり
No.20	豆腐入りハンバーグ (1992［平成4］年9月11日)	和風でヘルシー、巧みなアレンジ

和食の力

	メニュー (「よみうり婦人付録」掲載日付)	一口メモ
No.21	肉ジャガ (1981［昭和56］年9月6日)	「おふくろの味」といえばこれ
No.22	鶏肉と野菜の筑前煮 (1923［大正12］年2月10日)	福岡の郷土料理が全国区に
No.23	寄せなべ (1986［昭和61］年11月22日)	大勢で鍋をつつくスタイルは明治から
No.24	野菜の即席漬け (1997［平成9］年7月18日)	漬物は、減塩・サラダ感覚に
No.25	ブリのなべ照り焼き (1989［平成元］年5月8日)	甘辛い「テリヤキ味」は世界へ
No.26	胡瓜となまりの二杯酢 (1915［大正4］年7月3日)	「なまり節」はカツオをゆでて軽く乾燥したもの
No.27	海苔の佃煮 (1916［大正5］年3月28日)	箸が進む「ご飯の友」

No.28	筍(たけのこ)の御飯 (1917［大正6］年4月20日)	春の人気炊き込みご飯
No.29	五目豆 (1917［大正6］年10月27日)	乾物の豆を使った常備菜
No.30	きんぴら牛蒡(ごぼう) (1919［大正8］年11月5日)	甘辛、しゃきしゃきの定番惣菜
No.31	玉子焼おろし大根 (1922［大正11］年10月13日)	江戸時代にもあったごちそうのおかず
No.32	牛どん (1936［昭和11］年5月22日)	明治の文明開化で肉食が広がる
No.33	けんちん汁 (1938［昭和13］年11月18日)	由来は「建長寺の精進料理」など諸説
No.34	精進揚げ (1939［昭和14］年7月25日)	精進揚げは、野菜や豆の揚げ物
No.35	トリ肉味つけ揚げ (1961［昭和36］年2月22日)	鶏の揚げ物は、年代問わず人気
No.36	クジラの立田揚げ (1970［昭和45］年5月16日)	クジラはかつて日常のたんぱく源
No.37	茶わん蒸し (1972［昭和47］年12月11日)	のどごしなめらかな和の蒸し物
No.38	天どん (1973［昭和48］年10月9日)	天ぷらは今や和食の代表。たれとご飯で別の魅力
No.39	ヒジキの煮つけ (1978［昭和53］年9月12日)	江戸時代末期の料理書にもある
No.40	カレーうどん (1992［平成4］年12月3日)	カレーを和食に取り込んだ、明治期からある麺料理

至福のおやつ

	メニュー (「よみうり婦人付録」掲載日付)	一口メモ
No.41	手製アイスクリーム（1914［大正3］年7月4日)	茶筒で作る素朴なアイス

No.42	カスタードプリン (1929 [昭和4] 年11月26日)	硬めの王道プリン
No.43	パリ風クレープ (1965 [昭和40] 年11月10日)	当時は新顔、「パリのお好み焼き」と説明
No.44	大学イモ (1965 [昭和40] 年10月22日)	大正から昭和にかけて広がる
No.45	お好み焼き (1982 [昭和57] 年1月26日)	もともとはおやつ。具は多彩に
No.46	蒸しパン (1914 [大正3] 年6月24日)	「食パン代わりに」と紹介
No.47	草餅 (1934 [昭和9] 年3月20日)	土手のヨモギを使うことも多かった
No.48	ビスケット (1927 [昭和2] 年8月1日)	16世紀に伝わったとされる
No.49	ホットケーキ (1929 [昭和4] 年11月25日)	砂糖と水を煮詰めた蜜をかけて
No.50	フルーツ白玉 (1965 [昭和40] 年10月12日)	フルーツ缶と白玉の和洋折衷

失いたくない味

	メニュー (「よみうり婦人付録」掲載日付)	一口メモ
No.51	メジまぐろの鎌倉和え (1935 [昭和10] 年1月25日)	ノリを使った和え物
No.52	茶筅なす、手綱こんにゃく、よしの鳥 (1936 [昭和11] 年7月3日)	別のものになぞらえる「見立て」は日本料理の粋
No.53	空也豆腐 (1915 [大正4] 年11月4日)	平安時代の僧、空也に由来
No.54	章魚の桜煮 (1916 [大正5] 年1月7日)	煮上がった色が桜色
No.55	いもがらと人参の煮しめ (1916 [大正5] 年1月29日)	芋がらは、里芋の茎を乾燥させたもの

No.56	しめ玉子 (1916［大正5］年5月4日)	熟して固まりかけた卵を、布巾や巻き簾で成形
No.57	鯵(あじ)の沖なます (1920［大正9］年6月25日)	取れたての魚を、船中でなますに
No.58	せいごのあらい (1935［昭和10］年8月7日)	「あらい」は冷水にさらして作る刺し身
No.59	さばの魚田(ぎょでん) (1937［昭和12］年4月2日)	魚介の田楽。切り身などを串で焼く
No.60	ほうろく焼き (1961［昭和36］年10月20日)	ほうろくは、素焼きの土鍋

ふるさとの味

	メニュー (「よみうり婦人付録」掲載日付)	一口メモ
No.61	ゴーヤチャンプルー（1990［平成2］年7月13日)	沖縄料理。ゴーヤの普及で全国に
No.62	イモぼう (1965［昭和40］年11月26日)	えびいもと乾物「棒ダラ」の煮物。京料理
No.63	手こねずし (1994［平成6］年5月27日)	三重の漁師料理。かつおのすし
No.64	鮟鱇鍋(あんこう) (1918［大正7］年1月20日)	茨城の名物料理。つるし切りでさばく
No.65	ジンギスカンなべ (1978［昭和53］年1月15日)	北海道のソウルフード
No.66	ひっつみ (1957［昭和32］年2月20日)	岩手の料理。小麦粉をこねた具
No.67	カキの土手ナベ (1964［昭和39］年2月5日)	カキ生産日本一を誇る広島の料理
No.68	きりたんぽ (1974［昭和49］年11月16日)	米どころ秋田の鍋
No.69	ひな鶏の水炊き (1979［昭和54］年1月11日)	博多発、白濁スープの鶏の鍋

No.70	ほうとう (1990 [平成2] 年12月9日)	山梨の小麦粉料理

行事食

	メニュー (「よみうり婦人付録」掲載日付)	一口メモ
No.71	おせち (1916 [大正5] 年12月27日)	煮しめをおせちと称した記録も
No.72	カズノコ、黒豆、田作り (1954 [昭和29] 年12月21日-24日)	繁栄、健康などを祈る縁起物
No.73	七草がゆ (1973 [昭和48] 年1月6日)	セリ、ナズナ、ゴギョウ、ハコベラ、ホトケノザ、スズナ、スズシロ
No.74	五目ずし (1978 [昭和53] 年3月3日)	桃の節句に、ハマグリのうしお汁と
No.75	かしわもち (1980 [昭和55] 年5月4日)	端午の節句に。子孫繁栄を祝って
No.76	冷そうめん (1915 [大正4] 年7月22日)	「平安期、宮中の七夕料理」という説も
No.77	キヌカツギ (1966 [昭和41] 年9月22日)	旧暦8月の十五夜に里芋を供える
No.78	三色おはぎ (1936 [昭和11] 年9月23日)	春夏の彼岸に。ぼたもちともいい、使い分けは諸説ある
No.79	赤飯 (1976 [昭和51] 年3月19日)	赤は邪気を払うとされる。祝い事の料理
No.80	ローストチキン (1977 [昭和52] 年12月16日)	戦前からクリスマス料理として登場

定番料理

	メニュー (「よみうり婦人付録」掲載日付)	一口メモ
No.81	ハンバーグステーキ (1978 [昭和53] 年5月12日)	明治期から洋食店では出されたとされる

No.82	トマトとキウリのサラダ (1959 [昭和34] 年7月2日)	戦後普及する、生野菜のサラダ
No.83	ポテトサラダ (2001 [平成13] 年9月7日)	生野菜を食べる習慣がない戦前から
No.84	具だくさんナポリタン (2008 [平成20] 年11月26日)	日本独自のスパゲティ
No.85	豚の角煮 (1984 [昭和59] 年1月30日)	長崎では江戸時代から卓袱(しっぽく)料理として伝わる
No.86	焼きギョーザ (1993 [平成5] 年4月28日)	戦後、中国からの引き揚げ者によって
No.87	冷やし中華 (1996 [平成8] 年7月28日)	発祥は、東京・神保町、仙台などの説
No.88	八宝菜 (1989 [平成元] 年6月27日)	手軽に作れる中華料理の代表格
No.89	エビのチリソース (1991 [平成3] 年12月10日)	80年代、豆板醤など本格中華調味料が普及
No.90	豚肉のショウガ焼き (1992 [平成4] 年1月9日)	ショウガと焼肉、絶妙な組み合わせ
No.91	カボチャの煮ふくめ (1922 [大正11] 年8月1日)	女性の好物を表す「いも・たこ・なんきん(カボチャのこと)」
No.92	切り干し大根の煮つけ (1969 [昭和44] 年2月1日)	野菜は干すことで味わいが増す
No.93	サバのみそ煮 (1969 [昭和44] 年11月11日)	江戸時代にはみそ味の魚の煮物があった
No.94	サンマの塩焼き (2007 [平成19] 年8月24日)	古典落語「目黒のさんま」にも登場
No.95	サケのかす汁 (1970 [昭和45] 年12月2日)	酒造の過程で出来る酒かす。体が温まる汁料理
No.96	おでん (1974 [昭和49] 年2月16日)	竹串に豆腐などを刺して焼く「田楽」が煮込み料理に

No.97	三色白あえ (1971［昭和46］年9月24日)	豆腐と白ごまで、野菜などを和える
No.98	ホウレンソウのゴマあえ (1976［昭和51］年9月4日)	緑色が美しい、素朴な和え物
No.99	すき焼き (1993［平成5］年11月20日)	家族で囲むごちそうの横綱格
No.100	太巻きずし (1995［平成7］年3月12日)	行楽弁当の主役。「カリフォルニアロール」も登場

● **参考文献** ●

成瀬宇平監修『食材図典Ⅲ 地産地消篇』小学館、2008
岡田哲編『日本の味探究事典』東京堂出版、1996
農山漁村文化協会編『聞き書・ふるさとの家庭料理⑩ 鍋もの・汁もの』
　農文協、2002
石井隆之『日本の都道府県の知識と英語を身につける』ベレ出版、2009
農林水産省選定「郷土料理百選」HP
　http://www.rdpc.or.jp/kyoudoryouri100/
滋賀の食事文化研究会編『湖魚と近江のくらし』サンライズ出版、2003
八幡和郎『最新 47都道府県うんちく事典』PHP文庫、2009
日本経済新聞社編『九州 この土地あの味』日本経済新聞社、1993
吉田徳寿『北の食彩 旬はいま（上）』東奥日報社、2006
笹井良隆編著『大阪食文化大全』西日本出版社、2010
いわき市物産振興連合会編『いわき市伝統郷土食｜ふるさとの味｜』1996
広島県料理学校協会編『ひろしま郷土料理』中国新聞社、1978
青海忠久編著『若狭のおさかな』晃洋書房、2011
清絢監修『［日本全国］絶品 汁物ブック』東京書籍、2010
金沢倶楽部『加賀・能登・金沢 別冊てみやげ帖』2015
尚承／高良菊共著『おいしい沖縄料理』柴田書店、1995
静岡県健康づくり食生活推進協議会『しずおかのおかず』開港舎、2012
岐阜県農林水産局和食文化振興チーム「ぎふのお母ちゃんの味」2004

料理名・食材名索引

あ 行

- あーさーぬする ……………… 294
- あおさ汁 ……………………… 237
- あおさ雑炊 …………………… 242
- あざみの味噌汁（青森県）…… 51
- あざみの味噌汁（北海道）…… 44
- あざら ………………………… 64
- あさり蕎麦汁 ………………… 308
- あさりの味噌汁（赤だし）… 313
- 飛鳥鍋 ………………………… 202
- あずき汁 ……………………… 139
- 小豆ぼうとう ………………… 150
- 羹 ……………………………… 5
- あど汁 ………………………… 46
- アマダイの澄まし汁 ………… 140
- 鮎汁 …………………………… 313
- あゆべか ……………………… 212
- アンコウのどぶ汁 …………… 89
- あん餅雑煮 …………………… 243

- イカ葛打ち椀 ………………… 323
- イカのごろ汁 ………………… 70
- イカの墨汁 …………………… 294
- 石狩鍋 ………………………… 44
- 伊勢芋の落とし汁 …………… 178
- イセエビ汁 …………………… 113
- イセエビの味噌汁 … 167, 262
- いちご煮 ……………………… 51
- 一汁一菜 ……………………… 3
- 一汁三菜 ……………………… 4
- いとこ汁 ……………………… 187
- いとこ煮 ……………………… 253
- いなむどぅち ………………… 293
- イノシシ鍋 ………… 124, 202

- 芋たき ………………………… 248
- いも煮 ……………………… 76, 304
- いものこ汁 ………………… 70, 304
- いもん子の吸物 ……………… 283
- いわしのすり身汁 …………… 111
- いわしのちり鍋 ……………… 257
- いわしのつみれ汁 …………… 307

- ウグイ汁 ……………………… 53
- うぐいのじゃぶ ……………… 217
- ウサギのすき焼き …………… 218
- 潮汁 ………………………… 7, 21
- 牛鍋 …………………………… 124
- 打ち込み汁 …………………… 242
- 打ち豆汁 ……………………… 183
- 打ち豆のおつけ ……………… 145
- うどん（しっぽく）………… 242
- うどん（鉄鍋）……………… 243
- うどんすき …………………… 193

- 衛生煮 ………………………… 106
- 越前ガニ鍋 …………………… 145
- 越前ガニの味噌汁 …………… 310
- えつ（カタクチイワシ）料理 … 257
- エビス ………………………… 43

- 大敷き汁 ……………………… 177
- 黄檗料理 ……………………… 13
- おくずかけ …………………… 63
- おこぜの吸物 ………………… 188
- おっきりこみ（群馬県）…… 100
- おっきりこみ（埼玉県）…… 106
- おつめり ……………………… 156
- おでん ………………………… 119
- おとしいも …………………… 183

おのっぺ汁 ……………………155
おぼろ豆腐汁 …………………63
親ガニ汁 ………………………319
親ガニの味噌汁 ………………218
温石 ……………………………16

か行

かいこの汁 ……………………289
懐石（料理） ………………15, 16
牡蠣汁 …………………………320
カキの土手焼き ………………227
かじか汁 ………………………45
かじめ汁 ………………………140
かしわ汁 ………………………277
がずうの味噌汁 ………………166
かつお豆腐汁 …………………322
カツオの粗汁（茨城県） ……91
カツオの粗汁（和歌山県） …207
かっのこんおっけ ……………289
かにこづき ……………………64
かにすき ………………………197
ガニたたき汁 …………………70
かにの味噌汁 …………………133
かにの味噌汁（鳥取県） ……217
かにまき汁 ……………………283
かねんしゅい …………………283
かぶす汁 ………………………134
カブと油揚げ味噌汁 …………314
鏑汁 ……………………………101
カボチャ汁 ……………………45
かぼちゃすいとん ……………311
かぼちゃほうとう ……………150
からげ汁 ………………………33
からすダイコンとブリの麦味噌煮 …96
からとり汁 ……………………64
唐納豆 …………………………13
川がに汁 ………………………218
がわ料理 ………………………166
がん汁 …………………………277
観世汁 …………………………33

寒たら汁 ………………………188
関東炊き ………………………192
かんぴょうの卵とじ汁 ………306

きしめん ………………………171
きすの澄まし …………………243
きつねうどん …………………193
きな粉雑煮 ……………………202
木の芽とワカメのすまし汁（北海道） …45
ギバサ汁 ………………………71
キュウリとそうめんの味噌汁 …237
キュウリとミズの冷や汁 ……76
キュウリの冷や汁 ……………177
京菜と鯨の鍋 …………………188
京水菜汁 ………………………188
魚介汁 …………………………145
切り干し大根の味噌汁 ………188
巾着ナス汁 ……………………129
キンメダイの粗汁 ……………112

くえ鍋 …………………………207
ぐじな汁 ………………………43
鯨汁（福島県） ………………83
鯨汁（北海道） ………………43
鯨鍋 ……………………………193
鯨の大かぶ汁 …………………212
くずしの炊き食い ……………193
具雑煮 ……………………267, 324
久留米ラーメン ………………257
呉汁（茨城県） ………………90
呉汁（岡山県） …………222, 319
呉汁（熊本県） ………………272
呉汁（島根県） ………………211
呉汁（千葉県） ………………112
呉汁（富山県） ………………134

鶏汁 ……………………………278
けいらん ………………………71
げたのくずしだんごの汁 ……222

げたのだんご汁 …………………… 243	桜えびと若布の味噌汁 ………… 313
けのこ汁 ……………………………… 76	サケの粕だき ……………………… 58
ケの汁（青森県）……………… 47, 52	さつま汁（愛媛県）……………… 248
ケの汁（秋田県）………………… 70	さつま汁（鹿児島県）…… 289, 327
ゲンゲの澄まし汁 ………………… 134	茶道 ………………………………… 15
けんちゃん汁（岡山県）………… 222	佐野ラーメン ……………………… 94
けんちゃん汁（広島県）………… 227	サバ汁 …………………………… 167
けんちょん汁（新潟県）………… 128	サバのすき焼き ………………… 217
けんちん汁 ……………………… 8, 35	さぶろう鍋 ……………………… 277
けんちん汁（茨城県）…………… 89	ざるごし …………………………… 83
けんちん汁（神奈川県）… 124, 308	三平汁 ……………………………… 44
けんちん汁（京都府）…………… 188	サンマーメン …………………… 124
けんちん汁（群馬県）…………… 101	さんま鍋 …………………………… 90
けんちん汁（埼玉県）…………… 106	さんまのすり身汁 ………………… 57
けんちん汁（島根県）…………… 212	さんまのつみれ汁 ………………… 82
けんちん汁（栃木県）…………… 96	さんまのみぞれ汁 ………………… 90
鯉こく（愛知県）………………… 172	塩辛納豆 …………………………… 13
鯉こく（茨城県）………………… 90	しし鍋（茨城県）………………… 91
鯉こく（埼玉県）………………… 107	しし鍋（愛媛県）………………… 247
鯉こく（長野県）………………… 155	しし鍋（静岡県）………………… 166
鯉こく（福岡県）………………… 257	しし鍋（三重県）………………… 177
こい汁 …………………………… 161	シジミ汁（青森県）……………… 52
講と汁物 …………………………… 33	シジミ汁（岡山県）……………… 222
小えびの団子汁 ………………… 207	シジミ汁（島根県）……………… 212
こくしょ ………………………… 161	シジミ汁（奈良県）……………… 183
こくしょう汁 …………………… 212	しじみの味噌汁 ………………… 318
御講汁 …………………………… 178	しっぽくそば …………………… 243
こしね汁 …………………… 101, 306	品川汁 ……………………………… 76
越の丸汁 ………………………… 129	治部煮 …………………………… 139
ごっこ汁 …………………………… 45	しめじ汁 ………………………… 203
こづゆ ……………………… 82, 305	しもつかれ ………………………… 96
五島うどんの地獄炊き ………… 267	じゅうねん冷やたれ ……………… 83
五斗味噌汁 ……………………… 248	じゅんさいの澄まし汁 ………… 161
五葉汁 …………………………… 183	じゅんじゅん …………………… 182
ごまだしうどん ………………… 277	精進料理 …………………… 11, 27
ごりの卵とじ …………………… 253	精進料理の汁 ……………………… 32
	精進料理の特徴 …………………… 28
魚の吸物 ………………………… 267	浄夜豆腐 …………………………… 71
ざくざく …………………………… 83	白魚の澄まし汁（島根県）……… 211

料理名・食材名索引　337

白魚の澄まし汁（福岡県）	322
しるいちゃのすみ汁	293
汁かけ飯	283
しるこ	252
汁物	18
汁物の種類	19
しろいお汁	262
神饌	2, 24
じんぶ汁	33
水軍鍋	227
すいとん（埼玉県）	103, 106
すいとん（だんご汁）（群馬県）	101
すいば汁	212
吸物	6, 20
吸物汁	262
すき焼き（東京都）	119
すき焼き（奈良県）	203
すき焼き（兵庫県）	197
スケトの沖汁	129
すす掃き雑煮	247
すまし汁	6
すみつかれ	101
すり身だんご汁	197
すんき汁	155
石花汁	248, 302
仙台カキの鍋	63
せんだご汁	262
せんべい汁(青森県)	52, 302
せんべい汁（奈良県）	183
ぜんまいの小豆汁	70
雑煮	8
僧兵鍋	177
ソーキ汁	294
そばがき汁	312
そばがきすいとん	90
そば雑穀炊	238
そば汁	289

た行

大饗料理	26
大根汁（兵庫県）	198
大根汁（和歌山県）	207
鯛茶漬け	284
大徳寺納豆	13
太平	232
鯛まま	145
鯛麺	278
平良かぶ汁	71
だご汁（大分県）	277
だご汁（熊本県）	272, 325
だご汁（佐賀県）	262
ダシ	35
たたき汁	119
たて汁	294
だぶ	262
だまっこ鍋	71
タラ汁（京都府）	188
タラ汁（富山県）	134, 310
タラのきく汁	52
タラのじゃっぱ汁	52
だんご入りのきのこ汁	134
だんご汁（愛知県）	173
だんご汁（岐阜県）	160
だんご汁（埼玉県）	106
だんご汁（千葉県）	112
だんご汁（広島県）	228
ちぎりかまぼこ	289
ちけた汁	96
チチ茸汁	167
ちゃうろ	124
茶粥	242
茶粥と大和茶	202
ちゃんこ鍋	118
中世の汁物	31
調味料	34
ちょぼ汁	198

づがにのぼっかけ················247
月菜汁······················243
つぼん汁····················272
つみっこ············103, 106, 307
つりかぶらの味噌汁············183

手打ちうどん················150
寺納豆······················13
鉄砲汁······················45

とうがん汁··················161
豆腐八杯················237, 320
斎·························14
どじょう汁（大分県）··········277
どじょう汁（香川県）··········321
どじょう汁（熊本県）··········272
どじょう汁（佐賀県）··········262
どじょう汁（滋賀県）··········183
どじょう汁（東京都）··········119
どじょう鍋··················183
鶏ナス治部煮················310
どろめの汁··················252
とろろ汁····················33
とろろ汁（静岡県）············166
とろろ汁（山梨県）············150
どんがら汁··················77
どんこ汁（岩手県）············58
どんこ汁（宮城県）············64

な行

直食······················3, 24
長崎ちゃんぽん··············266
長ナスの豚汁················321
長ネギとジャガイモのスープ····227
納豆汁（秋田県）··············71
納豆汁（茨城県）··········91, 305
納豆汁（福島県）··············83
納豆汁（山形県）··············77
ナマズがゆ··················248
なまずのひこかし············112

ナメコ汁····················77
肉汁······················293
肉吸い····················193
煮ごみ····················267
にし汁····················172
にどいものだんご汁··········243
煮ぼうとう··················106
日本料理················29, 31
煮味噌····················172
にゅうめん··················317
にんじん汁··················161

糠味噌汁··················252

ねかぶ汁··················172
ネギ汁····················101
ねぎま鍋··················119
練りこみ··················52
のっぺい汁（熊本県）··········271
のっぺい汁（群馬県）··········101
のっぺい汁（富山県）··········135
のっぺい汁（新潟県）··········128
のっぺい汁（濃餅汁）（島根県）··212
のっぺい汁と押し立てゴボウ····84
のっぺ汁··················193

は行

博多雑煮··················257
博打汁····················32
萩汁······················320
白菜汁····················173
八尾若ゴボウ汁··············193
ばち汁····················197
はちはい（八杯）豆腐··········71
はちはい汁··················84
ハマグリの吸い物············314
浜納豆····················13
ハモの吸物··················203
はりはり鍋··················188

料理名・食材名索引　339

ヒカド······267	本膳料理······9, 10, 29
ひきずり······173	**ま行**
びす汁······252	まがんこだご汁······262
ひっつみ······58, 303	まこもひっつみ汁······178
日の出汁······140	真鯛の潮汁······316
冷やしとろろ汁······318	松葉汁······64, 303
冷やしのっぺい汁······309	まびきの塩汁······283
冷や汁······7, 21	まめっぷ汁(まめぶ汁)······58
冷や汁(秋田県)······70	丸十のっぺい汁······188
冷や汁(大分県)······278	マンボウ料理······178
冷や汁(長崎県)······267	
冷や汁(宮崎県)······283, 326	みごろくの吸物······139
冷や汁うどん······106	味噌汁······6, 20
ひんじゃ汁······289	みそじる······293
	味噌煮込みうどん······172
深谷ねぎ汁······107	三日だんご汁······135
ふくさ汁······237	水戸藩ラーメン······90
福鱈汁······77	みみ······150
ふくちり······233	宮ネギ汁······96
ふしめん味噌汁・お吸物······237	深雪汁······129
豚汁······7	
豚のちぐむ汁······288	むっけ汁······284
鮒こく······155	
鮒のたたき汁······90	芽かぶの味噌汁······145
船場汁······192, 315	メヌケ汁······63
フノリの味噌汁(宮城県)······63	めぶとのだんご汁······247
ふら汁······213	
ぶりの粕汁······140	孟宗汁······77
	紅葉汁(福島県)······82
ほうとう······150	**や行**
ぼけ汁······278	焼き鯖とかぶの味噌汁······326
ほごの吸物······277	柳に鞠······33
ほしかりの味噌汁······267	山芋のおとし汁······278
ぼたん鍋(岐阜県)······161	山芋のとろろ汁······207
ぼたん鍋(兵庫県)······197	
ぼっかけ······145	夕顔の鯨汁······129
ほっけのすり身汁······53	茹であげだご汁······284
ほったり汁······283	ゆで豚とゴーヤのそうめん汁······328
ぼてぼて茶······212	
ぼら雑炊······172	

ゆめまる汁 ・・・・・・・・・・・・・・・・・・・・・・・227
吉田のうどん ・・・・・・・・・・・・・・・・・・・・・150
ら行
落花生のおつけ ・・・・・・・・・・・・・・・・・112
れんこんのすり流し汁 ・・・・・・・・・・284
れんこんのみぞれ味噌汁 ・・・・・・・・238

六浄豆腐の吸物 ・・・・・・・・・・・・・・・・・・・77
わ行
若竹汁 ・・・・・・・・・・・・・・・・・・・・・・・・・・・・・188
若竹とじ椀 ・・・・・・・・・・・・・・・・・・・・・・・314
若鶏とダイコンのスープ ・・・・・・・・173
わっぱ汁 ・・・・・・・・・・・・・・・・・・・・・・・・・・129
わり菜汁 ・・・・・・・・・・・・・・・・・・・・・・・・・・・33

地名索引

あ行

会津地方 ･･････････････････ 82
足柄 ･･････････････････････ 124
有田町 ････････････････････ 262
淡路島 ････････････････････ 198

伊賀地方 ･･････････････････ 177
斑鳩 ･･････････････････････ 203
石岡市 ････････････････････ 91
石狩川 ････････････････････ 44
石巻 ･･････････････････････ 64
石巻地方 ･･････････････････ 64
伊豆半島・松崎地区 ････････ 166
伊予地方 ･･････････････････ 248
入間地区 ･･････････････････ 106
岩国市 ････････････････････ 232
印旛 ･･････････････････････ 112

魚沼 ･･････････････････････ 129
牛窓 ･･････････････････････ 222
宇和町 ････････････････････ 248

恵那 ･･････････････････････ 161

邑楽 ･･････････････････････ 101
大島 ･･････････････････････ 119
太田原市佐良土地区 ････････ 96
邑智郡 ････････････････････ 212
越智郡魚島 ････････････････ 247
尾張地方 ･･････････････････ 172

か行

笠岡市 ････････････････････ 222
鰍沢町 ････････････････････ 150

霞ヶ浦 ････････････････････ 90
金沢 ･･････････････････････ 139
鏑川 ･･････････････････････ 101

木曽地方 ･･････････････････ 155
北野町 ････････････････････ 262
君田村 ････････････････････ 227
金華山地方 ････････････････ 63

久慈市山県町 ･･････････････ 58
九十九里 ･･････････････････ 112
球磨 ･･････････････････････ 272
栗駒 ･･････････････････････ 64

気仙沼市 ･･････････････････ 64

五箇村 ････････････････････ 213
九戸群大野町 ･･････････････ 58
五所河原市 ････････････････ 52

さ行

佐伯市 ････････････････････ 277
坂井町 ････････････････････ 145
佐渡 ･･････････････････････ 129
三陸沿岸 ･･････････････････ 57

塩釜 ･･････････････････････ 64
篠島周辺 ･･････････････････ 172
十三湖 ････････････････････ 52
庄内地方 ･･････････････････ 76, 77
白石 ･･････････････････････ 64
白峰村 ････････････････････ 140
宍道湖 ････････････････････ 211

諏訪地方 ･･････････････････ 155

仙台·····································64

相馬市···································83

た行

大山町··································218
平良地区·································71
高島市···································183
館林地区·································101
丹波篠山································197

秩父·····································106
智頭地区································217
銚子·····································111

津軽地方·································51
津和野地方······························212

道南地方·································43
富岡製紙工場···························101
豊橋地区································173

な行

直入地区································277
中河内···································193
中通り····································83
那須勝浦地方···························207
鳴子温泉·································64
南外村地区·······························70
南部地方·································51

は行

八戸······································52
浜通り····································82

東紀州···································178
東広島···································227
引田町···································243
日高町···································207
人吉······································272
兵庫町···································262
琵琶湖沿岸地区························182

深谷市···································107
双葉郡····································83

房総······································112

ま行

松島······································64
松島湾····································63
松野町···································237

三浦半島································124
三国地方································145
南知多地区······························173
宮城蔵王·································64

村山地方·································76

最上地方·································77

や行

山辺郡山添村···························203

わ行

涌谷地方·································63

47都道府県・汁物百科

平成27年6月25日 発行

著作者　野﨑洋光
　　　　成瀬宇平

発行者　池田和博

発行所　丸善出版株式会社
〒150-0001 東京都千代田区神田神保町二丁目17番
編　集：電話(03)3512-3264／FAX(03)3512-3272
営　業：電話(03)3512-3256／FAX(03)3512-3270
http://pub.maruzen.co.jp／

© Hiromitsu Nozaki, Uhei Naruse, 2015

組版印刷・富士美術印刷株式会社／製本・株式会社 星共社
ISBN 978-4-621-08947-7　C 0577　　　　　Printed in Japan

JCOPY 〈(社)出版者著作権管理機構 委託出版物〉
本書の無断複写は著作権法上での例外を除き禁じられています。複写される場合は、そのつど事前に、(社)出版者著作権管理機構(電話03-3513-6969, FAX 03-3513-6979, e-mail：info@jcopy.or.jp)の許諾を得てください。

【好評関連書】

47都道府県・伝統食百科
ISBN 978-4-621-08065-8
定価（本体3,800円＋税）

47都道府県・地野菜/伝統野菜百科
ISBN 978-4-621-08204-1
定価（本体3,800円＋税）

47都道府県・魚食文化百科
ISBN 978-4-621-08406-9
定価（本体3,800円＋税）

47都道府県・伝統行事百科
ISBN 978-4-621-08543-1
定価（本体3,800円＋税）

47都道府県・こなもの食文化百科
ISBN 978-4-621-08553-0
定価（本体3,800円＋税）

47都道府県・伝統調味料百科
ISBN 978-4-621-08681-0
定価（本体3,800円＋税）

47都道府県・地鶏百科
ISBN 978-4-621-08801-2
定価（本体3,800円＋税）

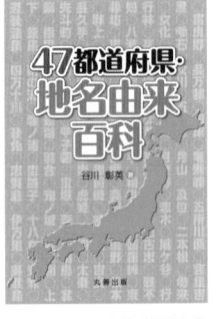

47都道府県・地名由来百科
ISBN 978-4-621-08761-9
定価（本体3,800円＋税）

47都道府県・肉食文化百科
ISBN 978-4-621-08826-5
定価（本体3,800円＋税）